La réinsertion sociale des détenus

Collection *Sciences criminelles*
dirigée par Robert Cario

La collection *Sciences criminelles* se destine à la publication de travaux consacrés à l'analyse complexe du phénomène criminel. Multidisciplinaire par définition, elle a vocation à promouvoir les réflexions critiques portées par les disciplines impliquées (philosophie criminelle, criminologie, politique criminelle, droit criminel, procédure pénale, criminalistique, médecine légale et victimologie), dont l'angle d'approche spécifique enrichit la connaissance globale du crime, tant en ce qui concerne les protagonistes (infracteur, victime, société) que les stratégies d'intervention sociale (prévention, répression, traitement). En France comme à l'étranger.

Les contributions, émanant de chercheurs, de praticiens de la justice ou du travail social, empruntent la forme d'ouvrages de doctrine, de recherches collectives ou d'actes de rencontres scientifiques.

A paraître
C. Cardet, Le contrôle judiciaire socio-éducatif
R. Cario, Victimologie et droit(s) des victimes
C. Lazerges, Introduction à la politique criminelle
R. Nérac, J. Castaignède (Dir.), La protection judiciaire du mineur en danger

Ouvrages parus
L. Ouvrard, Le fait de se prostituer
M. Vaillant, A. Vulbeau, Action éducative spécialisée en placement familial
dans la Collection Logiques Juridiques, Série Science criminelle
R. Cario (Dir.), La médiation pénale : entre répression et réparation
R. Cario, J.C. Héraut (Dir.), Les abuseurs sexuels : quel(s) traitement(s) ?
J.P. Céré, Le contentieux disciplinaire dans les prisons françaises et le droit européen
R. Nérac-Croisier (Dir.), Le mineur et le droit pénal
dans la collection Transdisciplines
R. Cario, Pour une approche globale et intégrée du phénomène criminel
R. Cario, Les femmes résistent au crime
R. Cario, Jeunes délinquants. A la recherche de la socialisation perdue

Paul MBANZOULOU

La réinsertion sociale
des détenus

De l'apport des surveillants de prison et des autres professionnels pénitentiaires

Préface de Robert Cario

L'Harmattan
5-7, rue de l'École Polytechnique
75005 Paris - FRANCE

L'Harmattan Inc.
55, rue Saint-Jacques
Montréal (Qc) - CANADA H2Y 1K9

PRINCIPALES ABREVIATIONS

Adde	Ajouter
Adm. Pénit. (A.P.)	Administration pénitentiaire
AJDA	Actualité juridique de droit administratif
Arch. Pol. Crim	Archives de politique criminelle
Bull. info. Pén	Bulletin d'information pénologique
Bull. crim	Bulletin des arrêts de la Cour cassation (chambre criminelle)
Cass. Crim	Cour cassation, chambre criminelle
CD	Centre de détention
CEDH	Convention européenne des droits de l'homme
CESDIP	Centre de recherche sociologique sur le droit et les institutions pénales
Chron	Chronique
Circ	Circulaire
CNO	Centre national d'orientation
Comp	Comparez
Contra	Solution contraire
CP	Code pénal
CPAL	Comité de probation et d'assistance aux libérés
CPP	Code de procédure pénale
CPT	Comité de prévention contre la torture
D	Revue Dalloz
Dév. et soc	Revue déviance et société
Eod. loc	*Eodem loco*, même référence, même endroit
Eg	Egalement
Gaz. Pal	Gazette du palais
Ibid	*Ibidem*, même référence
In	Dans
Infra	Ci-dessous
JAP	Juge de l'application des peines
JDJ	Journal du droit des jeunes
LGDJ	Librairie générale de droit et de jurisprudence
MAF	Maison d'arrêt des femmes (Fleury-Mérogis)
OIP	Observatoire international des prisons
Op. cit	Opere citato, ouvrage, article…déjà cité
Ord	Ordonnance
PEP	Projet d'exécution des peines
PUF	Presses Universitaire de France
RAAP	Rapport annuel Administration pénitentiaire
Rev. sc. Crim (R.S.C)	Revue de sciences criminelles et de droit pénal comparé
RFD adm	Revue française de droit administratif
RICPT	Revue international de criminologie et de police technique
RIDP	Revue internationale de droit pénal
RPDP ou Rev. pénit	Revue pénitentiaire et de droit pénal
Supra	Ci-dessus
TIG	Travail d'intérêt général
V	Voir

à mes oncles Philippe Bouyengué,
Albert Mananga

en très affectueux hommage

Et à Laurentine Yvette,
Bachelier Juste-Monsan,
Michelle Belgika

Préface

Quand bien même la situation se soit améliorée ces derniè-
res années, les recherches pénitentiaires consacrées aux sur-
veillants de prison sont si rares que chaque nouvelle réflexion
scientifique concernant leurs missions doit être heureusement
saluée. Davantage consacrées à l'Institution elle-même en tant
que lieu d'exécution des peines privatives de liberté, ou aux
personnes incarcérées, les études disponible, à profusion, nient,
pour le moins ignorent ces « professionnels du contact humain
difficile ». Sans discussion aucune, les missions du surveillant
de prison sont nobles. Ils participent pleinement au service
public de la justice : maintien de la sécurité publique par la
garde des personnes placées sous main de justice et prépara-
tion à leur réinsertion sociale.

Il faut admettre qu'une large part de l'opinion publique ne
semble guère intéressée par ce qui se passe derrière les hauts
murs de la prison. Peu importent les conditions de vie de ceux
qui y travaillent ou y sont enfermés. L'imagerie populaire les
caricature de manière désastreuse : « matons rustres et bru-
taux » pour les uns, « dangereux criminels inamendables » pour
les autres. La France profonde, mal informée des réalités du
phénomène criminel, négligeant souvent avec une mauvaise foi
coupable les échecs en amont, multiples et répétés, de la société
et des institutions qui la représentent, n'attend rien d'autre des
surveillants qu'ils enferment, solidement, les délinquants.

Quelques citoyens, de plus en plus nombreux, s'élèvent au-
jourd'hui néanmoins contre ces clichés passéistes, mais tena-

ces. C'est alors une impression de malaise, voire de honte, qui accompagne ces discours humanistes, tant devient forte leur conviction que la plupart de ceux qui se trouvent en prison n'ont strictement rien à y faire.

« Portes clés » des « oubliettes de la société », les sur- veillants nous rappellent régulièrement leurs troubles, tiraillés entre les préoccupations ultra-sécuritaires inhérentes à la pri- vation de liberté qu'on leur impose et les potentialités d'activités socio-éducatives à l'égard des détenus côtoyés en permanence qu'on ne leur reconnaît pas vraiment.

Cette discordance fonctionnelle est au cœur de la passion- nante recherche effectuée par Paul Mbanzoulou, autour de l'apport des surveillants de prison à la réinsertion sociale des détenus. Le choix d'un tel thème a pu (pourra) surprendre : naïveté de chercheur, anachronisme du débat, scandale de l'intérêt porté au retour d'un être humain « criminel » parmi les autres êtres humains, par évidence « honnêtes » et respec- tueux de la norme pénale. La qualité de la réflexion menée par l'auteur est soulignée – ce qui n'est pas si fréquent dans le monde universitaire – par la composition pluridisciplinaire du jury ayant évalué sa Thèse initiale, que j'ai eu le plaisir de diri- ger : pénalistes, psychologue, historien, sociologue et crimino- logue.

Balayant tous les a priori désuets, l'ouvrage repose sur des perspectives respectueuses de la dignité des personnes impli- quées, sans compromettre les impératifs de tranquillité publi- que auxquels toute société démocratique peut légitimement prétendre. La double formation de psychologue et de juriste de l'auteur lui a ouvert les voies d'une approche globale, cohé- rente et professionnelle de la prise en charge des condamnés, en rendant à chaque intervenant pénitentiaire un rôle précis. En harmonieuse complémentarité, deux phases répartissent les fonctions de chacun : la phase d'amendement relevant davan- tage de la compétence des surveillants, la phase affective et sociale de celle des conseillers d'insertion et de probation. Le propos est ambitieux, sans aucun doute. Mais il s'inscrit dans les évolutions profondes qui traversent autant l'institution pé-

nitentiaire elle-même, les personnels que les détenus. L'augmentation de la population pénale procède d'un autre registre, en aucun cas de nature à modifier le « traitement de resocialisation » auquel tout condamné a droit.

Sauf... sauf naturellement à modifier encore en profondeur les conditions d'alimentation de la prison (en ne la réservant qu'aux auteurs d'atteintes aux valeurs sociales essentielles) ; la durée de l'incarcération, qui doit être proportionnée à la gravité des faits et à la personnalité des intéressés (excluant les trop longs temps pénitentiaires, sans horizon d'attente ; comme les très courtes peines privatives de liberté, disproportionnées). Dans le même esprit réformateur, la mise en place, en nombre significatif, d'équipes pluridisciplinaires auprès de chaque établissement pour peine s'impose, associant les professionnels de la complexité humaine, augmentée encore par le passage à l'acte criminel : surveillants, travailleurs de l'éducatif et du social, médecins, psychiatres, psychologues, criminologues. Convient-il d'ajouter : sans rupture entre milieu fermé et milieu ouvert, entre établissements pénitentiaires, Services Pénitentiaires d'Insertion et de Probation, Services publics de santé, du travail, de protection familiale et sociale et la communauté des citoyens principalement.

Le retour en société, en toute humanité, de ceux qui ont purgé leur peine au sein de structures adaptées et harmonieusement délocalisées (à l'égard des femmes notamment), profitera à tous. Une telle évolution, soutenue par Paul Mbanzoulou, redonnera à la peine privative de liberté son plein sens : punir certes mais en vue de réinsérer le plus grand nombre, dans le respect des droits des victimes. Rien d'utopique en cela. Des réalisations remarquables, en France comme à l'étranger, sont à l'œuvre : il importe de les généraliser. Les caractéristiques socio-démographiques, le niveau des connaissances et aptitudes intellectuelles des personnels comme des condamnés, d'une proximité inédite, obligent une telle transformation. Les revendications des citoyens à ne pas être exposés au crime, celles des victimes à être authentiquement acteurs dans un procès également équitable pour elles-mêmes (droits à l'écoute, à être défendues, réparées complètement aux plans indemnitaire et psy-

chosocial) obligent à l'excellence dans la prévention des victimisations d'origine criminelle et dans le traitement de ceux qui néanmoins transgressent les interdits.

Sur tous ces aspects, le présent ouvrage est bienvenu. En offrant aux intervenants pénitentiaires, notamment aux surveillants de prison, une formation adéquate en management pénitentiaire et en sciences humaines, notre société les rétablira dans leur pleine dignité. La richesse des propositions formulées par Paul Mbanzoulou renforcent ainsi la reconnaissance de l'utilité sociale de la prison en évitant la dérive sécuritaire qui accentue sans nuance la fragilité des personnes prises en charge. Il nous invite par là à davantage de solidarité à leur égard, tant il est démontré qu'elles appartiennent massivement aux franges les plus précarisées et démunies de notre société. Il nous rappelle surtout notre responsabilité commune à promouvoir et consolider l'Harmonie sociale. En toute fraternité.

Robert Cario
Unité Jean Pinatel de Sciences Criminelles Comparées.

Introduction

La réinsertion sociale des détenus constitue l'un des problèmes récurrents des sociétés modernes : quelle place accorder aux condamnés qui purgent une peine privative de liberté à la suite d'une violation des prescriptions légales et comment les inciter à respecter les normes sociales une fois leur peine purgée ? Une telle préoccupation est centrale dans la légitimation sociale de la prison [1], mais surtout dans la lutte contre la récidive. Il est en effet notoire que la fonction de la peine privative de liberté est d'essayer d'améliorer le condamné ou, à défaut, de ne pas le désocialiser davantage (cas des prévenus notamment). S'il s'avère indispensable de sanctionner « le violateur lucide » [2] du pacte social, il convient également d'œuvrer pour que celui qui a payé sa dette à la société puisse tirer profit de l'exécution de sa peine. Un tel objectif exige que soit engagée au cours de la période d'incarcération, une série « d'interventions croisées » [3] dans les domaines aussi divers que ceux de la formation professionnelle, de la santé, de l'éducation (intériorisation des règles de vie en société) et de l'action sociale (maintien des relations familiales et professionnelles, accession au logement et recherche d'emploi). Il s'agit en somme de « l'usage délibéré de la structure sociale, des institutions et des relations sociales comme moyen pour obtenir la conformité du délinquant

---

1. V. J.C. FROMENT, *La République des surveillants de prison (1958-1998)*, L.G.D.J., Coll. Droit & Société, 1998, p. 265 et s.
2. V. J.M. LE BERRE, Allocution, Université d'été, Aix-en-Provence, 18-21 septembre 1995.
3. V. E. MAUREL, De l'insertion sociale, *R.D.S.S.*, 1989, n°4, p. 703

avec les normes de la société globale » [4]. La question qui se pose dès lors est celle de savoir si la prison peut réformer le délinquant et, le réforme effectivement [5]. Pour apporter une réponse adéquate à cette interrogation, il paraît nécessaire d'engager tout d'abord une réflexion sur la notion même de réinsertion sociale des individus condamnés à la privation de liberté. Il conviendra ensuite, de situer de façon pertinente l'apport des différents acteurs du monde carcéral et, principalement, celui du personnel de surveillance. Mais il faut d'emblée souligner que la réinsertion des condamnés n'est pas le seul but justifiant la condamnation à l'emprisonnement, mais que cette dernière répond presque toujours à d'autres finalités comme le châtiment, la protection de la société et la dissuasion [6]. En réalité, le terme de peine privative de liberté se confond avec celui d'emprisonnement. Or, la privation de liberté a un sens plus large, même s'il est ici utilisé comme synonyme de l'emprisonnement. Il n'est pas simplement un euphémisme de celui-ci. En ce sens, la privation de liberté comme instrument de lutte contre le crime [7] ne vise pas uniquement l'emprisonnement, qui n'est qu'une des formes

---

4. V. J.H. SYR, *Punir et Réhabiliter*, Economica, Coll. Le point sur, Paris, 1990, p. 74 ; V. ég. G. KELLENS, *Précis de pénologie et de droit des sanctions pénales*, Coll. Scientifique de la Faculté de droit de Liège, 1991, 311 p.

5. V. sur la question de l'évolution des fonctions de la prison, J.P. DELMAS SAINT-HILAIRE, La prison, pourquoi faire ?, *In Problèmes actuels de science criminelle*, Tome VII, Univ. de Droit, d'Economie et de sciences d'Aix-Marseille, I.S.P.E.C., Presses Universitaires d'Aix-Marseille, 1994, pp. 32-42 ; V. ég. J. E. HALL WILLIAMS, Rapport général de la société internationale de criminologie, *In Contibution au cinquième congrès des Nations Unies pour la prévention du crime et le traitement des délinquants*, Genève, 1-12 septembre 1975, p.45 et s. ; Comp. J. PINATEL, Postulats et limites du traitement des délinquants en institution, *R.S.C.*, 1977, pp. 635-643.

6. V.P. CANNAT, A propos des paradoxes de l'emprisonnement rééducatif, *R.S.C.*, n°1, 1971, pp. 155-157.

7. Sur le sens criminologique du mot crime, V.E. DURKHEIM, *Les règles de la méthode sociologique*, P.U.F., Coll. Quadrige, 1992, p. 67.

de la privation de liberté la plus extrême [8]. Il est possible de limiter la liberté de l'individu sans recourir à la prison. Les sanctions restrictives de liberté prononcées par les juridictions pénales (le sursis avec mise à l'épreuve, le travail d'intérêt général, l'ajournement avec mise à l'épreuve) en constituent quelques illustrations. Dans cette optique, la privation de liberté est entendue comme la détention d'un individu dans une institution pénitentiaire, conformément aux prescriptions de la loi pénale. Elle prive le condamné de sa liberté d'aller et de venir et l'empêche d'exercer normalement d'autres droits, dont l'usage est paralysé ou réduit par cette détention [9]. Les peines privatives de liberté sont constituées par l'emprisonnement correctionnel, la réclusion criminelle à temps, la réclusion criminelle à perpétuité, la détention criminelle à temps et la détention criminelle à perpétuité [10]. Ces peines sont ainsi distinctes des peines restrictives de liberté. Leur exécution est assurée par l'Administration pénitentiaire dans le cadre d'un mandant judiciaire. Le concept de « condamné à la privation de liberté » [11] serait plus approprié dans cette étude, parce que le terme générique de détenu désigne l'individu mis en prison, soit en tant que prévenu, soit en tant que condamné [12].

---

8. V. P. ALLEWIJN, Rapport général de la Fondation internationale pénale et pénitentiaire, *In* Contribution au cinquième congrès des Nations Unies pour la prévention du crime et le traitement des délinquants, *op. cit.*, p. 20.

9. V. P. CORNIL, Rapport général de la Société internationale de défense sociale, *In* Contribution au cinquième congrès..., *op. cit.*, p. 66.

10. V. R. CARIO, *Pour une approche globale et intégrée du phénomène criminel. Introduction aux sciences criminelles*, 2è éd., L'Harmattan, Coll. Transdiciplines, 1997, p. 113 et s.

11. V. P. MBANZOULOU, *L'apport des surveillants de prison à la réinsertion sociale des condamnés à la privation de liberté en France*, Thèse, Pau, 1999, 491 p.

12. Les prévenus sont les personnes faisant l'objet de poursuites pénales et n'ayant pas encore fait l'objet d'une condamnation définitive, soit aussi bien les prévenus placés en détention provisoire que les condamnés en attente d'un jugement définitif. Par opposition à cette dernière catégorie, les condamnés sont les personnes ayant fait l'objet d'une décision devenue définitive du fait de l'épuisement des voies de recours. V. W.F. ZIWIE, *Droits du détenu et droits de la défense*, Librairie François Maspero, n°215, 1979, p. 183 ; Pour plus de détails sur les détenus, V. B. BOLZE, J.C. BOUVIER, P. MAREST, E. PLOUVIER, *Le guide du prisonnier*, O.I.P./Ed. de l'Atelier, 1996, 352 p.

Or, la perspective de réinsertion sociale s'accommode mal avec le statut de prévenu - présumé innocent - à l'égard duquel le souci principal se limite à ne pas le désocialiser davantage. Les condamnés - définitifs - se prêtent mieux au traitement de réinsertion sociale. Par conséquent, l'usage du terme générique de détenu correspond ici au condamné définitif, quelle que soit la longueur de la peine ou du reliquat de peine à subir. Cette précaution sémantique n'est pas inutile, tant il est vrai que le fond et la forme se confondent facilement [13].

Fort de ces considérations, il devient possible d'objectiver comme variable d'étude, dans le cadre pénitentiaire, l'apport des surveillants de prison et des autres professionnels à la réinsertion sociale des détenus. Pour réussir une telle entreprise, il convient d'abord de cerner théoriquement la notion même de réinsertion sociale (I). La recherche des fondements juridiques de la réinsertion sociale [14] est dès lors pertinente. Une telle approche permet alors de situer la préoccupation de réinsertion sociale dans la peine privative de liberté (II).

I/ La notion de réinsertion sociale des condamnés

La réinsertion des condamnés est un impératif qui se rattache à la peine depuis le célèbre aphorisme gravé en 1703 à la demande du Pape Clément IX au fronton de la salle d'honneur de la prison Saint-Michel à Rome et selon lequel « Soumettre les individus malhonnêtes par le châtiment n'est rien si on ne les rend pas honnêtes par l'éducation » [15]. Quelques années plus tard, J. Howard le reprenait et commençait son ouvrage, *L'Etat des prisons* (1777) par une citation

---

13. V. en ce sens, L.M. RAYMONDIS, La justice pénale et son langage, *Déviance et société.*, vol.1, n°2, 1977, pp. 171-186.

14. V. R. GASSIN, Les fondements juridiques de la réinsertion des délinquants en droit positif français, chron. pénitentiaire, *Rev. sc. crim.*, 1996, pp. 155-182 et pp. 443-460.

15. V. M.L. RASSAT, *Pour une politique anti-criminelle du bons sens*, Coll. Les idée de la liberté, Ed. La Table Ronde, 1983, p. 52.

presque similaire [16]. Il convient de noter à cet égard que l'existence du concept [17] de réinsertion sous sa forme actuelle - réinsertion sociale - est d'apparition plutôt récente [18]. Certains auteurs utilisent des synonymes comme réadaptation sociale [19], (re)socialisation [20], réhabilitation [21], reclassement social [22], insertion sociale [23],

---

16. V. C. CARLIER, De l'amendement à la réinsertion (Ancien Régime- II° Guerre mondiale), *In* La réinsertion des délinquants..., *op. cit.*, p. 25.

17. V. la définition du mot "concept" *In* A. LALANDE, *Vocabulaire technique et critique de la philosophie*, P.U.F., Paris, 1972, 1323 p.

18. Ce concept figurait déjà dans le décret du 8 août 1997. L'article 2 énonce que « les surveillants et surveillants principaux assurent la garde des détenus, maintiennent l'ordre et la discipline dans les établissements et services relevant de l'administration pénitentiaire et participent aux diverses activités tendant à préparer la réinsertion de la population pénale dans la société. Néanmoins, c'est dans la loi du 22 juin 1987 sur le service public pénitentiaire que ce concept apparît de façon explicite. L'article premier de la loi énonce que ce service « favorise la réinsertion sociale des personnes qui lui sont confiées par l'autorité judiciaire ». Le décret du 8 décembre 1998 modifiant le code de procédure pénale et relatif à l'organisation et au fonctionnement des établissements pénitentiaires a remplacé au premier alinéa de l'article D. 184, le mot « réadaptation » par le mot « réinsertion ».

19. V. R. SCHMELCK et G. PICCA, *Pénologie et droit pénitentiaire*, Cujas, 1967, p. 136 ; V. ég. Art. 720-4, 721-1, C.P.P.

20. V. GERMAIN, *Eléments de science pénitentiaire*, Cujas, 1959, p. 18 ; V. ég. R. CARIO, L'amélioration du climat social dans le monde pénitentiaire. Le statut de surveillant de prison en France, *Rev. pénit.*, n°2, av-juin 1992, pp. 123-140 ; R. CARIO, *Pour une approche globale et intégrée du phénomène criminel*, L'Harmattan, 1996, p. 103 ; M. CUSSON, *La resocialisation du jeune délinquant*, Ed. des Presses de l'Universiré de Montréal, 1974, 160 p. V. la définition du mot "resocialisation" *In* P. ROBERT, *Le nouveau Petit Robert*, Dictionnaire alphabétique et analogique de la langue française, texte remanié et amplifié sous la direction de J. Rey-Debove & A. Rey, Paris, 1996.

21. V. R. GASSIN, *Criminologie*, 3e éd., p. 662-1 ; V. ég. J.H. Syr, *Punir et réhabiliter*, Economica, 1990, 132 p.

22. V. J. PINATEL, *Traité élémentaire de Science pénitentiaire et de défense sociale*, Ed. Sirey, 1950, p. 374 . Art. 132-43 et 132-46, C.P.P. ; Art. 728, al.2 ancien C.P.P ; Déc. 12 av. 1952, art. 4 et 8.

23. Ord. du 2 fév. 1945, art. 20-5 ; V. E. MAUREL, De l'insertion sociale, *op. cit.* ; P. TAP, A. BEAUMATIN, S. ESPARBES, C. MICHON-TAP, Insertion et

amendement [24], pour évoquer la même réalité à savoir : « le processus au terme duquel un individu qui a commis des délits dans le passé cesse d'en commettre et mène une vie à peu près normale » [25].

Ces « méandres de la terminologie socio-éducative » [26] qui se rattachent à la notion de réinsertion sociale la rendent peu intelligible. Sous ces vocables en apparence synonymes, se cachent des réalités et des moyens d'action souvent différents. Comme le remarque E. Durkheim, « les sociologues sont tellement habitués à employer les termes sans les définir, c'est à dire, à ne pas déterminer ni circonscrire méthodiquement l'ordre des choses dont ils entendent parler, qu'il leur arrive sans cesse de laisser une même expression s'étendre, à leur insu, du concept qu'elle visait primitivement ou paraissait viser, à d'autres notions plus ou moins voisines » [27]. D'où la nécessité de définir ces différents vocables [28] pour ne pas succomber à la tentation de les utiliser comme synonymes.

La notion de réadaptation sociale renvoie aussi bien au domaine médical (c'est alors la réadaptation fonctionnelle après un accident ou une opération) que social ou professionnel. Elle signifie « l'action d'adapter de nouveau [...], de se réadapter à une activité interrompue pendant un certain temps » [29].

---

intégration sociales : des notions aux pratiques, *Annales de Vaucresson*, 32-33, 69-81.

24. Art. 728, al. 2 ancien C.P.P. ; Ord. 2 fév. 1945, art. 27 ; Déc. 12 av. 1952, art. 4 ; V. ég. l'œuvre de C. LUCAS, *op. cit.*, tomes 1, 2 et 3.

25. V. M. CUSSON, Fondements empiriques de la réinsertion, *In* La réinsertion des délinquants..., *op. cit.*, p. 111.

26. V. en ce sens, C. CARDET, *Le contrôle judiciaire socio-éducatif*, Thèse,Université de Pau et des Pays de l'Adour, 1999, § n°194, p. 192 et s.

27. V. E. DURKHEIM, *Le suicide*, Quadrige, P.U.F., 1930, 10ème tirage, 1986, p. 108.

28. V. C. CARDET, *op. cit.*, p. 192 et s. ; M. GRAWITZ, *Lexique des sciences sociales*, Ed. Dalloz, 6ème éd., 1994, 402 p.

29. V. Le Dictionnaire alphabétique et analogique de la langue française, *ibid.*

La notion de socialisation renvoie à un « processus d'apprentissage qui favorise le développement et la maturation de la personnalité, de façon telle que l'individu devient membre reconnu et coopérateur du groupe social par l'adaptation de sa conduite aux règles du groupe »[30]. En ce sens, resocialiser selon R. Merle et A. Vitu, « c'est adapter ou réadapter complètement un individu à la vie sociale en transformant non seulement son comportement mais sa mentalité, sa conception intime des rapports sociaux, et en lui faisant admettre comme bonne et respectable les valeurs socioculturelles consacrées par le groupe humain dans lequel il vit »[31]. De façon plus simple, *Le Nouveau Petit Robert* évoque la « remise dans un fonctionnement social normal (d'une personne qui en était exclue) ».

La réhabilitation, selon *Le dictionnaire Larousse*, consiste à « rétablir une personne dans des droits, une capacité juridique qu'elle avait perdu » ou à « aider à la réinsertion » ou encore à « faire recouvrer l'estime, la considération d'autrui ». Sur le plan juridique, la réhabilitation renvoie à la possibilité de faire disparaître la condamnation et ses conséquences, soit de plein droit après un certain délai(réhabilitation légale), soit sur décision de justice (réhabilitation judiciaire)[32].

La notion de reclassement social convient mieux à la sphère socioprofessionnelle[33]. Elle correspond à « l'affectation (à une nouvelle activité, à une place dans la société) de personnes qui ont dû cesser l'activité qu'elles exerçaient auparavant ».

Par delà la multiplicité d'acceptions de la notion de réinsertion sociale, le problème qui se pose est celui de savoir si, appliquée aux individus condamnés à la privation de liberté, cette notion n'est pas une simple vue de l'esprit, tant il est difficile de mesurer son contenu

---

30. V. C. BESOZZI, Jeunes adultes et sanctions pénales : une perspective sociologique, *R.D.P.C.*, n°1, 1991, p. 20 ; V. ég. C. DUBAR, *La socialisation : construction des identités sociales et professionnelles*, P.U.F., Coll. U sociologie, Paris, 1991, 278 p. ; G.N. FISCHER, *Les concepts fondamentaux de la psychologie sociale*, Dunod, 1987, p. 29 et s.

31. V. R. MERLE & A. VITU, *Traité de Droit Criminel*, Tome I, éd. Cujas, Paris, 1997, n°92, p. 143.

32. V. en ce sens, G. STEFANI, G. LEVASSEUR, B. BOULOC, *Droit pénal général*, Dalloz, 16e éd., 1996, pp. 579 et s.

33. V. C. CARDET, *Op. cit.*, p. 192.

réel [34]. En réalité, la réinsertion sociale est un pari sur l'autre ; voire même un défi. D'autant plus que cet « autre » appartient à une catégorie particulière d'individus que sont les délinquants condamnés à la privation de liberté. Le pari ou le défi, voire même le « mythe », consiste à faire en sorte que la sanction à laquelle ils sont soumis permette de faciliter leur réinsertion dans le groupe social dont ils ont violé la norme [35]. La position des professionnels du monde pénitentiaire est plus nuancée. Ils remettent en cause le terme même de réinsertion, en préférant souvent celui d'insertion [36]. Pour eux, « l'anticipation et la projection dans le futur des rapports normant un lien social, la confiance communicationnelle, toutes choses qu'implique la réinsertion apparaissent illusoires dans le cadre de la réalité carcérale » [37], car la grande majorité des détenus n'a pas été insérée avant d'arriver en prison. En ce sens, la mission de réinsertion sociale se limiterait à lutter, par le relationnel, contre les effets désocialisants de la prison.

Or, l'objectif de réinsertion sociale a un fondement juridique. Celui-ci est à rechercher, comme l'a déjà fait R. Gassin [38], dans tous les textes écrits qui forment le droit positif français. En l'espèce, ce sont les règles constitutionnelles, les conventions internationales, la jurisprudence du Conseil constitutionnel, des cours et tribunaux, de

---

34. Question déjà soulevée par l'univesité d'été d'Aix-en-Provence. V. supra.

35. V. J.H. SYR, Rapport de synthèse, *In* La réinsertion des délinquants..., *op. cit.*, p. 229.

36. « Pour que l'on puisse parler d'insertion, il faut sans doute un emploi durable et non précaire, lequel permettra de bénéficier de la sécurité sociale, de trouver un logement, d'améliorer ses revenus et son niveau de formation. L'emploi ne peut donc se dissocier de l'ensemble des autres facteurs de l'insertion qui en assurent le soubassement et dont il constitue la clé de voûte ». V. C. CARDET, Le contrôle judiciaire socio-éducatif, *op. cit.*, § n°199, p. 198 ; V. ég. E. ALFANDARI, *L'insertion*, P.U.F., Paris, 1990, 192 p. ; J. RIVERO, Insertion, droits de l'homme, libertés, *R.D.S.S.*, 1989, n°4, pp. 617-619.

37. V. N. AYMARD, D. LHUILIER, Sécurité et identité professionnelle des personnels de surveillance de l'administration pénitentiaire, *Droit et Société*, 25-1993, p. 443.

38. V. R. GASSIN, *op. cit.*, pp. 155-182 et pp. 443-460.

la Cour européenne des droits de l'homme et les dispositions réglementaires. L'intérêt de rechercher les fondements juridiques du concept de réinsertion sociale des délinquants est double. Il s'agit d'abord de légitimer, par une délimitation des contours et significations juridiques du concept, l'action pénale, dont la réinsertion sociale des délinquants constitue le sens et, par conséquent, de justifier l'intérêt d'une étude sur la réinsertion sociale des détenus. Une fois les fondements juridiques de la notion de réinsertion sociale des délinquants établis (A), il s'agira ensuite de montrer que celle-ci est relativement source de droits subjectifs de nature à modifier la situation pénale des intéressés (B).

A - Les fondements juridiques de la réinsertion sociale des délinquants

La réinsertion sociale des délinquants est affirmée comme objectif de la sanction pénale dans le code pénal, dans le code de procédure pénale et dans diverses lois particulières comme l'ordonnance du 2 février 1945 relative à l'enfance délinquante, ainsi que dans la jurisprudence constitutionnelle et dans les conventions internationales [39]. Par conséquent, les fondements juridiques de la réinsertion sociale des délinquants comme objectif de la sanction pénale sont tout d'abord à situer au regard des textes ordinaires, les lois, les décrets, les arrêtés et les décisions de la chambre criminelle (1). Or la hiérarchie des normes juridiques place au dessus des textes ordinaires, les textes de valeur constitutionnelle et les textes de source internationale. Ceux-ci concentrent l'évolution des textes ordinaires dans la limite des possibilités compatibles avec les dispositions légales contenues dans ces textes de valeur supérieure. D'où la nécessité de situer ensuite les fondements juridiques de la réinsertion sociale comme objectif de la sanction pénale au regard de ces textes de valeur supérieure (2).

---

39. V. R. GASSIN, Les fondements juridiques de la réinsertion des délinquants en droit positif français, *op. cit.*, p. 160.

1. Au regard des textes ordinaires

Lorsque l'on cherche à situer l'objectif de réinsertion sociale dans les textes ordinaires, les codes pénal et de procédure pénale sont des outils indispensables. Les textes relatifs aux peines privatives de liberté contiennent en effet la plupart des références à la réinsertion, souvent exprimées sous le vocable de reclassement social, car la privation de liberté est demeurée le pilier principal de la répression pénale. Mais il convient d'emblée de souligner l'absence, dans le code de procédure pénale, de texte à caractère général affirmant de façon précise que « la sanction pénale a, en droit français, pour fonction essentielle la resocialisation des délinquants » [40]. Les différentes dispositions y afférentes procèdent d'une série de combinaisons (telle peine ou variété de peine ou telle ou telle catégorie de délinquant) et possèdent de ce point de vue un caractère particulier. La lecture du livre V du code de procédure pénale consacré aux « procédures d'exécution » ne renseigne pas plus sur la question que les « dispositions générales » du livre I du code pénal. Une telle situation s'explique selon R. Gassin, par le fait que « le système français actuel des sanctions pénales est un système complexe qui s'alimente aussi bien à l'intimidation collective, à l'intimidation individuelle et à la neutralisation qu'à la resocialisation » [41]. Pour arriver à mieux repérer l'objectif de réinsertion ou de resocialisation des délinquants dans l'arsenal juridique, il convient de distinguer les textes relatifs aux délinquants mineurs de ceux relatifs aux délinquants adultes, notamment, les textes du droit commun de la sanction pénale.

---

40. V. R. GASSIN, *op. cit.* p. 158.
41. V. R. GASSIN, *op. cit.* p. 158 . V. ég. R. GASSIN, Les fonctions sociales de la sanction pénale dans le nouveau code pénal, *Cahiers de sécurité intérieure*, n°18, 4° trim. 1994, pp. 50-68.

a) *A propos des textes relatifs aux délinquants mineurs*

S'agissant des mineurs, les deux textes de référence sont l'article 122-8 du nouveau code pénal et l'ordonnance du 2 février 1945 relative à « l'enfance délinquante » [42]. Selon l'art. 122-8, « les mineurs reconnus coupables d'infractions pénales font l'objet de mesures de protection, d'assistance, de surveillance et d'éducation dans les conditions fixées par une loi particulière. Cette loi détermine également les conditions dans lesquelles des peines peuvent être prononcées à l'encontre des mineurs de plus de treize ans ». Cette loi particulière est l'Ordonnance du 2 février 1945. Selon son article 2, « le tribunal pour enfants et la cour d'assises des mineurs prononceront, suivant le cas, les mesures de protection, d'assistance, de surveillance et d'éducation qui sembleront appropriées. Ils pourront cependant, lorsque les circonstances et la personnalité du délinquant leur paraîtront l'exiger, prononcer à l'égard du mineur âgé de plus de treize ans une condamnation pénale ». Deux principes fondamentaux dominent ce texte cinquantenaire [43] : celui de la « primauté de l'éducatif sur le répressif » [44] et le principe du « privilège de juridiction » [45], instaurant ainsi un droit spécifique, un juge spécialisé et une procédure spéciale [46] Les réponses à la

---

42. V. M. ANCEL & H. DONNEDIEU DE VABRES, *Le problème de l'enfance délinquante*, Ed. Sirey, 1947, 207 p., P. ROBERT, *Traité de droit des mineurs. Place et rôle dans l'évolution du droit français contemporain*, Ed. Cujas, 1969, 640 p. ; Y. ROUMAJON, *Enfants perdus, enfants punis. Histoire de la jeunesse délinquante : huit siècles de controverses*, Ed. R. Laffont, 1989, 352 p.

43. V. A. CHEMIN, La justice des mineurs a cinquante ans, *In Le Monde*, 7 fév. 1995/13 ; V. ég. D. SALAS, 50è anniversaire de l'Ordonnance du 2 février 1945, *In R.S.C.*, 1995/3, pp. 660-665 ; *Enfance délinquante, enfance en danger : une question de justice*, Ed. PJJ, 1996, 224 p.

44. V. R. CARIO, Jeunes délinquants, *op. cit.*, p. 65.

45. V. H. MICHARD, *La délinquance des jeunes en France, Notes et études documentaires*, La documentation française, 1978, p. 65.

46. Sur les spécificités judiciaires de la prise en charge des jeunes délinquants ; V. not. R. CARIO, *op. cit.*, p. 65 et s. ; J.F. RENUCCI, *Enfance délinquante et enfance en danger*, Ed. du CNRS, 1990, p. 130 et s. ; B. BOULOC, *Pénologie*, Ed. Dalloz, Coll. Précis, 1991, p. 261 et s. ; J. PRADEL, *Procédure pénale*, Ed. Cujas, 9è éd., 1995, p. 72 et s., 602 et s. ;

délinquance des mineurs sont ainsi variées et d'une richesse évidente. Même si le primat de l'éducatif « empreigne l'ensemble des mesures opposables aux mineurs jusqu'aux plus coercitives » [47], seules les réponses pénales seront évoquées dans les développements qui suivent. Elles sont formulées, soit par le Tribunal pour enfants, soit par la Cour d'assises des mineurs. Quatre types de peines peuvent ainsi être prononcées : l'amende, la confiscation, le travail d'intérêt général et la peine privative de liberté. En dépit du caractère anti-carcéral de l'Ordonnance de 1945, il arrive fréquemment que des mineurs se retrouvent en prison [48]. Mais dans la décision d'incarcération du mineur, l'aspect éducatif reste présent, puisque selon l'article 11 de l'ordonnance de 1945, « le mineur âgé de plus de treize ans ne pourra être placé provisoirement dans une maison d'arrêt, soit par le juge d'instruction, soit par le juge des enfants, que si cette mesure paraît indispensable ou encore s'il est impossible de prendre toute autre disposition. Toutefois le mineur âgé de moins de seize ans ne pourra être détenu provisoirement, en matière correctionnelle. Dans tous les cas, le mineur sera retenu dans un

---

P. CONTE & P. MAISTRE DU CHAMBON, *Procédure pénale*, Ed. Masson, 1995, p. 63 et s. ; M. ALLAIX, La spécialisation des magistrats de la jeunesse : une garantie pour les mineurs de justice, *In La justice des mineurs. Evolution d'un modèle*, Ed. Bruylant/L.G.D.J., 1995, pp. 73-80 ; J. BORRICAND & A.M. SIMON, *Droit pénal. Procédure pénale,*, Ed. Sirey, 1998, 384 p

47. V. en ce sens, J.P. CÉRÉ, La spécificité de la détention des mineurs, *In Le mineur et le droit pénal*, R. NÉRAC-CROISIER (Dir.), l'Harmattan, 1997, pp. 201-220 ; R. CARIO, Entre virtualité de l'éducatif et réalité du répressif, *In* NÉRAC-CROISIER (Dir.), *op. cit.*, pp. 149-200.

48. V. J.F. RENUCCI, L'emprisonnement des mineurs, *In Enfance délinquante*, XIèmes Journées de l'Association Française de Droit pénal, Travaux et Recherches, Série Faculté des Sciences Juridiques de Rennes, Economica, Paris, 1993, pp. 169-180 ; R. OTTENHOF, La prison et les jeunes, *Actes du IVeme cours d'été*, San Sebastien, 1987 ; M. DELMAS-MARTY, *Les chemins de la répression*, PUF, 1986, p. 36 et s. ; G. GILBERT, *Des jeunes y entrent, des fauves en sortent*, Ed. Stock, 1982, 283 p. ; P. FERRARI, *Enfants et prison : deux images difficiles à associer*, Eshel éd., 1990, 204 p. ; E. PECHILLON, *Sécurité et droit du service pénitentiaire*, L.G.D.J., 1998, p. 247 et s.

quartier spécial ; il sera, autant que possible, soumis à l'isolement de nuit ». Cette préoccupation éducative dans le régime d'exécution de la détention provisoire des mineurs est réaffirmée à l'article 12 de l'ordonnance de 1945, en ces termes : « Le service de protection judiciaire de la jeunesse compétent établit, à la demande du procureur de la République, du juge des enfants ou de la juridiction d'instruction, un rapport écrit contenant tous renseignements utiles sur la situation du mineur ainsi qu'une proposition éducative... Ce service est obligatoirement consulté avant toute réquisition ou décision de placement en détention provisoire du mineur ou de prolongation de la détention provisoire ». En cas d'infraction d'une exceptionnelle gravité et lorsque « les voies éducatives et restauratives préalablement et systématiquement investiguées » [49] ont échoué, la privation de liberté est alors inévitable comme le prévoit l'article 18 de l'ordonnance de 1945 : « si la prévention est établie à l'égard d'un mineur âgé de plus de treize ans, celui-ci pourra faire l'objet d'une condamnation pénale conformément à l'article 2 ». La fonction resocialisatrice de la prison est alors mise en avant pour justifier une telle décision [50]. Dans ce cas, le Tribunal pour enfants et la Cour d'assises des mineurs ne peuvent prononcer à l'encontre des mineurs âgés de plus de treize ans une peine privative de liberté supérieure à la moitié de la peine encourue. Si la peine encourue est la réclusion criminelle à perpétuité, ils ne peuvent prononcer une peine supérieure à vingt ans de réclusion criminelle (Art. 20-2 al.1). Par conséquent, l'incarcération du mineur délinquant doit avoir lieu au sein « d'établissements spécialement conçus pour les recevoir et préparer leur resocialisation » [51].

---

49. V. R. CARIO, *op. cit.*, p. 98.

50. L'emprisonnement des mineurs paraît difficilement conciliable avec les perspectives éducatives qui irriguent le droit pénal des mineurs. L'aspect criminogène de la prison a suffisamment été souligné pour que l'évocation de l'enfermement des mineurs témoigne d'une symbolique d'impuissance de la justice à détourner certains adolescents de la délinquance. V. J.P. CÉRÉ, *La spécificité de la détention des mineurs*, *op. cit.*, p. 205. Comp. M. FIZE, L'impossible socialisation des jeunes dans les conditions de contraintes maximales : l'exemple de la prison, *In Annales de Vaucresson*, n°28, 1988, pp. 201-210.

51. V. R. CARIO, *Jeunes délinquants...*, *op. cit.*, p. 164 ; V. ég. L'éducation en prison, *Recommandation R(89)12*, Pub. Conseil de l'Europe, 71 p. ; Art. 5 al.d

Le travail d'intérêt général (TIG), créé par la loi du 10 juin 1983 [52], peut être prononcé, à titre principal ou comme modalité de sursis avec mise à l'épreuve, à l'égard des mineurs de seize à dix huit ans, dans les mêmes conditions qu'à l'égard des majeurs. Le travail d'intérêt général est conçu comme peine alternative à l'emprisonnement, puisqu'il n'est envisageable que lorsqu'un délit est puni d'une peine d'emprisonnement. Dans ces conditions, la juridiction peut prescrire que le condamné accomplira, pour une durée de quarante à deux cent quarante heures, un travail d'intérêt général non rémunéré au profit d'une personne morale de droit public ou d'une association habilitée à mettre en œuvre des travaux d'intérêt général. Ce qu'il importe de souligner s'agissant des mineurs, c'est le fait que les travaux d'intérêt général doivent être adaptés aux mineurs et présenter un caractère formateur ou de nature à favoriser l'insertion sociale des jeunes condamnés(Art. 20-5 al.2 ord. 2 fév. 1945). Pour que la peine de travail d'intérêt général soit prononcée, il faut l'accord de l'intéressé. Cette possibilité de refuser la peine renforce la démarche d'insertion du délinquant (mineur), puisque ce dernier assume ainsi, en personne, les conséquences de ses actes et y apporte réparation par un acte socialement valorisant et formateur : le travail. Lorsque l'insertion du jeune n'est pas obtenue, c'est à dire, en cas de violation par le jeune délinquant des obligations résultant de la peine de travail d'intérêt général prononcée à titre de peine principale ou de peine complémentaire, il est puni de deux ans d'emprisonnement [53]. Cet aspect constitue un inconvénient majeur de la peine de TIG. Il peut cependant s'analyser en termes d'encouragement à l'insertion sociale du délinquant. Le droit pénal des mineurs est ainsi baigné de toute part par l'objectif de réinsertion, qu'il s'agisse des peines proprement dites (amende, T.I.G., emprisonnement) ou des mesures d'éducation, contrairement

---

C.E.D.H. : « ...la détention régulière d'un mineur décidée pour son éducation surveillée... ».

52. V. R. CARIO, Le travail d'intérêt général après dix ans d'application en France, *Eguzkilore*, n°7, 1993, pp. 41-51.

53. V. art. 434-42, CP.

aux textes de droit commun de la sanction pénale relatifs aux adultes, dans lesquels l'objectif de réinsertion apparaît assez flou et très dispersé.

b) *A propos des textes de droit commun de la sanction pénale*

S'agissant du droit commun de la sanction pénale, les références à l'objectif de réinsertion sociale des délinquants se retrouvent, de façon plus ou moins explicite, dans plusieurs textes ordinaires assignant à la sanction pénale un objectif de réinsertion sociale. Ces textes concernent aussi bien la privation de liberté que les réponses non carcérales. Néanmoins, c'est dans les textes relatifs aux peines privatives de liberté que se rencontrent le plus de références à la notion de réinsertion sociale des délinquants. La réforme Amor de 1945 précisait déjà, à son article premier, que « la peine privative de liberté a pour but essentiel l'amendement et le reclassement social du condamné ». Actuellement, la loi du 22 juin 1987 relative au service public pénitentiaire est en l'occurrence le texte essentiel. Selon son article premier : « le service public pénitentiaire participe à l'exécution des décisions et sentences pénales et au maintien de la sécurité publique. Il favorise la réinsertion sociale des personnes qui lui sont confiées par l'autorité judiciaire. Il est organisé de manière à assurer l'individualisation des peines ». La nouvelle formulation de l'article D. 189 du code de procédure pénale s'inscrit dans la même logique : « A l'égard de toutes les personnes qui lui sont confiées par l'autorité judiciaire, à quelque titre que ce soit, le service public pénitentiaire assure le respect de la dignité inhérente à la personne humaine et prend toutes les mesures destinées à faciliter leur réinsertion sociale » [54]. La formulation sous le mode optatif de ces deux articles, relativement à l'objectif de réinsertion sociale, tranche avec le premier principe de la réforme Amor qui visait essentiellement l'amendement et le reclassement social. L'objectif de réinsertion apparaît de plus en plus comme une simple direction, puisque la peine privative de liberté se voit assigner en même temps un objectif de « maintien de la sécurité publique » presque

---

54. V. Art. 156 du décret du 8 décembre 1998 modifiant le code de procédure et relatif à l'organisation et au fonctionnement des établissements pénitentiaires.

incompatible avec le premier. Dès lors, l'abrogation du second alinéa de l'article 728 du code pénal par la loi du 22 juin 1987 se comprend mieux. Celui-ci disposait en effet que, « dans les prisons établies pour peines, ce régime sera institué en vue de favoriser l'amendement des condamnés et de préparer leur reclassement social », Cet article qui était jusqu'en 1987 le texte essentiel dans la matière sous examen assignait, de façon claire et exclusive à la peine privative de liberté l'objectif de reclassement social, dans la droite ligne tracée par la réforme Amor.

La lecture du livre cinquième des procédures d'exécution du code de procédure pénale, offre des indications utiles sur cette question. De nombreuses références à l'objectif de réinsertion comme but des peines privatives de liberté s'y retrouvent. C'est généralement sous le vocable de réadaptation sociale qu'elles sont formulées. C'est ainsi que s'agissant des divers établissement affectés à l'exécution des peines, l'article D. 69-1CPP précise que « Les condamnés sont répartis dans les établissements affectés à l'exécution des peines compte tenu, notamment, de leur sexe, de leur âge, de leur situation pénale, de leurs antécédents, de leur état de santé physique et mentale, de leurs aptitudes, et, plus généralement, de leur personnalité ainsi que du régime pénitentiaire dont ils relèvent en vue de leur réadaptation sociale... ». Les affectations des condamnés auxquels il reste à subir une peine d'une durée supérieure à deux ans ou plusieurs peines dont le total est supérieur à deux ans, après le moment où leur condamnation ou la dernière de leurs condamnations est devenue définitive, sont décidées exclusivement par l'Administration centrale des services pénitentiaires à la suite d'une procédure d'orientation. Elles peuvent être modifiées au cours de l'exécution de la peine compte tenu notamment du comportement des condamnés ou de leurs perspectives de réadaptation sociale [55]. Selon l'article D. 77, « l'orientation des condamnés à une longue peine a pour objet de déterminer l'établissement pénitentiaire qui convient à chacun d'eux, compte tenu de son âge, de ses antécédents, de sa

---

55. V. D. 71, c. pr. pén.

catégorie pénale, de son état de santé physique et mentale, de ses aptitudes, des possibilités de son reclassement social, et plus généralement, de sa personnalité... ». Nombre d'autres références à la réinsertion sociale des condamnés se rapportent à la catégorie d'établissements pénitentiaires, notamment, des prisons pour peines. Ainsi selon l'article D. 70-1, les maisons centrales comportent une organisation et un régime de sécurité dont les modalités internes permettent néanmoins de préserver et de développer les possibilités de reclassement des condamnés. Les centres de détention comportent un régime principalement orienté vers la resocialisation des condamnés. Ce régime comporte la particularité d'accorder des permissions de sortir aux détenus, pour une ou plusieurs sorties. Les condamnés incarcérés dans les centres de détention peuvent bénéficier des permissions de sortir, pour se rendre en un lieu situé sur le territoire national. Ces permissions de sortir, d'une durée maximale de trois jours, peuvent être accordées, selon l'art. D. 145, « en vue du maintien des liens familiaux ou de préparation de la réinsertion, aux condamnés qui ont exécuté la moitié de leur peine et qui n'ont plus à subir qu'un temps de détention inférieur à trois ans... ». A ces références s'ajoutent toutes celles consacrées par le code de procédure pénale aux « mesures visant à encourager les efforts des détenus en vue de leur réadaptation sociale », notamment les diverses mesures d'individualisation du traitement décidées en fonction des efforts manifestés par les détenus en vue de leur réadaptation sociale (art. D. 252 à D. 254), sans oublier le chapitre X « des actions de préparation à la réinsertion des détenus » (art. D. 432 à D. 486). Mais l'objectif de réinsertion sociale des délinquants se trouve également affirmé dans plusieurs textes particuliers contenus dans la jurisprudence constitutionnelle, ainsi que dans les conventions internationales.

2. Au regard des textes de valeur supérieure

La Constitution et les Conventions internationales constituent les textes de valeur supérieure. Dans l'ordre juridique français, la Constitution constitue le texte de référence et contient divers principes généraux qui s'imposent au législateur. Que ces principes soient mentionnés dans la constitution elle-même, dans son préambule, dans la Déclaration des droits de l'homme de 1789, ou qu'ils émanent de décisions du conseil constitutionnel. L'article 55 de la constitution française affirme la supériorité des traités internationaux ratifiés et approuvés, sur la loi interne, si bien que celle-ci, même postérieure, ne saurait méconnaître la norme supranationale [56]. Ces différents textes sont particulièrement intéressants puisque nombre d'entre eux font référence à la réinsertion des condamnés comme objectif de la sanction pénale.

a) L'objectif de réinsertion dans les indications d'ordre constitutionnel

A différentes occasions, le Conseil constitutionnel a réaffirmé, de façon explicite ou sous-jacente, l'objectif de réinsertion des condamnés. Par conséquent, c'est à sa jurisprudence qu'il faudrait recourir pour trouver quelques références à l'objectif de réinsertion sociale des condamnés. La dernière jurisprudence pertinente est la décision n° 93-334 DC du 20 janvier 1994 se rapportant à la loi instituant une peine incompressible et relative au nouveau code pénal ainsi que certaines dispositions de procédure pénale. Les sénateurs, auteurs de la saisine, avaient mis en cause l'article 6 qui prévoit que « lorsque la victime est un mineur de quinze ans et que l'assassinat est précédé ou accompagné d'un viol, de tortures ou d'actes de barbarie dans les conditions visées aux articles 221-3 et 221-4 du code pénal, la Cour d'assises peut, par décision spéciale, soit porter la période de sûreté jusqu'à trente ans soit, si elle prononce la réclusion criminelle à perpétuité, décider qu'aucune des mesures énumérées à l'article 132-23 du même code ne pourra être accordée au condamné ». Les auteurs de la saisine faisaient valoir que, prévoyant une peine incompressible, cet article n'avait pas respecté

---

56. V. B. BOULOC, *op. cit.*, pp. 42-44 ; W. JEANDIDIER, *Droit pénal général*, 2è Ed., Montchrestien, 1992, pp. 113-126 ; V. ég. O. LE COUR GRANDMAISON, *Les constitutions françaises*, Ed. la Découverte, Paris, 1996, 125 p. ; *Constitution française du 4 octobre 1958*, La documentation française, n°1.04 édition 1999, 35 p.

le principe de nécessité des peines en soumettant, après le terme de la période de sûreté de trente ans, l'application du droit commun en matière d'exécution des peines à la procédure ci-dessus analysée, sans qu'aucun recours ne soit prévu contre l'éventuel refus de celui-ci de donner suite à une démarche de l'intéressé. Le Conseil constitutionnel saisi le 23 décembre 1993, avait rejeté le recours, considérant ainsi que les dispositions de l'article 6 ne sont pas contraires à la Constitution. Le considérant n° 12 est très pertinent. Il est ainsi formulé : « considérant que l'exécution des peines privatives de liberté en matière correctionnelle et criminelle a été conçue, non seulement pour protéger la société et assurer la punition du condamné, mais aussi pour favoriser l'amendement de celui-ci et préparer son éventuelle réinsertion ». La position du Conseil constitutionnel tend à affirmer le principe de réinsertion comme principe de valeur supérieure. Celle-ci fut adoptée à d'autres occasions par le passé au travers du principe de l'individualisation des peines notamment [57]. Mais contrairement à la jurisprudence du Conseil constitutionnel qui emploie des considérants intéressant de manière générale toutes les sanctions pénales, les dispositions des conventions internationales concernent essentiellement les peines privatives de liberté.

b) *L'objectif de réinsertion des délinquants dans les normes et conventions internationales*

S'agissant des conventions internationales, une place de choix doit être réservée aux Règles pénitentiaires européennes, car la Convention européenne des droits de l'homme et des libertés fondamentales ne contient pas de dispositions relatives à la réinsertion, ou de manière générale, aux fonctions de la sanction pénale [58]. Par conséquent, la Recommandation R. 87-3 du Comité européen pour les problèmes criminels du Conseil de l'Europe,

---

57. V. R. GASSIN, *op. cit.*, pp. 165-166 ; V. ég. Décision 98 DC du 22 novembre 1978, *RJL* 1-63 ; V. ég. L. FAVOREU et L. PHILIP, *Les grandes décisions du conseil constitutionnel*, 9è éd., Dalloz, 1997, p. 432.

58. V. R. GASSIN, Les fondements juridiques de la réinsertion des délinquants en droit positif français, *op. cit.*, p. 164.

adoptée par le conseil des ministres le 12 février 1987 [59], occupera une place prépondérante dans les développements qui suivent.

b.1) Les Règles pénitentiaires du Conseil de l'Europe [60]

La Recommandation n° R. 87-3 sur les « Règles pénitentiaires européennes » constitue une refonte de la Résolution n° 73-5 adoptée par le Conseil de l'Europe le 19 janvier 1973 portant sur l'ensemble des « Règles minima pour le traitement des détenus » [61], qui était la première adaptation au niveau européen des « Règles minima » adoptées en 1955 par l'ONU. Le texte adopté le 12 février 1987 par le Comité des ministres n'est pas fondamentalement différent de celui de 1973 dont il constitue une version amendée [62], mais il a l'avantage d'affirmer divers principes et de leur donner une réelle priorité. Il s'agit des principes suivants : le respect de la dignité humaine, la bonne exécution des tâches administratives et la réinsertion sociale [63]. C'est principalement à ce titre que le texte du 12 février 1987 est pertinent, même si les diverses dispositions qu'il contient n'ont pas un caractère contraignant. En effet, les Règles

---

59. V. B. BOULOC, *op. cit.* pp. 43-44.

60. V. P. COUVRAT, Les règles pénitentiaires du Conseil de l'Europe, *Rev. sc. crim.* (1) jan-mars, 1988, pp. 132-135 ; V. ég. J. PRADEL, Les nouvelles « règles pénitentiaires européennes », *Rev. pénit.*, n°4, oct-déc. 1988, pp. 218-222.

61. La Résolution 73-5 est un texte qui comporte deux parties : la première « Règles d'application d'application générale » traite de l'admission des détenus dans les établissements, de leur répartition et de leur vie en détention ; la seconde « Règles applicables à des catégories spéciales » s'attache aux particularités intéressant les condamnés, les aliénés et anormaux mentaux, les détenus provisoires et les dettiers.

62. Par rapport à la Résolution de 1973, le nouveau document contient une quinzaine de règles supplémentaires - quelques-unes ont aussi été supprimées - qui n'apportent pas un bouleversement important mais plutôt un affinement.

63. V. H. TULKENS, K. NEALE, H. GONSA, G. LAKES et L. DAGA, Les règles pénitentiaires européennes, *Bulletin d'information pénitentiaire*, n° 9, Conseil de l'Europe, juin 1987, p. 3 et s.

pénitentiaires du Conseil de l'Europe n'ont eu pour objet que d'inciter les divers gouvernements à prendre des mesures pertinentes dans le domaine pénitentiaire. Mais rien n'empêche, dans la pratique, de les mentionner soit dans les décisions de justice interne, soit dans un recours porté devant la Commission européenne des droits de l'homme, même si en général c'est sans succès [64]. Néanmoins, les Règles pénitentiaires conservent toute leur valeur. Elles constituent une sorte de « code déontologique pour l'Administration pénitentiaire » et peuvent exercer une certaine « pression » sur les législateurs [65]. Elles constituent de fait « un plancher commun de normes et de valeurs qui sont ainsi proposées... et presque exigées » [66].

Le nouveau texte relatif aux Règles pénitentiaires européennes est composé très exactement de 100 règles. Il est divisé en cinq parties : les principes fondamentaux (art. 1 à 6), l'administration pénitentiaire (art. 7 à 50), le personnel (art. 51 à 63), les objectifs du traitement et les régimes (art. 64 à 89), enfin les règles applicables à d'autres catégories (art. 90 à 100). L'idée centrale développée par les Règles pénitentiaires européennes est « d'assurer des conditions humaines de détention et un traitement positif dans le cadre d'un système moderne et progressif ». Elle s'exprime au travers de six principes fondamentaux. En premier lieu est affirmée la nécessité de respecter la dignité humaine dans les conditions matérielles et morales de privation de liberté. C'est sans doute le principe le plus important. Ce principe figurait déjà dans la Recommandation de 1973, il prend cependant une place importante dans les Règles pénitentiaires européennes [67], dans lesquelles la nécessité de respecter la dignité humaine des détenus est fréquemment mentionnée dans diverses règles : « les détenus ne peuvent être soumis à des expériences pouvant porter atteinte à l'intégrité de leur personne » (art.27) ; « pas

---

64. V. B. BOULOC, *op. cit.*, n° 74, p. 45.

65. V. sur ce point, J. PRADEL, *op. cit.* p. 219.

66. La plupart des articles sont rédigés sous la forme « doit être » ou parfois, plus prudemment au conditionnel « devrait être », V. P. COUVRAT, *op. cit.* p. 132.

67. Ce qui n'était que l'alinéa 3 de la règle 5 de l'ensemble des *Règles minima pour le traitement des détenus*, depuis 1973, devient l'article 1 des règles actuelles.

de punition cruelle inhumaine ou dégradante » (art. 37) ; des « conditions de vie compatibles avec la dignité humaine et les normes acceptables par la collectivité » (art. 65). Ce principe de dignité implique un second principe, celui d'égalité de traitement entre les détenus. Ce traitement doit être impartial : aucune différence ne peut être fondée sur la race, la couleur, le sexe, la langue, la religion, l'opinion politique, la naissance ou la situation économique, tandis que les croyances religieuses et les préceptes moraux doivent être respectés, s'ils ne portent pas préjudice aux autres [68]. Le troisième principe est relatif aux buts du traitement des détenus : préserver la santé des détenus, sauvegarder leur dignité, « développer leur sens des responsabilités, les doter des compétences nécessaires à leur réintégration dans la société, de vivre dans la légalité et de subvenir à leurs propres besoins après leur sortie de prison » (art. 3). Les modalités du traitement varient évidemment en fonction des établissements, de la durée de la peine et du nombre des détenus, mais toutes les mesures (travail, instruction, éducation physique, activités sociales) doivent être orientées vers la réinsertion sociale. Cette référence à la notion de réinsertion sociale mérite d'être soulignée. La formulation de l'article 3 - le développement du sens de la responsabilité - évoque la doctrine de défense sociale nouvelle [69] et l'idée d'individualisation du traitement. Cela illustre une nouvelle fois, l'influence des doctrines pénales sur le droit positif ou la pratique pénale européenne [70]. Les autres principes concernent la légalité dans l'exécution de la peine. Ils portent sur les systèmes d'inspection et de contrôle du fonctionnement des établissements. Il s'agit d'un « contrôle exercé conformément à la réglementation nationale par une autorité judiciaire ou toute autre autorité

---

68. V. B. BOULOC, *op. cit.*, n° 71, p. 44.

69. V. G. LEVASSEUR, Réformes récentes en matière pénales dues à l'Ecole de la Défense Sociale Nouvelle, *In* Aspects nouveaux de la pensée juridique, *op. cit.*, pp. 35-61.

70. V. C. CARDET, Le contrôle judiciaire socio-éducatif, *op. cit.*, pp. 42-43 ; R. GASSIN, L'influence du mouvement de la défense sociale nouvelle sur le droit pénal français contemporain, *op. cit.*, pp. 3-17.

légalement habilitée à visiter des détenus et n'appartenant pas à l'Administration pénitentiaire » (art. 5 *in fine*). Il est également question de la diffusion de ces règles pénitentiaires européennes auprès du personnel dans la langue nationale, mais elles doivent être aussi « accessibles » aux détenus.

Les Règles pénitentiaires européennes font également référence à l'objectif de réinsertion des détenus dans plusieurs dispositions relatives au traitement du détenu. Il est d'abord rappelé que l'emprisonnement, au travers de la privation de liberté, est une punition en tant que telle. Par conséquent, « les conditions de la détention ne doivent pas aggraver la souffrance »[71] Tous les moyens curatifs, éducatifs, moraux, spirituels et toutes les autres techniques appropriées devraient être disponibles et utilisés pour répondre aux besoins du traitement personnalisé du détenu (relations positives avec le personnel, contacts avec le monde extérieur, travail, orientation et formation professionnelle, assistance spirituelle...), l'ensemble du dispositif étant orienté vers la préparation du détenu à sa libération (art. 66). Il convient de souligner l'usage du mot « traitement » dans les Règles pénitentiaires européennes alors que celui-ci, sans être gommé par le législateur et les auteurs, suscite souvent le scepticisme[72]. Le sens du mot « traitement » dans le texte européen est sans aucun doute, celui de réinsertion. Pour s'en convaincre, il suffit de se rapporter à l'article 65b rappelant que tous les efforts doivent être entrepris pour « offrir aux détenus la possibilité d'améliorer leurs connaissances et leurs compétences et d'accroître ainsi leurs chances de réinsertion dans la société après leur libération ». L'article 89-2 est également pertinent : « les détenus doivent être aidés, lors de leur libération à trouver un logement et du travail ».

Les références à la notion de réinsertion des délinquants sont également contenues dans diverses dispositions internationales et plus singulièrement dans le Pacte international relatif aux droits civils et politiques. Contrairement aux Règles pénitentiaires européennes issues d'une recommandation du Conseil de l'Europe et à ce titre, n'ayant pas force obligatoire pour les Etats Membres, le

---

71. V. B. BOULOC, *Pénologie, op. cit.* n° 73, p. 45.
72. V. sur ce point, J. PRADEL, *op. cit.*, p. 222.

Pacte international relatif aux droits civils et politiques a non seulement autorité supérieure aux lois ordinaires en vertu de l'article 55 de la constitution, il est également considéré comme d'applicabilité directe par la jurisprudence de la chambre criminelle. Par conséquent, il peut être invoqué devant les tribunaux par le condamné [73].

b.2) Les dispositions du Pacte de New-york

Le Pacte international relatif aux droits civils et politiques signé à New-york, le 19 décembre 1966 et entré en vigueur en France le 4 février 1981 [74], contient des dispositions relatives à la réinsertion des délinquants, ou d'une manière plus générale aux fonctions de la sanction pénale. Parmi de nombreuses dispositions de ce texte ne traitant pas spécifiquement des peines, se trouvent celles relatives à l'interdiction de la torture et des traitements cruels, inhumains ou dégradants, y compris l'interdiction d'une expérimentation scientifique sans le libre consentement d'une personne (art. 7), l'admission du travail pour les détenus ou condamnés (art. 8-3b). Les dispositions de l'article 10 sont plus appropriées, car elles font référence à l'objectif de réinsertion. Le respect de la dignité inhérente à la personne humaine, même en cas de privation de liberté implique, en effet, « un régime de détention approprié pour les prévenus, un régime spécifique pour les jeunes délinquants et un régime pénitentiaire comportant un traitement des condamnés dont le but essentiel est l'amendement et le reclassement social » (art. 10-3). La formulation de l'article 10-3 du Pacte de New-york était en accord avec l'article 728, alinéa 2 du code de procédure pénale, abrogé en 1987. Actuellement, la loi du 22 juin 1987 en présentant la réinsertion sociale comme l'un des objectifs du service public

---

73. V. R. GASSIN, Les fondements juridiques de la réinsertion des délinquants en droit positif français, *op. cit.*, p. 164.

74. Ce Pacte a été publié par un décret 81-76 du 29 janvier 1981.

pénitentiaire, à côté du maintien de la sécurité, s'éloigne sensiblement de cette disposition conventionnelle.

b.3) La Convention internationale des droits de l'enfant

Sur le plan du droit international, une allusion mérite d'être faite à la Convention internationale des droits de l'enfant, signée le 20 novembre 1989 par l'Assemblée générale des Nations Unies, dont la ratification a été autorisée en France par une loi du 2 juillet 1990. Cette convention reconnaît aux enfants divers droits. Ils doivent être protégés contre toutes formes d'exploitation économique ou sexuelle. Les enfants ne doivent ni être soumis à la torture ni être privés de liberté de façon illégale ou arbitraire (art. 37). Le souci de protection des enfants doit conduire, en cas d'emprisonnement, à les séparer des adultes et à rester au contact de leur famille. L'article 40 de cette convention est très pertinent. Il contient de nombreuses prescriptions relatives au mineur délinquant. Il mentionne la nécessité d'un traitement de nature à favoriser chez l'enfant son sens de la dignité et qui tienne compte de son âge et de la nécessité de faciliter sa réintégration dans la société. Il contient plusieurs garanties procédurales et prescrit l'institution d'un âge minimum en dessous duquel il y aura présomption « d'absence de capacité d'enfreindre la loi », ainsi que des mesures de traitement sans recours à la procédure judiciaire.

L'objectif de réinsertion des délinquants a non seulement une valeur ordinaire, mais il a aussi et surtout une valeur supérieure. Le problème qui se pose dès lors est celui de la portée juridique réelle de tous ces textes. En d'autres termes, il s'agit de savoir si cet objectif de réinsertion des condamnés confère un véritable droit subjectif à la resocialisation, que le condamné peut faire valoir devant un tribunal et, parallèlement, une obligation contraignante pour l'Etat et ses administrations ; ou s'agit-il simplement d'une orientation de politique pénitentiaire sans conséquence particulière sur les droits des détenus [75] ou les obligations de l'Etat ? Force est de constater

---

75. Sur les droits des détenus, V. G. MATHIEU, *Les droits des personnes incarcérées dans les pays de la communauté européenne*, Thèse de doctorat en droit, Aix-en-Provence, 1993, multigraphié, 499 p. plus annexes.

qu'en droit positif français, en dehors du droit pénal des mineurs où l'Ordonnance du 2 février 1945 consacre une forme de droit subjectif à la rééducation pour les mineurs délinquants, il n'existe pas de droit subjectif à la réinsertion [76]. L'objectif de réinsertion, caractérisé par son absence de caractère obligatoire, s'y conjugue plus au mode optatif qu'impératif. Néanmoins, lorsque la mise en œuvre de l'objectif de réinsertion a abouti à des résultats concrets, le droit positif français admet que soient tirées de cette réinsertion acquise chez les délinquants individuels les conséquences juridiques qui sont celles d'un droit subjectif. La réinsertion devient dès lors source d'un droit subjectif pourvu de conséquences pratiques significatives.

B - La réinsertion du délinquant comme source d'un droit subjectif

Admettre l'existence d'un droit à la réinsertion sociale des détenus suppose la reconnaissance d'une obligation juridique pour l'autorité chargée de réaliser cette réinsertion. Ce qui signifie qu'en cas d'échec, le condamné est en droit d'agir en justice pour faire condamner pour manquement au respect de ce droit, l'Administration pénitentiaire ou les autres autorités compétentes pour l'application des peines. Or, la réinsertion sociale d'un condamné est toujours un pari, les individus n'ayant pas sur le plan psychologique le même degré de plasticité. Ce serait prendre un bien grand risque politique et social que de retenir un droit subjectif à la réinsertion, car l'expérience montre qu'il y aura toujours des délinquants « irrécupérables », soit à cause de leur perversité ou leur incapacité à intérioriser les règles de vie en société, soit à cause de leur refus de s'investir dans une telle démarche. Cependant, lorsque l'individu

---

76. V. R. GASSIN, *op. cit.*, pp.167 et s. ; G. LEVASSEUR, A. CHAVANNE, J. MONTREUIL, *Droit pénal général et procédure pénale*, Ed. Sirey, 12ème éd., 1996, 399 p. ; M.L. RASSAT, *Procédure pénale*, P.U.F., Coll. Droit fondamental, 1995, 861 p. ; J. PRADEL, *Droit pénal général*, Ed. Cujas, 11ème éd., 1996, 937 p. ; J.C. SOYER, *Droit pénal et procédure pénale*, L.G.DJ., 13ème éd., 1997, 454 p.

parvient à des résultats probants, la réserve ci-dessus évoquée n'a plus de raison d'être. Le droit positif français admet que lui soient reconnus des droits de nature à modifier sa situation pénale. Mais la situation du délinquant n'est pas la même selon que sa réinsertion est obtenue ou pressentie. Au niveau de l'exécution des peines privatives de liberté, cette dernière hypothèse est prise en considération dans diverses mesures d'individualisation des peines (placement à l'extérieur, liberté conditionnelle) et pour les diverses réductions de peine (réduction de peine ordinaire et réduction supplémentaire de peine).

1. Les mesures d'individualisation de la peine

La réinsertion est pressentie lorsque le condamné donne des « gages sérieux d'amendement » ou des « gages de réadaptation sociale ». En pareil cas, des aménagements peuvent être apportés à son régime de détention. C'est le cas du placement à l'extérieur, de la semi-liberté ou de la libération conditionnelle. Selon l'article 723 du code de procédure pénale, « le placement à l'extérieur permet au condamné d'être employé au dehors d'un établissement pénitentiaire à des travaux contrôlés par l'administration ». Le placement à l'extérieur, qui est autorisé par le juge de l'application des peines, après avis, sauf urgence, de la commission de l'application des peines et sur la proposition ou après avis du chef d'établissement, est subordonné à plusieurs conditions [77]. Pour bénéficier de ce régime, le détenu, s'il est récidiviste, ne doit pas avoir été condamné antérieurement à une peine de prison supérieure à six mois. Il faut en outre que la peine restant à subir au moment où le placement à l'extérieur lui est accordé n'excède pas 5 ans. La formulation du nouvel article D.128 du code de procédure pénale illustre bien la prise en compte de la réinsertion pressentie dans le placement à l'extérieur : « peuvent être désignés pour être employés à des travaux à l'extérieur, s'ils présentent des garanties suffisantes pour la sécurité et l'ordre public, notamment au regard de leur personnalité, de leurs

---

77. V. G. STEFANI, G. LEVASSEUR, R. JAMBU-MERLIN, *Criminologie et science pénitentiaire*, Dalloz, 5è éd., 1982, p. 548.

antécédents, de leur conduite en détention et des gages de réinsertion dont ils ont fait preuve ... » [78].

S'agissant de la semi-liberté, la référence à la notion de réinsertion sociale se rencontre dans le code pénal, notamment aux articles 132-25 et 132-26. Les articles du code de procédure pénale paraissent plutôt muets sur cette question [79]. Ainsi, lorsque la juridiction de jugement prononce une peine égale ou inférieure à un an d'emprisonnement, elle peut décider à l'égard du condamné qui justifie, soit de l'exercice d'une activité professionnelle ou encore d'un stage ou d'un emploi temporaire en vue de son insertion sociale, soit de sa participation à la vie de famille, soit de la nécessité de subir un traitement médical, que la peine d'emprisonnement sera exécutée sous le régime de la semi-liberté (art.132-25 CP).

Quant à la libération conditionnelle, elle est conçue comme une mesure de faveur dont l'octroi est laissé à l'appréciation, soit du juge de l'application des peines, soit du ministre de la justice [80]. Selon l'article 729, al.1 du code de procédure pénale, « les condamnés ayant à subir une ou plusieurs peines privatives de liberté peuvent bénéficier d'une libération conditionnelle s'ils présentent des gages sérieux de réadaptation sociale ». La libération conditionnelle est une institution qui permet à l'Administration pénitentiaire de libérer un condamné avant l'expiration de sa peine. Mais le condamné ainsi remis en liberté, alors qu'il n'a pas subi intégralement sa peine, devra se bien conduire pendant le temps restant à courir jusqu'à la date normale d'expiration et même parfois jusqu'à une date ultérieure ; la mauvaise conduite joue comme une condition résolutoire, elle entraîne la révocation de la libération et la réincarcération du

---

78. V. L'article 31 du décret du 8 décembre 1998 modifiant le code de procédure pénale et relatif à l'organisation et au fonctionnement des établissements pénitentiaires.

79. Ce sont les articles 722, 723, 723-1 et 723-2 du code de procédure pénale, tels qu'ils ont été modifiés et complétés par les lois du 17 juillet 1970, du 29 décembre 1972, puis partiellement, par la loi du 22 novembre 1978 et la loi du 10 juin 1983.

80. V. Art. 730 c. pr. pén.

condamné [81]. Effectivement, la libération conditionnelle a été originellement conçue comme un instrument favorisant la bonne conduite en détention [82]. Bien qu'elle soit toujours présentée comme une mesure de faveur [83], la libération conditionnelle est aussi une mesure de réinsertion sociale pour les condamnés qui « présentent des gages sérieux de réadaptation sociale ». Elle apparaît de manière de plus en plus précise comme une modalité d'exécution de la peine tendant à la réinsertion sociale du condamné et à la lutte contre la récidive. C'est ainsi que l'article D.526 CPP dispose que « le cas des condamnés ayant vocation à la libération conditionnelle doit être examiné en temps utile pour que les intéressés puissent éventuellement être admis au bénéfice de la mesure dès qu'ils remplissent les conditions de délai prévues par la loi... Cet examen porte essentiellement sur les perspectives de réinsertion du condamné en fonction de la situation personnelle, familiale et sociale... ». Le bénéfice de la libération conditionnelle peut être assorti de conditions particulières ainsi que de mesures d'assistance et de contrôle destinées à faciliter et vérifier le reclassement du libéré [84] (art.731 CPP). Ces mesures d'aide ont pour objet de susciter et de seconder les efforts du condamné en vue de sa réinsertion sociale, familiale et professionnelle (art. D.532 CPP) [85].

La réinsertion sociale en voie d'acquisition représente ainsi un aspect important de l'institution de la libération conditionnelle. Cela suffit-il pour admettre l'existence d'un droit subjectif au profit du condamné qu'il pourrait faire valoir devant les juridictions compétentes, s'il lui était opposé un refus à la reconnaissance de sa

---

81. V. G. STEFANI & al., *op. cit.*, p. 590.

82. V. R. BADINTER, *La prison républicaine (1871-1914)*, Fayard, 1992, p. 177.

83. V. B. BOULOC, *Pénologie*, op. cit., p. 262 ; V. ég. J.P. CÉRÉ, *Le contentieux disciplinaire dans les prisons françaises et le droit européen*, L'Harmattan, 1999, p. 113.

84. V. ég. l'art. D.530 c.pr.pén.

85. Il existe une convention européenne pour la surveillance des personnes condamnées ou libérées, qui s'inscrit dans cette perspective. Cette convention élaborée à Strasbourg le 30 novembre 1964, signée par la France est entrée en vigueur le 22 août 1975. Elle a été publiée par le décret n°75-922 du 2 octobre 1975.

réinsertion en passe d'être obtenue ? La réponse paraît négative. Selon l'article 733-1 CPP, « les décisions du juge de l'application des peines sont des mesures d'administration judiciaire ». Par conséquent, elles sont à caractère administratif et non juridictionnel. Ces décisions peuvent, à la requête du Procureur de la république, être déférées devant le tribunal correctionnel qui statue en chambre du conseil après avoir procédé à toutes les auditions utiles et entendu en leurs observations, s'ils en ont fait la demande, les conseils du condamné et de la partie civile (art.733-1 al.2). Ce recours est ouvert au parquet et non au condamné. Il sied néanmoins de signaler la prise en compte du condamné comme partie à l'instance devant la juridiction compétente, mais également la possibilité pour le condamné de se pourvoir en cassation dans les cinq jours de la décision rendue par le tribunal correctionnel ou le tribunal pour enfants [86]. Cet aspect de la question permet d'entrevoir l'ébauche d'un « droit subjectif au bénéfice pénologique de la réinsertion en voie d'acquisition » [87]. Dans cette optique, une réduction de peine peut être accordée aux condamnés « détenus en exécution d'une ou plusieurs peines privatives de liberté », s'ils ont donné des preuves suffisantes de bonne conduite.

2. *La réduction des peines*

La réduction est accordée par le juge de l'application des peines, après avis de la commission de l'application des peines, sans qu'elle puisse excéder trois mois par année d'incarcération et sept jours par mois pour une durée moindre. Elle est prononcée en une fois si l'incarcération est inférieure à une année et par fractions annuelles dans le cas contraire. Dans l'année suivant son octroi, en cas de mauvaise conduite du condamné en détention, la réduction de peine

---

86. V. Art. D.544-5 c.pr.pén.
87. Ce point de vue est également partagé par R. GASSIN, *op. cit.*, p. 457.

peut être rapportée en tout ou partie par le juge de l'application des peines après avis de la commission de l'application des peines [88].

C'est une loi du 29 décembre 1972 qui a prévu d'accorder une réduction du temps de détention pouvant atteindre une semaine par mois, ou trois mois par an, au bénéfice des détenus qui ont donné des preuves de bonne conduite. Il s'agit des réductions de peines ordinaires. Celles-ci dépendent essentiellement du comportement du condamné en détention. Les réductions de peines supplémentaires, qui ne peuvent être accordées qu'aux condamnés qui présentent des « gages sérieux de réadaptation sociale », sont plus pertinentes. En effet, après un an de détention, une réduction supplémentaire de la peine peut être accordée aux condamnés qui manifestent des efforts sérieux de réadaptation sociale, notamment en passant avec succès un examen scolaire, universitaire ou professionnel traduisant l'acquisition de connaissances nouvelles ou en justifiant de progrès réels dans le cadre d'un enseignement ou d'une formation (art. 721-1 CPP.). Cette réduction, accordée par le juge de l'application des peines après avis de la commission de l'application des peines, ne peut excéder, si le condamné est en état de récidive légale, un mois par année d'incarcération ou deux jours par mois lorsque la durée restant à subir est inférieure à une année. Si le condamné n'est pas en état de récidive légale, ces limites sont respectivement portées à deux mois et à quatre jours (art. 721-1 al.2). Outre ces aspects techniques, l'intérêt des dispositions de l'article 721-1, modifié par la loi n° 86/1021 du 9 septembre 1986, réside dans la prise en compte de la réinsertion en voie d'acquisition du détenu, pour lui conférer un droit subjectif au bénéfice pénologique de cet état de fait. Une telle perspective conforte singulièrement la préoccupation de l'objectif de réinsertion dans la peine privative de liberté.

II - La préoccupation de réinsertion sociale dans la peine privative de liberté

Un individu vient d'être condamné à la privation de liberté, à la suite d'une violation des normes légales. Sa culpabilité a été établie

---

88. Art. 721 c.pr.pén.

au cours d'un procès pénal équitable et contradictoire [89]. Le jugement, devenu définitif [90], lui retire le statut de présumé innocent [91] dont il pouvait se prévaloir [92] jusque-là. Dès lors, sa détention dans un établissement pénitentiaire, pour une période déterminée, peut être décidée sans état d'âme, au nom du droit [93] et de la défense des intérêts de la société. Or, la véritable défense de la société exige qu'à côté de cette répression, soient donnés à l'individu ainsi privé de liberté, des moyens spécifiques et ciblés en vue de sa réintégration dans la société. Il s'agit en fait de le préparer pendant la période d'incarcération à vivre dans la société, à l'issue de sa peine, dans le respect des règles de conduite socialement admises. L'enjeu

---

89. V. Ch. ATIAS, "Quelle procédure pénale pour quel droit ?", *R.I.D.P.*, n°1&2, 1997, pp. 31-41 ; B. MONTANARI, "La faute et l'accusation : réflexions sur la vérité dans le procès", *R.I.D.P.*, n°1&2, 1997, pp. 43-60 ; G. CHAMPY, "Inquisitoire - accusatoire devant les juridictions pénales internationales", *R.I.D.P.*, n°1&2, 1997, pp. 149-193.

90. Sur le déroulement du procès pénal : de la constatation des infractions au jugement définitif du justiciable, V. not. J. PRADEL, *Droit pénal, T.2, Procédure pénale*, Ed. Cujas, 1993, p. 18 et s. ; G. STEFANI, G. LEVASSEUR, B. BOULOC, *Procédure pénale*, Ed. Précis Dalloz, 1993, p. 3 et s., ; V. ég. Art. 353 CPP.

91. Pour approfondir cette notion, V. J. DÉCAMPS, *La présomption d'innocence : entre vérité et culpabilité. Confrontation des systèmes de procédure pénale français et anglais avec la Convention Européenne de Sauvegarde des Droits de l'Homme et des libertés fondamentales*, Thèse pour le doctorat en droit, Pau, 1998, 2 tomes, 577 p. ; V. ég. J. LÉAUTE, (Dir.), *L'innocence*, Travaux de l'institut de criminologie de Paris, Ed. Néret, Paris, 1977, 123 p.

92. Au sujet des droits considérés comme attributs de l'individu, V. M. VILLEY, *Leçons d'histoire de la philosophie du droit*, Ed. Dalloz, 1962, pp. 167-188 ; du même auteur : "Les fondateurs de l'école du droit naturel moderne au XVIème siècle", *Archives de philosophie du droit*, n°6, Ed. Sirey, 1961, pp. 73-105.

93. V. en ce sens, H. HAENEL, J. ARTHUIS, *Justice sinistrée : démocratie en danger*, Ed. Economica, 1991, p. 80 ; G. CORNU, *Vocabulaire juridique*, Association H. Capitant, P.U.F., 1992,. p. 427, le droit a « pour objet traditionnel la prévention la prévention et la répression des infractions »

est de taille. Il s'agit par là-même de lutter contre la récidive (A). La défense de la société supporte alors deux directions susceptibles de combattre efficacement la récidive dès lors qu'elles sont combinées : la répression du délinquant et sa réinsertion sociale. Dans cette optique, la réinsertion donne du sens à l'action pénale. Comme le souligne à juste titre J. Borricand, « la détention n'a de sens que dans la mesure où, à côté de la peine, on s'emploie à favoriser la réinsertion des détenus » [94]. Or, sous pretexte de son aspect rééducatif, la prison est devenue, pour employée l'expression de L. Fox, « the maid of all work », la bonne à tout faire de la répression pénale [95]. En ce sens, elle « tend à devenir l'institution à laquelle on adresse toutes les exclusions, économiques, sociales, culturelles... et même sanitaires si on en juge par la dégradation de l'état de santé de la population incarcérée » [96]. Dès lors, les moyens mis à la disposition des détenus dans la perspective de leur réinsertion sociale sont devenus insuffisants. C'est à ce niveau que la prison pêche, celui de l'obligation de moyens dans la mise en œuvre de la réinsertion en milieu carcéral (B).

A - *La lutte contre la récidive*

L'idée que le détenu doive sortir de la prison meilleur qu'il n'en est entré est devenue un lieu commun. Elle s'appuie sur un constat simple : l'être humain est doué de variabilité. C'est une vérité banale, mais qui permet de comprendre pourquoi même les criminels avérés peuvent évoluer positivement. M. Ancel, dont les travaux ont largement irrigué la pratique pénale française [97] et l'évolution du

---

94. V. J. BORRICAND, Rapport introductif, *In* La réinsertion des détenus..., *op. cit.*, p. 18.

95. V. P. CORNIL, Rapport général de la société internationale de défense sociale, In *Contribution au 5è Congrès des Nations Unies pour la prévention du crime et le traitement des délinquants*, Genève 1-12 sept. 1975, pp. 66-80.

96. V. D. LHUILIER & N. AYMARD, *L'univers pénitentiaire. Du côté des surveillants de prison*, Desclée De Brouwer, 1997, p. 20. V. ég. L. WACQUANT, *Les prisons de la misère*, Ed. Raisons d'agir, 1999, p. 67 et s.

97. V. G. LEVASSEUR, Réformes récentes en matière pénale dues à l'Ecole de la Défense Sociale Nouvelle, *In Aspects nouveaux de la pensée juridique (recueil d'études en hommage à Marc Ancel)*, Tome II, Etudes de science pénale

droit pénitentiaire [98], s'appuie sur cette dimension de l'être humain pour le replacer au centre de la problématique criminelle [99]. Il pense en effet que l'être humain, fut-il condamné à la privation de liberté, « est perfectible, que la Rédemption est possible et qu'il faut faire une place raisonnable à l'espérance » [100]. Il s'agit, concrètement, d'organiser la sanction pénale de façon à permettre la pleine application du principe de l'individualisation du traitement, considéré comme point de départ, pour pouvoir, au moins dans une certaine mesure, atténuer la récidive et rendre possible la resocialisation du coupable [101]. Incontestablement, la meilleure protection de la société,

---

et de politique criminelle, Ed. Pédone, Paris, 1975, pp. 35-61 ; G. LEVASSEUR, L'influence de Marc Ancel sur la législation française contemporaine, *R.S.C.*, 1991, pp. 9-24 ; Influence de la Défense sociale nouvelle, *In Promovere*, n°9, 1977, pp. 21-26 ; R. GASSIN, L'influence du mouvement de la défense sociale sur le droit pénal français contemporain, *In Aspects nouveaux de la pensée juridique* (recueil d'études en hommage à Marc Ancel), Tome II, Etudes de science pénale et de politique criminelle, Ed. pédone, Paris, 1975., pp. 3-17 ; J. VERIN, La défense sociale nouvelle contre les fictions, *Eod. loc.*,pp. 73-84 ; J. VERIN, La législation de défense sociale en France depuis 1970, *Cahier de défense sociale*, 1978, pp. 39-45.

98. V. E. PECHILLON, *Sécurité et droit du service public pénitentiaire*, L.G.D.J., 1998, p.49 et s. ; J. SACOTTE, Trente ans de politique criminelle en matière pénitentiaire, *Arch. pol. crim.*, 1977, p. 75 et s. ; R. SCHMELCK, Evolution de la politique pénale et pénitentiaire, *Gaz. Pal.*, 1979, p. 573 et s. : J.P. CÉRÉ, Le contentieux disciplinaire dans les prisons françaises et le droit européen, L'Harmattan, *op. cit.*, p. 27 et s. ; S. ENGUELEGUELE, *Les politiques pénales (1958-1995)*, Coll. Logiques politiques, Ed. L'Harmattan, 1998, p. 164 et s.

99. V. en ce sens, C. CARDET, *op. cit.*, n°34, p. 42 et s.

100.   V. J. BORE, Notice sur la vie et les travaux de Marc Ancel (1902-1990), Chronique de Défense Sociale, *R.S.C.*, n°3, 1995, p. 655.

101.   V. P. NUVOLONE, Politique pénitentiaire : crise de principes ou crise d'application ?, *In Archives de politique criminelle*, n°3, éd. A. Pédone, 1978, p. 58 ; V. ég. G. STEFANI, G. LEVASSEUR, R. JAMBU-MERLIN, *Criminologie et Science pénitentiaire*, Dalloz, 4e éd. 1976, pp. 292-294 ; V. ég. M. ANCEL, *La défense sociale nouvelle (Un mouvement de Politique criminelle*

la plus efficace et en même temps la plus humaine, consiste à favoriser la réinsertion de tous les délinquants [102], par tous les moyens susceptibles d'agir sur leur dignité et leur permettant de recouvrer le sens de leur responsabilité sociale. La prison se voit ainsi attribuer un effet bénéfique sur le condamné, qui justifierait sa supériorité sur toutes les autres peines : « il se produirait, lors de l'enfermement, quelque chose, que ce soit le choc, la souffrance, la crainte, le repentir, un traitement, des apprentissages,... qui ferait que l'individu, une fois libéré, ne commettrait plus d'illégalismes susceptibles d'entraîner une nouvelle intervention pénale » [103].

La Commission pour la prévention de la récidive des criminels, présidée par M.E. Cartier, a choisi de concilier les deux catégories d'objectifs et d'admettre, d'une part, que la prison demeure le seul moyen de mettre à l'écart les individus dangereux et conserve sa valeur au plan de l'exemplarité et de la rétribution et, d'autre part, que le temps passé en prison ne doit pas être un temps perdu mais mis au service d'une politique de prévention de la récidive [104]. Ce raisonnement correspond à une approche utilitariste de la prison. A. Pires [105] distingue, en effet, parmi les théories pénales : les théories rétributives orientées vers le passé, c'est-à-dire cherchant une adéquation entre la peine et l'acte qu'elle vient sanctionner des théories utilitaristes tournées vers l'avenir, c'est-à-dire attribuant à la peine un effet attendu comme la dissuasion, la neutralisation ou la réadaptation. De cette classification théorique, certains auteurs vont déduire une application pratique de la pénalité : « aux délinquants occasionnels on appliquera une peine d'intimidation, à ceux qui sont capables d'être réformés une peine rééducative ; enfin, ceux qui ne peuvent être réformés doivent être rendus inoffensifs, c'est-à-dire

---

humaniste), Ed. Cujas, 3ème éd., Paris, 1981, 381p. ; S. ENGUELÉGUELÉ, Les politiques pénales, op cit., p. 104 et s.

102. V. P. GRAVEN, La répression pénale selon l'optique de la défense sociale, *R.P.S.*, Tome 86, 1970, pp. 37-85.

103. V. C. FAUGERON et J.M. LE BOULAIRE, Quelques remarques à propos de la récidive, *Etudes et données pénales*, n°65, CESDIP, oct. 1992, p. 8.

104. V. M.E. CARTIER, Propositions de la Commission d'étude pour la prévention de la récidive, *In Prison : Sortir avant terme*, J. PRADEL (Dir.), Ed. Cujas, 1996, p. 101.

105. V. C. FAUGERON et col., *op. cit.*, p. 7.

neutralisés par une peine à durée indéterminée » [106]. Il faudrait souligner avec C. Faugeron et J.M. Le Boulaire, que « les fonctions utilitaristes de la peine de prison ne peuvent s'appliquer qu'aux deux premiers groupes de délinquants, ceux qui, en fait, ne posent pas d'insurmontables problèmes » [107]. L'existence même des récidivistes constitue ainsi leur limite, puisqu'un récidiviste par définition n'a été ni intimidé, ni réadapté par la précédente peine. Ce « groupe résiduel » constitue un véritable problème de politique pénale. Même la neutralisation, présentée aujourd'hui dans la catégorie des mesures de sûreté, ne peut avoir, après l'abolition de la relégation et de la peine de mort [108], qu'une prise temporaire ou partielle sur ce groupe. Par conséquent, la récidive reste un problème préoccupant et permanent.

1. La récidive : un problème permanent

De tout temps, la récidive a été un problème préoccupant pour tous les systèmes pénaux [109]. Plus près de nous, les cas récents de récidive en matière de crime sexuel [110] ont défrayé la chronique. Malgré leur insignifiance statistique, ils laissent penser à un « éternel

---

106.   *Ibid.*, p. 8. C'est cette philosophie qui préside à quelque chose près, à l'affectation des détenus entre Maisons d'arrêts, Centres de détention et Maisons centrales.

107.   V. C FAUGERON & J.M. LE BOULAIRE, *op. cit.*, p. 9.

108.   Il convient de signaler que le Droit français ne connait plus, en fait, de peines éliminatrices. La peine de mort était abolie le 9 octobre 1981. Au sujet de la relégation, V. not., J. PINATEL, *Traité élémentaire de Science pénitentiaire et de Défense sociale*, p. 493 et s.

109.   V. B. SCHNAPPER, La récidive, une obsession créatrice au XIXe siècle, *In Le récidivisme, Rapports et communications, XXIe congrès de l'association française de criminologie*, PUF, 1983, p. 32

110.   *L'Evénement du jeudi* du 21 au 27 octobre 1993, « Que faire des délinquants ? » ; V. ég. *La Croix* du 22 avril 1992, dossier sur les délinquants sexuels élaboré par S. GIGNOUX et M.F. MASSON, et auquel ont collaboré A. KENSEY et P. TOURNIER.

retour » [111] en prison des délinquants. La récidive soulève sans aucun doute de nombreuses difficultés. Nonobstant les problèmes sociaux dont elle peut être responsable, la récidive contribue à la remise en cause de l'efficacité du système pénal dans la protection de la société. Une telle remise en cause touche essentiellement la peine privative de liberté. D'autant plus que la seule appréciation possible du résultat de la prison réside dans la mesure de son effet par soustraction [112] : on estimera que l'intervention pénale produit un effet si le taux de « nouvelle condamnation », communément appelé *la récidive*, tend à diminuer, même si cet indicateur reste très discutable. La récidive a un effet immédiat que soulignent C. Faugeron et J.M. Le Boulaire. Il s'agit « d'alimenter les prisons d'une catégorie particulière de détenus, les récidivistes, dont le retour en prison vient marquer à l'intérieur même du dispositif carcéral son impuissance ; sauf à mettre en œuvre des dispositifs de neutralisation définitive, celui-ci est pourtant contraint de les accueillir à nouveau, de sorte qu'ils en constituent le fonds de commerce obsédant » [113]. Les différentes écoles du droit pénal et de la criminologie sont d'avis pour affirmer que l'existence constante de ce type de délinquants est la preuve même de l'échec du système pénal [114]. Un tel constat permet à tous les grands courants de pensée, y compris les écoles classiques [115], d'affirmer comme finalité majeure de l'intervention sociale [116], la nécessité d'influencer, par tous les moyens, le comportement futur du délinquant de manière à ce qu'il ne viole plus les lois pénales [117]. Progressivement, la notion de prévention de la récidive se confond avec celle de réinsertion. Or celles-ci sont deux réalités absolument distinctes, car l'absence d'une

---

111. V. A. KENSEY, Evaluation de la réinsertion : des méthodes utilisées aux résultats observés, *In* La réinsertion des délinquants..., *op. cit.*, pp. 207-208.

112. *Ibid.*, p. 201 et s.

113. V. C. FAUGERON et J.M. LEBOULAIRE, *op. cit.*, p. 5.

114. V. P. COUVRAT, Le récidivisme : ses diverses dimensions, *In* Le récidivisme, *op. cit.*, p. 16 ; R. CARIO, *La criminalité des femmes. Approche différentielle*, Thèse pour le doctorat d'Etat, Pau, 1985, p. 109.

115. V. MERLE et VITU, *Traité de droit criminel*, T.1, 4e éd., n°87, éd. Cujas 1984, 768 p.

116. V. not. M. ANCEL, *La Défense sociale Nouvelle*, p. 230, 3e éd.

117. V. P. COUVRAT, *op. cit.*, p. 16.

nouvelle condamnation ne signifie pas forcément réinsertion. Cette confusion est l'illustration même de la difficulté à situer la notion de récidive face à celle de réinsertion sociale.

2. La signification de la récidive

La récidive suppose la constatation à la charge du prévenu d'une condamnation définitive préalable à l'infraction pour laquelle il est traduit en justice [118]. Mais la définir n'est pas chose aisée. A. Kensey affirme même, à la suite de P. Landreville, qu'il y a autant de définitions de la récidive que d'études sur la récidive [119]. Effectivement, la vaste notion de récidive englobe toutes les formes possibles de récidive à savoir : la récidive légale et, plus encore, la récidive pénitentiaire (retour en prison). La récidive légale est un procédé technique d'aggravation possible des peines. Elle existe lorsqu'une nouvelle infraction réalisée dans les conditions définies par le Code Pénal est commise après qu'une condamnation définitive soit passée en force de chose jugée [120]. Elle doit en outre remplir trois conditions : 1° Une condition de spécialité, c'est-à-dire la commission d'un même type d'infraction ; 2 Une condition de délai, c'est-à-dire une nouvelle commission dans le délai de 5 ans à compter d'une précédente condamnation définitive ; 3° une condition de peine à savoir que la condamnation antérieure doit être d'emprisonnement (ferme ou avec sursis peu importe). L'exigence de ces trois conditions, formulée par le Code Pénal, réduit

---

118. V. J. PINATEL, Traité élémentaire..., *op. cit.*, p. 485. La plupart des criminologues pose comme condition l'existence d'une condamnation antérieure. J. Pinatel a réaffirmé cette condition à d'autres occasions. Ainsi écrit-il : « L'existence d'une condamnation antérieure comme condition indispensable de la récidive doit être admise en criminologie » Essai de synthèse des aspects criminologiques et juridiques du récidivisme, *Rev. pénit.*, 1969, p. 249.

119. V. A. KENSEY, *op. cit.*, p. 202 ; V. ég. P. LANDREVILLE, Le critère de la récidive dans l'évaluation des mesures pénales, SEPC, *Deviance et contrôle social,* n°36, 1982.

120. V. P. COUVRAT, *op. cit.*, p. 20.

considérablement la portée de la définition légale de la récidive dans une étude criminologique. Certains auteurs récusent ainsi la validité d'une telle définition. L'idée proposée dans ces conditions serait que « le récidiviste est celui qui ayant subi une peine d'emprisonnement accomplit néanmoins une nouvelle infraction qui le conduit à la prison » [121]. Les autres formes de récidive sont alors extralégales. Il s'agit généralement des réitérations, c'est-à-dire des cas où les conditions légales ne sont pas remplies, justifiant ainsi l'absence de tout effet juridique y afférent. L'illustration peut être apportée par l'exemple où, après une première condamnation, la seconde infraction n'est pas commise dans les conditions définies par la loi [122], ou la première condamnation est une peine de police et la seconde une peine correctionnelle ou criminelle.

Face à la notion de récidive, deux logiques devenues classiques, mais auxquelles on ne peut pas échapper, s'affrontent : d'une part, la logique qui met l'accent sur le fait que la récidive est en partie fabriquée, à divers points de vue, par le système pénal (c'est la logique de la réaction sociale) ; d'autre part, celle dans laquelle le sujet lui-même se trouve entraîné, non pas tellement en fonction de dispositions internes, mais essentiellement en fonction de rôles assumés, de ruptures justifiées dans une voie d'où finalement il lui sera extrêmement difficile de sortir [123]. En réalité, plus que la définition de la récidive, c'est la mesure même de ce phénomène - le taux de récidive - qui pose problème. Comme le soulignent à juste titre A. Kensey et P. Tournier, un « taux de récidive n'a de sens que si l'on sait précisément sur quelle population on l'a calculé, quelle définition on a retenu (récidive légale, le retour en prison, l'existence d'une nouvelle condamnation), et enfin sur quelle période s'est faite l'observation » [124]. Sans ces trois conditions, le taux de récidive

121. V. G. GIUDICELLI-DELAGE, Le récidivisme dans le département de la Vienne, (Enquête réalisée près du Tribunal correctionnel de Poitiers), Premiers éléments, *In* Le récidivisme,*op. cit.*, p. 92 et s.

122. V. P. COUVRAT, *op. cit.*, p. 22.

123. V. Ch. DEBUYST, Analyse des aspects psycho-sociologiques du récidivisme, *In* Le Récidivisme..., *op. cit.*, p. 136.

124. V. A. KENSEY, P. TOURNIER, *Libération sans retour ?*, SCERI, Travaux et documents, oct. 1994, p. 81 ; V. ég. A. KENSEY, Evaluation de la

évalue une réalité erronée. De même, la non récidive qui est souvent considérée comme l'indicateur de la réadaptation sociale du condamné libéré, reste d'appréciation subjective : doit-elle être mesurée sur 3-5 ou 10 ans ? [125]. Le raisonnement tendant à considérer que la seule diminution de la récidive constitue au plan social la première justification de l'action pénitentiaire et, *a contrario* son augmentation comme l'échec de la prison, serait abusif. Le taux de récidive ne mesure généralement que le « fond résiduel » que le système pénal n'est pas en mesure d'évacuer. Un tel taux n'est finalement que l'indicateur de la « réitération » [126] de l'intervention pénale. Pour autant, la question de la réduction de l'échec de la prison est restée constante dans l'histoire pénale. La solution est toujours recherchée des deux côtés : d'une part en tentant d'améliorer la capacité de la prison à réformer les condamnés, d'autre part en cherchant à en restreindre l'usage [127]. La dernière solution s'oriente vers trois directions : avant jugement en luttant contre la détention provisoire [128], après jugement en diversifiant la panoplie des peines de substitution [129] et en tentant de développer des procédures de conciliation et de médiation [130]. La recherche sur

---

réinsertion : des méthodes utilisées aux résultats observés, *In* La réinsertion délinquants..., *op. cit.*, p. 202.

125. V. R. OHLMANN, En détention aussi..., *In L'insertion en questions. Bulletin*, Pub. trim. du C.L.C.J., oct. 1988, n°15, p. 50.

126. V. C. FAUGERON & al., *op. cit.*, p. 9.

127. *Ibid.*, p. 10.

128. V. C. CARDET, Le contrôle judiciaire socio-éducatif, *op. cit.*, p. 11 et s.

129. V. I. GORCE, Les alternatives à l'incarcération, *In* La réinsertion..., *op. cit.*, pp. 197-200 ; V. art. L.628-1 Code de la Santé publique ; comp. *Délinquance et toxicomanie* (R. OTTENHOF et R. CARIO, Dir.), Ed. Erès, coll. Questions actuelles decriminologie, 1991, p. 11 et s. (109 p.)

130. V. J. FAGET, *Justice et travail social. Le rhizome pénal*, éd. Erès, coll. Trajets, 1992, p. 8 ; V. ég. R. CARIO, *Pour une approche globale et intégrée du phénomène criminel. Essai d'introduction aux Sciences criminelles*, l'Harmattan, 1996 (208 p), p. 160. Comp. avec les modalités de la mesure de réparation réservée aux mineurs, J.F. RENUCCI, *Le droit pénal des mineurs*,

l'apport des surveillants de prison à la réinsertion sociale des condamnés à la privation de liberté en France s'inscrit dans la logique suggérée par la première solution. Il s'agit d'impliquer davantage les acteurs de l'univers carcéral et, singulièrement, les surveillants de prison à la perspective de réinsertion des condamnés.

B - La mise en œuvre de la réinsertion des détenus dans le cadre pénitentiaire

La mise en œuvre de la réinsertion sociale en milieu carcéral renvoie à l'intervention des différents acteurs du système pénitentiaire. De façon générale, les surveillants de prison sont ignorés par l'opinion publique lorsqu'ils est question de réinsertion sociale. Leur rôle est réduit à la seule surveillance des détenus et éventuellement, à l'installation des activités *dites* de réinsertion. Les travailleurs sociaux (Conseillers d'insertion et de probation et Assistants sociaux) sont présentés comme les seuls, pour le moins les principaux responsables de celle-ci. Un constat s'impose. La réinsertion sociale des condamnés à la privation de liberté comporte deux versants : le versant pénal et le versant social. Les principaux acteurs du système carcéral - les surveillants et travailleurs sociaux - se situent dans l'un ou dans l'autre de ces deux versants. Et chacun de ces versants obéit à une logique qui lui est propre. Ils se rapportent chacun à un objectif précis. L'ensemble, quoique structuré autour de logiques difficilement conciliables, concourt à la réinsertion sociale des condamnés. Les travaux de G. Lemire proposent des pistes intéressantes pour la mise en œuvre pénitentiaire de la réinsertion sociale des condamnés à la privation de liberté. Pour lui, la solution consiste à incarcérer les détenus *amendables* dans les établissements éducatifs, tout en admettant que d'autres délinquants soient incarcérés dans les établissements

---

PUF, Que sais-je ?, 1991/2, 616, p. 110 et s., du même auteur, *Droit pénal des mineurs*, Ed. Masson, 1994, p. 223 et s., (237 p). V. not. M. VAILLANT, *De la dette au don. La réparation pénale à l'égard des mineurs*, Ed. E.S.F, Coll. Le monde de la famille, 1994, 238 p. et not. p. 205 et s. ; *La médiation-réparation pénale à l'égard des mineurs. Cadre juridique, Pratiques et éléments méthodologiques*, Pub. Ministère de la Justice/D.P.J.J., 1991, 87 p. ; V. art. 12-1 ord. 2 fév. 1945, mod. L. 4 janv. 1993.

coercitifs sécuritaires (1). Dans les établissements éducatifs, où l'ordre n'est plus une priorité, la réinsertion sociale des condamnés doit devenir un objectif déclaré [131]. Ces établissements devraient reposer sur une organisation normative axée sur la rééducation et sur une certaine forme de démocratisation. G. Lemire démontre ainsi, dans son ouvrage *Anatomie de la prison*, la difficulté pour la prison, dans la conception actuelle, de mettre en œuvre la réinsertion des détenus (2).

1. Les organisations carcérales

La prison est une organisation ayant deux buts contradictoires - punir et réinsérer - engendrant par conséquent deux modes distincts de fonctionnement. La punition du délinquant entraîne un fonctionnement sous le modèle coercitif et la réinsertion entraîne au contraire un fonctionnement de type normatif. Le comportement des surveillants de prison, leur attitude face aux détenus et face à la hiérarchie se situent dans un cadre global de nature organisationnelle et doivent être compris dans ce sens.

a) L'organisation carcérale coercitive

Les organisations n'ont pas toutes les mêmes buts. Certaines ont avant tout un but économique, d'autres un but culturel. Les organisations coercitives ont comme but d'assurer l'ordre, la sécurité et la discipline. Pour atteindre ses buts, l'organisation coercitive utilise la force, la menace, la contrainte. S'agissant de la prison, ce modèle est à déconseiller, car s'il est possible de combattre le désordre par la force, il est plus difficile de bâtir une personnalité responsable et épanouie par elle [132]. Un établissement coercitif est fortement hiérarchisé, avec un mode de fonctionnement autocratique.

---

131.   V. G. MATHIEU, Régimes de détention et projet de réinsertion, *In* La réinsertion des délinquants..., *op. cit.*, p. 166.
132.   V. G. LEMIRE, *Anatomie de la prison*, PUM, Economica, 1990, p. 86.

L'autorité prend sa source non dans la compétence, mais plutôt du rang occupé dans la hiérarchie. Dans un tel établissement, la réinsertion des détenus est secondaire et le personnel chargé de cette tâche plus ou moins encombrant. Leur action ne prend de sens aux yeux de la direction que si elle contribue à assurer l'ordre et la discipline. Ce type d'établissement se caractérise par quelque instabilité. Il en va tout différemment de l'organisation normative.

b) L'organisation normative

L'organisation normative a un but culturel et surtout de rééducation. Elle utilise la persuasion et la motivation pour obtenir l'adhésion de ses membres aux objectifs de l'organisation. Un établissement carcéral normatif est plus apte à assurer la réinsertion sociale des condamnés car, pour transmettre de nouvelles valeurs et de nouvelles façons d'agir à des délinquants, la contrainte et les menaces ne peuvent produire que des résultats précaires. Dans un établissement normatif, la sécurité et l'ordre ne sont plus des occupations obsessionnelles et prioritaires. La prise des décisions est décentralisée ; la liberté d'initiative y est très grande. La communication avec les détenus est privilégiée et les relations gardiens-gardés sont plus souples. Dans ce genre d'organisation, la hiérarchie n'est plus rigide et le personnel est plus motivé.

2. Les difficultés de mise en oeuvre de la réinsertion sociale des détenus en France

Les difficultés de mise en œuvre de la réinsertion sociale des détenus ont été déjà abordées en France par C. Lucas dans sa théorie de l'emprisonnement, systématisée autour de trois idées fondamentales : intimidation, amendement et individualisation [133]. Pour lui, un système pénitentiaire n'existe que dans la mesure où il permet d'atteindre, sinon d'approcher l'amendement des détenus. La théorie de l'emprisonnement se divise en trois degrés :

---

133. V. C. LUCAS, *De la réforme des prisons, ou de la théorie de l'emprisonnement, de ses principes, de ses moyens et de ses conditions pratiques*, T.1, T.2 et T.2 (3 vol.), Paris, éd. E. Legrand & C. Descauriet, 1836-1838 (390 p.,463 p., 631 p.)

l'emprisonnement préventif, l'emprisonnement répressif et l'emprisonnement pénitentiaire [134]. Les deux premiers degrés concernent les prévenus et les condamnés à de petites peines et le dernier degré concerne les condamnés à de longues peines. L'emprisonnement préventif constitue le premier degré de la théorie de l'emprisonnement. Il ne concerne que les prévenus à l'égard desquels il n'a qu'un double rôle à jouer : empêcher qu'ils ne s'évadent et ne se corrompent mutuellement. La lutte contre la récidive lui est étrangère. L'éducation morale des prévenus n'est pas une nécessité à ce degré et dépasse largement ses obligations. Seuls les moyens disciplinaires y ont cours et permettent d'atteindre ces deux buts. La discipline consiste dans un isolement cellulaire de jour, avec communications autorisées, soit avec l'extérieur, soit à l'intérieur. La règle du silence, perçue alors comme un moyen efficace pour combattre toute velléité d'association est bannie dans l'emprisonnement préventif. Pour éviter la corruption mutuelle, C. Lucas recommande d'empêcher le mélange des sexes, des âges et des moralités. Le travail des surveillants (gardiens) de prison dans ce cadre a l'avantage d'être précis : assurer la sécurité intérieure des établissements et la discipline pour empêcher toute tentative d'évasion. Le deuxième degré de la théorie de l'emprisonnement est constitué par l'emprisonnement répressif. Il concerne des individus condamnés à de courtes peines. L'emprisonnement répressif doit, outre les dangers de l'évasion et de la corruption mutuelle des condamnés, lutter contre ceux de la récidive. Cependant, la brièveté des condamnations ne permet pas d'élaborer un travail éducatif sérieux pour parvenir à l'amendement. Il faut par conséquent agir par le biais de l'intimidation pour parvenir à la prévention spéciale. Comme l'indique C. Lucas dans sa théorie de l'emprisonnement, l'amendement ne peut être obtenu que par la puissance de l'habitude et la puissance de l'habitude que par l'action du temps. Or, dans l'emprisonnement répressif, l'on ne saurait compter sur l'appui du temps. Dès lors qu'il n'est pas possible d'amender, il faut intimider la

---

134.   V. C. LUCAS, *op. cit.*, T.1, p. 27 et s.

volonté humaine par voie de répression et de contrainte [135].
L'intimidation passe par une série de moyens négatifs que sont le
fouet ou le bâton, mais surtout par une série de moyens positifs que
sont les différentes privations et contraintes. Le régime intérieur des
établissements doit être organisé de façon à imprimer ce caractère
d'intimidation. L'isolement de nuit qui arrache le détenu à ses orgies
nocturnes, l'isolement de jour qui lui ravit, au-dedans et au dehors,
toutes ressources des associations criminelles, le silence qui lui
interdit le dévergondage de ses entretiens journaliers et le laisse sans
école pour enseigner le vice. Cet ensemble doit, selon C. Lucas,
imprimer le caractère d'intimidation de l'emprisonnement répressif.
Le travail des surveillants (gardiens) de prison prend un tour très
disciplinaire dans l'emprisonnement répressif. Plusieurs moyens sont
à la disposition du personnel de surveillance pour assurer la
discipline et la punition des détenus. La relation avec les détenus est
une relation de force et de domination. Soumis comme les précédents
degrés à l'obligation de prévenir les évasions, la corruption mutuelle
des détenus et les récidives, l'emprisonnement pénitentiaire constitue
le troisième degré de la théorie de l'emprisonnement. Il est appelé à
combattre les récidives par l'amendement des détenus. La
particularité de l'emprisonnement pénitentiaire n'est pas un but de
plus dans la théorie de l'emprisonnement, mais un principe de plus
pour l'atteindre et une nouvelle série de moyens découlant de ce
principe. L'emprisonnement devient pénitentiaire à partir du moment
où, après avoir empêché les évasions et la corruption mutuelle des
détenus, il arrive, par le principe et les moyens de l'amendement [136],
à prévenir les récidives que l'emprisonnement répressif ne peut
combattre que par le principe et les moyens de l'intimidation.
Cependant, l'amendement ne saurait s'obtenir « ni sous l'impression
repoussante d'actes forcés ni sous l'impression accidentelle d'actes
volontaires » [137]. Il s'agit plutôt d'élaborer un travail éducatif des
détenus. L'emprisonnement pénitentiaire a l'avantage de disposer de
temps pour une telle entreprise, puisqu'il concerne des condamnés à

---

135.   V. C. LUCAS, *op. cit.*, p. 217.

136.   V. P. O'BRIEN, *Correction ou châtiment. Histoire des prisons en France au XIXe siècle*, P.U.F., 1988, p. 315.

137.   V. C. LUCAS, *op. cit.*, p. 28.

de longues peines. C. Lucas estime dans sa théorie qu'un tel travail éducatif n'est envisageable qu'à partir de la deuxième année. Il s'agit, par les moyens de l'éducation pénitentiaire, d'obtenir la probité légale dont l'infraction constitue le crime, dont l'observation le prévient et garantit l'ordre social. Il n'est pas question d'imposer ni l'exercice de la charité, ni la pratique de la vertu, qui relèvent de la probité positive, mais simplement la probité négative qui s'abstient du mal. Le rôle du personnel de surveillance ne se limite plus simplement à maintenir l'ordre et la discipline comme c'est le cas dans l'emprisonnement préventif et répressif, mais à jouer en plus un rôle éducatif. Le surveillant doit inculquer aux détenus le respect des règles de la vie en société et le respect des lois.

S'agissant de la surveillance des détenus à différents degrés de la théorie de l'emprisonnement, C. Lucas marque sa préférence pour un personnel religieux. Il s'oppose à l'idée alors si populaire de recruter dans l'armée les gardiens des maisons centrales, une fois converties en maisons pénitentiaires. Il justifie son choix dans un volumineux rapport adressé au ministère de l'intérieur [138]. Le personnel religieux a l'avantage de voir le détenu non plus au travers de sa perversité répugnante, mais comme une âme à faire rentrer dans les voies du bien afin de la rendre à Dieu. C'est pourquoi la garde, la surveillance et l'enseignement industriel sont pour ce personnel plus qu'un travail, une vocation religieuse. Le choix de C. Lucas est significatif sur l'importance qu'il accorde à la correction des détenus et, surtout, sur le rôle que le personnel de surveillance est appelé à remplir auprès des détenus. Il met un accent particulier sur l'individualisation des peines au travers des éléments subjectifs comme le sexe, l'âge, la moralité et des éléments objectifs comme l'infraction et la nature de la peine.

La mise en œuvre de la réinsertion sociale des condamnés dans le cadre pénitentiaire se heurte, encore aujourd'hui, à la fois à la primauté de la mission sécuritaire des établissements et à

---

138.   V. C. LUCAS, *op. cit.*, T.3, pp. 209-210.

l'inadéquation des régimes de détention [139] aux différentes perspectives de réinsertion. La mission de réinsertion des détenus s'articule autour des deux idées-forces, développées par les Circulaires des 26 mars 1975 et 28 janvier 1983, relatives aux régimes de détention [140], à savoir : 1°) la volonté d'adapter la prison aux conditions d'existence extérieure. Plus précisément, la volonté d'humaniser le milieu carcéral ; 2°) la volonté de diversifier les établissements pénitentiaires : centres de détention où la réinsertion sociale constitue l'objectif principal, maisons centrales où la sécurité prédomine, maisons d'arrêt qui reçoivent les détenus et les condamnés à de courtes peines et dans lesquelles les régimes de détention sont théoriquement orientés vers la réinsertion sociale des condamnés (art. D.83 al.2 CPP). Cependant, cette perspective théorique ne peut sérieusement être mise en œuvre faute de temps [141]. En outre, l'organisation même de la prison (conception architecturale et fonctionnement quotidien) répond à des impératifs de sécurité. L'objectif primordial consiste à contrôler la conduite du détenu pour des raisons de sécurité interne et de protection de la société. Ce qui signifie que quels que soient les régimes de détention appliqués à l'intérieur des différents établissements pénitentiaires, la dimension sécuritaire reléguera toujours au second plan les projets de réinsertion sociale des condamnés à la privation de liberté. Aujourd'hui, plusieurs années après les circulaires précitées, la situation n'est pas brillante. Une confusion s'observe entre l'humanisation des conditions de détention et la réinsertion sociale des condamnés, au point que les différentes activités proposées dans le cadre pénitentiaire perdent leur caractère éducatif au profit de la dimension occupationnelle des détenus. Au surplus, la diversification des établissements disparaît peu à peu, au profit de ce que divers auteurs ont appelé la « banalisation des régimes de détention » [142] ou « la banalisation pénitentiaire » [143]. Il s'agit en réalité d'un véritable

---

139. V. G. MATHIEU, *op. cit.*, p. 159.

140. V. A. JEGO, Régimes de détention et projet de réinsertion, *In* La réinsertion..., *op. cit.*, p. 167.

141. V. G. MATHIEU, *op. cit.*, p. 163.

142. V. A. JEGO, *op. cit.*, p. 167.

143. V. J.H. SYR, Surveillant de prison : une profession en devenir, *Rev. Sc. Crim.*, n° 2, av-juin 1992, p. 277 ; V. ég. G. MATHIEU, *op. cit.*, p. 158.

phénomène d'uniformisation des régimes de détention qui ne prend pas en compte la variété des personnalités des détenus et des perspectives de réinsertion sociale des condamnés. A. Jego, alors Directeur du Centre pénitentiaire de Nantes, évoque trois raisons justifiant cette banalisation : « au fil des années, la diversification a peu à peu disparu, soit par volonté politique (les QSR en 1981), soit par absence de véritable outil d'analyse permettant d'affecter l'ensemble des détenus condamnés dans le panel réduit de la classification existante, soit du fait de l'engorgement démographique du milieu pénitentiaire » [144].

La mise en œuvre des projets de réinsertion dans le cadre pénitentiaire souffrirait dès lors de l'absence de grille de lecture précise quant à l'orientation des détenus. Les critères relatifs aux détenus, à savoir l'âge (adultes, mineurs, et jeunes adultes), le sexe, la situation pénale (prévenus, condamnés) sont caractérisés par une hétérogénéité incompatible à la mise en œuvre pénitentiaire de la réinsertion des détenus. Comment procéder dans ces conditions pour favoriser la réinsertion sociale des condamnés à la privation de liberté dans ce cadre inadapté que constitue la prison ? Deux atouts sont néanmoins susceptibles de justifier le choix d'une politique pénitentiaire fondée sur la réinsertion :

1°) La jeunesse de la population pénale. La lecture des statistiques établies par l'Administration pénitentiaire révèle que près de la moitié de la population carcérale est âgée de moins de trente ans [145] ;

2°) La double dimension de la prison (coercitive et normative) peut paradoxalement constituer un atout. Il est notoire que la dimension sécuritaire des régimes de détention, qui se traduit le plus souvent dans l'organisation institutionnelle de type coercitif, est un élément fondamental dans l'identité professionnelle des surveillants. Associer les surveillants de prison à la modification, à terme, des

---

144.   *Ibid.*
145.   V. G. MATHIEU, *op. cit.*, p. 166.

modèles de conduite des détenus, pourrait permettre de concilier les deux finalités antinomiques de la prison que sont l'objectif de réinsertion (exigeant une organisation de type normatif) et l'impératif de sécurité (exigeant une organisation de type coercitif). Il sied dès lors d'analyser leurs missions et leurs habitudes professionnelles au travers, notamment, de leur fonction ambivalente de surveillance de la prison (Chapitre 1).

L'étude de leurs « vécus professionnels » permet ainsi de situer les surveillants de prison face aux différentes attentes de l'institution pénitentiaire, au regard des missions de sécurité et de réinsertion. L'hypothèse de l'existence d'une dissonance cognitive dans la profession de surveillant de prison peut être raisonnablement avancée. Une telle analyse permettra de mieux cerner l'identité professionnelle des surveillants de prison, brouillée à la fois par leur statut professionnel, leurs missions institutionnelles et la réalité quotidienne de leur profession (Chapitre 2).

En réalité, la réinsertion sociale des détenus n'est pas une essence, mais un processus. Elle n'est pas non plus monolithique ou exclusive, mais partagée par tous les intervenants en milieu carcéral. Le processus de réinsertion sociale comporte plusieurs phases ayant des buts bien définis et impliquant des acteurs bien précis (Chapitre 3).

En définitive, les missions des surveillants de prison apparaissent au coeur de la réinsertion sociale des détenus, dans la mesure où ils leur apportent, au cours de la phase pénitentiaire (Chapitre 4), l'élément capital de lutte contre la récidive, à savoir, l'amendement. Cet élément de resocialisation de l'individu est complété par d'autres apports, notamment ceux des travailleurs sociaux, correspondant à la phase affective et sociale de la réinsertion des condamnés à la privation de liberté (Chapitre 5).

1

La surveillance de prison : une fonction ambivalente

Qu'est-il advenu de ce modeste employé qui jusqu'au début des années soixante se trouvait à la merci de son roi et maître, le Directeur d'établissement ? Se demandait J.P. Conrand[1]. La situation n'est plus la même. Les conditions de détention se sont relativement améliorées[2] et corrélativement, les conditions de travail[3]. Le syndicalisme a lui aussi fait son entrée en prison ; l'arbitraire a cédé la place aux procédures formelles dans le domaine des relations de travail. Aujourd'hui la profession de surveillant de prison répond bien aux critères d'un métier, à savoir : une activité qui trouve son utilité dans la société ; une activité déterminée, reconnue et tolérée dont on peut tirer ses moyens d'existence ; une occupation permanente, possédant certaines caractéristiques propres et une occupation indiquant une habileté, un savoir-faire (manuel et/ou intellectuel) que confère l'expérience[4]. Les surveillants font

---

1. V. J.P. CONRAD, " The survival of fearful ", cité par G. Lemire, *op. cit.*, p. 76.

2. V. W. JEANDIDIER, *Droit pénal général*, Montchrestien, 1991, pp. 537-538.

3. V. en ce sens, G. AZIBERT, Une administration en mutation : l'Administration Pénitentiaire, *op. cit.*, p. 134 et s.

4. V. C.N. ROBERT, " La formation du personnel pénitentiaire : Quels sont les besoins ? " *In*, Les droits de l'homme dans les prisons : la formation professionnelle du personnel pénitentiaire, *op. cit.*, p. 73

actuellement face à d'autres réalités. Confrontés à une double mission contradictoire de garde et de réinsertion sociale, au contenu totalement antinomique et paradoxal, les surveillants ont du mal à trouver une motivation précise et surtout une identité professionnelle. L'absence de contenu précis à ce métier, une formation professionnelle en décalage avec les réalités carcérales, un choix professionnel négatif, une marge d'initiatives très restreinte constituent les aspects négatifs de la profession. L'Ecole nationale d'administration pénitentiaire a par conséquent, la charge de développer la motivation et l'intérêt pour la profession, mais surtout l'identité professionnelle à travers une formation aussi précise que variée (Section 1).

Si par le passé les missions du personnel de surveillance se résumaient à la garde et la surveillance des détenus, aujourd'hui les surveillants eux-mêmes ont des définitions aussi vagues que diverses comme : *« garder, rassurer, répondre (quand on le peut) aux demandes des détenues. Assurer la sécurité pour l'extérieur, mais pour l'intérieur aussi »* (surveillante, MAF) ; ou *« D'abord garder, mais écouter, essayer de comprendre, sans juger et prendre partie, remettre sur les rails un peu »* (surveillante CD) ; mais aussi *« la surveillance, l'ordre, la discipline et la sécurité »* (surveillant CD). La recherche sur l'apport des surveillants de prison à la réinsertion sociale des condamnés à la privation de liberté en France s'est intéressée à la définition par les surveillants de leurs missions. La question suivante a été formulée à cet effet : « quelles sont, selon vous, les missions des surveillants de prison ? »[5]. Pour 53,5 % des surveillants ayant répondu à celle-ci, les missions de sécurité et de réinsertion sociale constituent les missions des surveillants de prison. 38,5 % des surveillants définissent leurs missions en termes de garde, de sécurité et de discipline. La doctrine officielle de l'Administration pénitentiaire présente le métier des surveillants de prison en des termes plus détaillés : « A l'intérieur des établissements, le surveillant exerce sa mission de sécurité publique autour de deux axes : la prévention des évasions et celle de la récidive. A ce titre, le surveillant participe également à la réinsertion sociale des personnes emprisonnées, en association avec les

---

5. Le taux de non-réponse à cette question se situe à 8%.

travailleurs sociaux, les enseignants et partenaires extérieurs aux établissements pénitentiaires » [6]. La définition officielle des missions - et de la profession - des surveillants rejoint la conception séquentielle de la réinsertion sociale des condamnés à la privation de liberté, abordée dans cette recherche sous l'angle de l'apport des surveillants. Celui-ci est basé sur la capacité des surveillants de prison à faire intérioriser aux détenus les règles de la vie en société, le respect de l'autorité et des autres. La maîtrise de cette double mission de surveillance et de réinsertion des condamnés à la privation de liberté exige des aptitudes spécifiques que seule une formation adéquate pourrait apporter aux surveillants. Il s'agit du sens du contact et de l'observation, de la rigueur personnelle, la maîtrise de soi et des différentes techniques modernes de surveillance et d'autodéfense. Une telle formation, adaptée aux évolutions de la profession des surveillants de prison, doit permettre à ceux qui l'exercent de mieux assumer leurs missions actuelles (Section 2).

Section I : La formation des surveillants de prison

Le souci de formation des surveillants de prison s'est manifesté dès 1869 avec la création des quartiers d'amendement des détenus. Les surveillants sont dès lors appelés à consigner par écrit, dans un cahier, leurs observations ; encore eut-il fallu qu'ils sussent écrire. Pour pallier la difficulté, une Circulaire du Ministre de l'intérieur (dont dépend alors les prisons) du 20 mars 1869 souhaite l'institutionnalisation de la formation des « gardiens » [7]. La Circulaire du 20 mars 1873 concrétise ce souhait par la création des écoles élémentaires, auxquelles participent des instituteurs, dans toutes les maisons centrales. Le grand tournant dans l'ambition de former les surveillants est accompli avec les décrets des 12 et 19 août 1893 qui instituent une Ecole supérieure à la prison de la Santé, ayant pour but de préparer les gardiens aux impératifs de « relèvement des condamnés ». L'expérience va malheureusement être freinée dès 1902 par le lobby des directeurs qui craignent la

---

6. V. Ministère de la justice, *Ecole nationale d'administration pénitentiaire*, présentation des métiers, Sceri, août 1995, p. 3.

7. V. P. TARTAKOWSKY, Prison, *op.cit.*, p. 208 ; V. aussi C. Carlier , *op. cit.*, pp. 188-191.

concurrence de la nouvelle génération des gardiens-chefs ainsi formés. Après une période de fermeture, l'Ecole rouvre ses portes en 1927 à Fresnes. Elle fonctionnera jusqu'en 1934, les surveillants-chefs étant en nombre suffisant. Il convient de souligner que la formation dispensée pendant toute cette période intéresse exclusivement les cadres de l'institution, à l'exception du personnel des colonies. Avec la réforme Amor, en 1944, émerge l'idée de formation au sens où on l'entend aujourd'hui. Ainsi, une école moderne va être créée en 1945, toujours à Fresnes et fonctionnera jusqu'en 1960. En 1965 est implantée, sur le domaine de Plessis-le-Comte à Fleury-Mérogis, sur une superficie de 11 hectares, l'Ecole d'administration pénitentiaire, qui deviendra nationale (ENAP) en 1977 [8]. L'Administration pénitentiaire française a préfiguré ainsi une formation au-delà des frontières, puisque ce n'est qu'en 1975 que le Conseil économique et social des Nations unies adopte une résolution préconisant que le personnel pénitentiaire doit suivre une formation [9]. Mais les questions relatives à la formation des surveillants, son contenu, sa durée, ses modalités et sa finalité restent encore posées. La problématique de la formation des surveillants de prison (§ 1) s'articule autour de la nécessité d'adapter ce personnel aux évolutions de leur profession, afin de mieux les préparer à affronter l'épreuve quotidienne de la réalité carcérale (§ 2).

§ I : La problématique de la formation des surveillants de prison

« *Dans l'administration pénitentiaire, il est nécessaire d'avoir des gens intelligents plus que des gens instruits. Quand on regarde la population pénale, c'est des gens qui ont été élevés dans la rue. Ils sont loin de nous. Ce n'est pas un diplôme qui va aider à régler les problèmes des hommes* » (CSP2, CD hommes). Cette parole de

---

8. L'Ecole Nationale d'Administration Pénitentiaire sera délocalisée puisqu'elle quittera la région parisienne pour Agen en 2000. Parallèlement à la mise en service des locaux, l'école sera dotée du statut d'établissement public qui doit lui permettre d'être en situation statutairement comparable aux organismes de formation des autres grandes administrations. V. E. PECHILLON, *Sécurité et droit du service public pénitentiaire*, L.G.D.J., 1998, p. 98.

9. V. Bulletin d'information pénitentiaire, n°12, décembre 1988.

surveillant qui soulève la vieille rengaine de la primauté de l'expérience sur la formation professionnelle, cache très mal le désarroi du personnel de surveillance face à un métier mal défini [10]. Quelle formation pour quelles missions ? Quelle formation pour quelles pratiques professionnelles ? Quelle formation pour quelles finalités sociales ? Autant d'interrogations qui correspondent aux énigmes que l'Administration pénitentiaire doit résoudre pour adapter la formation initiale du personnel de surveillance (A) ainsi que leur formation continue aux évolutions de leur profession (B).

A - La formation initiale des surveillants de prison

L'Ecole nationale d'Administration pénitentiaire a la charge de la formation initiale des personnels pénitentiaires. Elle s'est également dotée d'une structure spécifique pour la formation continue et le perfectionnement des professionnels de l'Administration pénitentiaire. L'Ecole est organisée autour de quatre sections consacrées à la formation initiale des surveillants, des cadres de direction, des personnels socio-éducatif et des personnels administratif et technique. Pour mieux traiter de la formation des surveillants, il convient d'élucider au préalable le processus de leur recrutement. Comment devient-on surveillant de prison est la question pertinente. Pour G. Delteil, c'est simple : « il suffit d'écrire au Ministre de la justice ou de se présenter à la prison la plus proche. Le candidat subit ensuite une présélection ; il doit répondre par écrit à un questionnaire de 30 questions. Des questions de culture générale. Intervient ensuite le concours, du niveau BEPC, avec rédaction du niveau de la 3è, où l'orthographe est considérée comme importante (le surveillant étant amené à écrire des rapports dans l'exercice de ses fonctions), des maths et des sports. Il y a aussi quelques critères physiques : la taille, la vue et l'âge. En effet, on exige au minimum 1,65 m pour les hommes ; 1,55 m pour les femmes, et une vue d'au moins 5/10e. La limite d'âge est fixée à 35 ans pour les hommes et quarante ans pour les femmes. Un casier

---

10. Voir dans ce sens, Conseil de l'Europe, *Les droits de l'homme dans les prisons : la formation professionnelle du personnel pénitentiaire,* Actes du Séminaire de Strasbourg, 7-9 juillet 1993, pp. 73-79.

judiciaire vierge est bien sûr exigé » [11]. Suivant le Décret du 21 septembre 1993 relatif au statut particulier du personnel de surveillance, « les surveillants sont recrutés par concours ouvert aux candidats âgés de 19 ans au moins et de 40 ans au plus au 1er janvier de l'année du concours, titulaire du brevet des collèges ou de l'un des titres ou diplômes reconnus équivalents, dont la liste est fixée par arrêté conjoint du Garde des Sceaux, ministre de la justice, et du ministre de la fonction publique, et qui n'ont fait l'objet d'aucune condamnation criminelle ou correctionnelle » (art. 6). Pour les surveillants, on devient surveillant par dépit, après avoir connu l'échec aux concours de la Police, de la Gendarmerie ou simplement dans ses études. Les raisons de leur choix sont essentiellement économiques. L'Ecole nationale d'Administration pénitentiaire (ENAP) a la lourde charge de donner aux élèves surveillants, dont le projet professionnel est un choix négatif, les outils nécessaires à l'exercice de la profession, mais aussi une perception positive du métier.

1. La formation des surveillants à l'ENAP

La formation des surveillants de prison est assurée par l'Ecole nationale d'Administration pénitentiaire à Fleury-Mérogis. Les surveillants y reçoivent une formation professionnelle qui les initie non seulement à la technique de leur métier, mais encore à l'esprit nouveau dans lequel ils doivent accomplir leurs fonctions.

a) Une formation professionnelle des surveillants de prison en évolution

Deux éléments caractérisent aujourd'hui le recrutement des élèves surveillants : l'abaissement de l'âge à l'entrée dans l'Administration pénitentiaire et l'évolution du niveau scolaire initial des élèves. Alors que la catégorie « sans diplôme » disparaît en 1980, celle des élèves surveillants ayant le baccalauréat et plus (licence et maîtrise) apparaît. Le niveau global d'étude tend à augmenter tout en étant

---

11. V. G. DELTEIL, *Prisons, dossiers brulants*, éd. Le carrousel FN, Paris, 1986, pp. 130-131.

marqué par une forte disparité [12]. La durée de formation à l'ENAP s'est progressivement allongée : « de huit jours de terrain et huit jours d'école » à quatre mois et à huit mois depuis 1993. Ce progrès a été consenti suite aux mouvements de grève que l'Administration pénitentiaire a connus en 1988. Le rapport Bonnemaison sur « la modernisation du service pénitentiaire » [13] a formulé plusieurs propositions de nature à participer à la modernisation du service public pénitentiaire : la formation initiale des personnels de surveillance doit être enrichie et sa durée portée à 18 mois ; l'ENAP doit être transformée en établissement public, son corps enseignant diversifié et son conseil scientifique élargi [14]. Le Conseil national de la formation des personnels pénitentiaires a entériné, le 15 mai 1991, le projet de formation initiale des surveillants qui s'étale sur huit mois. Prévu au départ pour être mis en place en 1992, la formation sur huit mois n'a effectivement commencé que le 4 janvier 1993 avec la cent trentième promotion élèves surveillants. Elle se déroule de manière suivante : tout d'abord, à l'examen d'entrée, nombre de candidats sont éliminés lors des tests psychologiques qu'ils doivent subir afin de déterminer leur aptitude à cohabiter avec les détenus, leur faculté à développer un savoir-faire et un « savoir être » [15]. Ensuite, la formation dispensée alterne les périodes de stage en établissement et les séquences à l'école. Au-delà de l'acquisition des bases professionnelles, les élèves sont amenés à réfléchir sur leur

---

12. V. HARTRICH, Cl. FAUGERON ; *Les élèves-surveillants de 1968 à 1985, données statistiques*, CESDIP, n°52, 1987, pp. 3-13.

13. V. G. BONNEMAISON ; *La modernisation du service pénitentiaire*, Paris, La documentation française, 1989, 106 p.

14. Pourquoi ne pas envisager de faire de l'ENAP une véritable école de traitement criminel ? ; V. en ce sens, J. PINATEL, " Un voyage pénitentiaire en Suède ", *In Annales internationales de criminologie*, 1969, p. 10, n°8 ; R. CARIO, " L'amélioration du climat social dans le monde pénitentiaire. Le statut de surveillant de prison en France, *RPDP*, n°2, av-juin 1992, p. 132.

15. V. E. BOURGEOIS, *La surveillance : une profession en mal d'identé face à la crise pénitentiaire* ; Rapport de Recherche, DEA, Bordeaux, 1994, pp. 18-19.

place dans l'institution pénitentiaire [16], à situer leur action, dans un cadre juridique et à développer leurs capacités relationnelles [17].

Les 25 nouveaux établissements pénitentiaires construits dans le cadre du « programme 13 000 places » sont des structures modernes. Avec les nouvelles techniques qu'elles ont induites, elles impliquent des changements importants dans les pratiques professionnelles des surveillants et requièrent des compétences spécifiques. De telles structures entraînent des répercussions importantes sur la formation des surveillants de prison, avec la nécessité de revoir les contenus pédagogiques au regard des nouvelles capacités requises [18]. Malgré quelques progrès observés dans la formation des surveillants, notamment dans sa durée, beaucoup d'efforts restent à fournir afin de dispenser aux surveillants une formation aussi adaptée que possible à leurs missions de sécurité et de participation aux activités de réinsertion sociale des condamnés à la privation de liberté. En ce sens, la formation des surveillants doit être pensée comme une assistance aux détenus, afin de rendre ces professionnels capables de neutraliser les frustrations, les conflits et de protéger les détenus des influences néfastes inhérentes au milieu carcéral, telles la dépersonnalisation, la régression, la prisonnièrisation [19]. Or, les surveillants ne sont pas suffisamment préparés à ce rôle, au regard du contenu et des modalités de leur formation initiale.

b) Le cursus de formation des surveillants de prison

La formation des surveillants de prison commence par un stage de découverte du métier, en établissement pénitentiaire, d'une durée de deux semaines. Le contact avec la réalité carcérale constitue

---

16. Près de 70% des surveillants interrogés dans le cadre de cette recherche ne sont pas satisfaits de le place du surveillant dans l'organisation de l'Administration pénitentiaire.

17. V. en ce sens, Ministère de la Justice, *Ecole Nationale d'Administration Pénitentiaire*, SCERI, 1995, p. 7.

18. V. N. KROMMENACKER, Surveillant pénitentiaire, un consultant pour une possible métamorphose, *In RPDP*, n°2, av-juin 1992, p. 15.

19. V. A.E. MOLINA, *L'enfermement*, Ed. Klincksieck, Paris, 1989, p. 54 ; V. ég. G. Lemire, *Anatomie de la prison*, PUM, Economica, 1990, pp. 17-18.

l'occasion d'écraser les « peurs biologiques » [20] de l'élève surveillant, mais aussi de lui donner une certaine idée du métier qu'il a « choisi » d'exercer et des conditions dans lesquelles il s'exerce. Par la suite intervient un premier cycle théorique de 10 semaines axé sur les connaissances juridiques et réglementaires et sur les techniques relatives au métier. Ce premier cycle commence par la présentation de l'école et de la scolarité. Les points abordés au cours de ce programme concerne essentiellement les connaissances juridiques et réglementaires, le sport et les techniques de self-défense, l'initiation au tir, la découverte du métier de surveillant et le contrôle des connaissances [21]. A la fin de ce premier cycle intervient un premier bilan. Les enseignements juridiques se déroulent sous forme de travaux pratiques en groupe à partir d'extraits du code de procédure pénale et sont centrés sur l'étude de l'itinéraire du prévenu-condamné, sur le procès pénal, la détention provisoire et la peine. A ces aspects juridiques s'ajoutent des éléments de réglementation pénitentiaire. La découverte du métier de surveillant occupe trois heures. Il s'agit de présenter aux élèves surveillants les missions et les rôles des surveillants conformément aux textes, notamment la loi du 22 juin 1987 et dont l'article premier est bien martelé : « Le service public pénitentiaire participe à l'exécution des décisions et sentences pénales et au maintien de la sécurité publique. Il favorise la réinsertion sociale des personnes qui lui sont confiées par l'autorité judiciaire. Il est organisé de façon à favoriser l'individualisation des peines ». Cette présentation du métier de surveillant débouche sur l'enseignement suivant, rapporté par P. Tartakowsky [22] : « Nous sommes un service d'exécution. Nous concourons à la sécurité publique ; en gardant mais aussi en favorisant la préparation à la sortie, bien que ce ne soit pas notre mission première. De la même façon, éviter une évasion, c'est participer à la sécurité. Attention : ne soyez pas obsédés, n'oubliez pas que la sécurité publique couvre un terrain qui va au-delà des murs de la prison. La sécurité implique donc un projet de sortie. Je le répète : attention, nous ne sommes pas un personnel socio-éducatif. Mais dans

---

20. Expression empruntée à M. V. DAUSSY, Directeur-adjoint de la MAF (1995).

21. V. Ministère de la Justice, Ecole Nationale d'Administration Pénitentiaire, *op. cit.*, p. 7.

22. V. P. TARTAKOWSKY, *op. cit.* p. 210.

tous les actes que nous aurons à faire, dans nos relations avec les détenus, avec nos collègues, nous devons favoriser cette préparation ». Les paradoxes du métier ne sont pas faciles à présenter aux élèves surveillants. Le couple boiteux sécurité-réinsertion exige que le surveillant soit tantôt porteur de sécurité, tantôt porteur d'humanisme ou les deux à la fois. Cette attitude requiert de sa part beaucoup de savoir-faire. Les propos suivants tenus par un Chef de service pénitentiaire illustre cette ambiguïté : *« Exemple : la demande d'autorisation de téléphoner. Il y a tout un tas de questions qui vont se greffer à cette demande du fait de la sécurité ; ou l'organisation d'un tournoi de foot entre deux bâtiments. On est dans la réinsertion, mais la sécurité est toujours présente. Nos surveillants ne sont pas armés pour le faire. Il faut de l'éducation et un savoir-faire. On devrait avoir des outils pour cela à l'école »* (CSP2, chef de bâtiment, CD hommes). Effectivement, à l'Ecole Nationale d'Administration Pénitentiaire (ENAP), les formateurs s'évertuent à générer ce savoir-faire par des exemples bien précis [23]. Leur enseignement vise à faire prendre conscience des difficultés du métier de surveillant de prison qui se situent dans la définition des règles, l'appréciation des situations humaines et des décisions à prendre. Un temps précieux est par la suite consacré aux activités de self-défense, à l'initiation au tir, au maniement d'armes et aux activités sportives. Une cinquantaine d'heures est réservée à ces différentes activités touchant la mission de sécurité, alors que durant ce premier cycle, les autres thèmes n'occupent en moyenne qu'une vingtaine d'heures. Ainsi, trois heures seulement sont consacrées à la découverte du métier de surveillant [24], alors que les malentendus à dissiper ou à prévenir sont innombrables. Puis arrive le contrôle des connaissances pour dresser un premier bilan. Ce bilan inclut l'aspect relationnel des élèves. Il s'agit pour le formateur de jauger la capacité des uns et des autres à travailler collectivement, à débattre et s'organiser. Cela est rendu possible par les travaux pratiques en groupes organisés par les formateurs. Ces derniers se réfèrent à l'attitude sociable ou non de l'élève-surveillant, à sa capacité à être

---

23. V. P. TARTAKOWSKY, *op. cit.*, pp. 213-214.

24. V. E. BOURGEOIS, *op. cit.* pp. 19-20 ; V. ég. P. Tartakowski, *op. cit.*, p. 209.

attentif à autrui, à sa ponctualité, à son expression ainsi qu'à son attitude, à son dévouement et à son volontarisme. Le souci constant des formateurs est de veiller à ce que le surveillant soit un référent pour les détenus, donc un modèle de conduite et de discipline.

Après ce premier cycle à l'école, les élèves surveillants effectuent un stage de 9 semaines en établissement pénitentiaire, dont six semaines passées dans un premier établissement et trois dans un autre. Durant cette période, les futurs surveillants sont sous la responsabilité des gradés formateurs. Ces derniers les préparent pendant la première semaine à travailler à l'intérieur de la détention. Ils sont également chargés de la proposition de note. Cette responsabilité les gratifie beaucoup, comme l'a indiqué l'un d'eux : *« Ce qui me réconforte c'est la formation initiale. Les stagiaires arrivent de l'extérieur, ils écoutent et on a l'impression de transmettre quelque chose à ces gens là, les relations sont bonnes avec eux »* (Gradé formateur, CD hommes). L'élève-surveillant travaille d'abord en doublure avant d'évoluer tout seul dans l'établissement pénitentiaire. Le but de ce stage est l'apprentissage des techniques professionnelles et du travail en détention. Il sera également question de familiariser l'élève surveillant aux écrits administratifs et au fonctionnement d'un établissement pénitentiaire. Comme la période de stage se déroule dans deux établissements différents, cela permet aux élèves surveillants de mieux connaître l'institution pénitentiaire, par une analyse des différences observées entre les deux établissements ; les réalités et les pratiques professionnelles variant d'un établissement à l'autre. Cette dernière période du stage permet de préparer le stage hors détention dans une institution de justice, d'insertion ou de sécurité. Celui-ci dure deux semaines.

La dernière étape de la formation se déroule à l'école. C'est le deuxième cycle théorique. Il dure 10 semaines. Au cours de ce dernier cycle, l'accent va être mis sur les sciences humaines. Il sera question de sensibiliser les élèves surveillants aux techniques et pratiques de communication et aux techniques d'observation au travers de quelques cours de psychologie, de psychanalyse, de pathologie carcérale et l'approche psychosociologique des détenus, dispensés par des intervenants extérieurs à l'Administration pénitentiaire. Ces programmes suscitent beaucoup d'espoirs pour une préparation efficace des surveillants de prison à la mission de réinsertion sociale des condamnés à la privation de liberté, pour le moins, à leur mission éducative. D'où l'importance accordée aux techniques de communication. Or, beaucoup d'obstacles se dressent encore contre cette volonté de l'Administration pénitentiaire. Il convient de signaler que malgré l'allongement de la durée de formation passée à huit mois [25], il est exigé de l'ENAP qu'elle forme deux promotions par an. Par conséquent, le temps de la formation n'atteint pas vraiment huit mois, et les promotions se chevauchent. De nombreux enseignements sont naturellement bâclés et parfois même non assurés. Les matières relatives au self-défense et au perfectionnement au tir étant prioritaires, ce sont des enseignements comme la criminologie et la psychologie qui sont sacrifiés sur l'autel de la primauté sécuritaire. Pourtant, comme l'indique G. De Coninck, « Tout programme de formation initiale du personnel de surveillance devrait donc pouvoir viser à la fois les divers objectifs tels que l'accession à un savoir-faire et à un savoir-être, lesquels passent par l'acquisition de connaissances, mais également le développement des pratiques de la communication, laquelle renvoie à la connaissance de soi, de ses désirs » [26].

La formation aux techniques de communication est un besoin souvent exprimé par les surveillants : *« C'est bien que la formation initiale soit passée à 8 mois. Je sais qu'ils veulent la passer à un an, tant mieux. Ce qui manque c'est la psychologie et la sociologie. Le savoir écouter doit être développé. La sécurité est mieux connue que la réinsertion. La formation doit davantage développer la communication si elle passe à 12 mois »* (Gradé formateur, CD hommes). L'importance de l'écoute n'est plus à démontrer pour toute personne, *a fortiori* pour la personne enfermée [27]. Les surveillants devraient être formés à cette technique puisque les

---

25. Il est question de l'allonger à 1 an. L'UFAP (union fédérale autonome pénitentiaire), le syndicat majoritaire y est favorable, estimant que cela contribuerait à la reconnaissance sociale de la profession.

26. V. G. De CONINCK, La formation du personnel de surveillance des établissements pénitentiaires : des exigences morales et religieuses à la formation d'intervenants socio-éducatifs en milieu pénal, *In Déviance et société*, 1997, vol.21, n°2 pp. 195-196.

27. V. S. BUFFARD, *Le froid pénitentiaire*, Ed. du Seuil, Paris, 1973, p. 202.

détenus souffrent beaucoup d'un grand besoin d'écoute. D'autant plus que « si une perle de sagesse tombe de vos lèvres et si personne n'est là pour la recueillir, elle est perdue et n'a aucune valeur » [28]. Savoir écouter (les détenus) est une technique qu'il conviendrait d'apprendre aux surveillants afin de mieux comprendre les détenus dans ce qu'ils veulent dire (leurs paroles) et ce qu'ils veulent dire se situe d'ordinaire à deux niveaux : il y a d'abord l'enchaînement superficiel des mots, le contenu explicite, dont le sens est à la portée de la plupart d'entre nous. Mais il ne s'agit pas de s'arrêter là. Il faudrait aller au-delà des mots pour écouter le message et tendre une oreille attentive pour en saisir le sens caché. Pour cela, la technique d'entretien et d'écoute devrait faire partie des outils communicationnels du surveillant de prison. Celui-ci devrait être sensible aux questions du genre : le détenu a-t-il des problèmes ? Est-ce un appel d'aide ? Que se passe-t-il au juste ? Lorsque les détenus se rendront effectivement compte de l'intérêt que les surveillants portent à leurs propos, ils prendront le temps d'agencer leurs paroles, de se faire comprendre et de se confier. A ce moment là, les surveillants et les détenus parviendront au stade de la vraie communication, indispensable dans tout travail de réinsertion [29] et pour le moins, dans toute relation [30]. C'est le même problème que soulève M. Tourbez lorsqu'il affirme : « Il me semble avoir appris mon métier en maison d'arrêt, ici. L'expérience m'a montré que je fais un métier intéressant. Pour comprendre, il faut avoir la vocation, être, en particulier, prêt à parler avec les détenus et voir que parler les soulage et peut les aider à saisir où ils en sont. Surtout en maison d'arrêt, où les prévenus attendent d'être jugés, parfois jusqu'à cinq ou six ans. Au lieu d'avoir une attitude immédiatement coercitive, on peut essayer de voir pourquoi un tel, habituellement correct, crée un incident, est injurieux, perd un moment le contrôle de soi... Aujourd'hui, il nous est demandé de tenir un rôle éducatif, mais nous n'avons pas la formation psychologique indispensable, si ce n'est

---

28. V. Ph. CROSBY . *La qualité c'est gratuit,* l'art et la manière d'obtenir la qualité, Ed. Economica, 1986, p. 151.

29. V. en ce sens E. MAUREL, De l'insertion sociale, *op. cit.,* p. 706.

30. V. en ce sens, C. DE BECHILLON, *Aider à vivre. Propos sur le travail social,* Ed. Erès, Coll. Trajets, Toulouse, 1998, p. 43.

celle de l'expérience acquise » [31]. Les travailleurs sociaux aussi regrettent que les surveillants ne soient pas mieux formés à la communication, à l'observation et à l'écoute active, afin de mieux apprécier l'urgence d'une situation. Ce problème est évoqué dans de nombreux entretiens eus avec eux au cours de le recherche : *« les surveillants sont tellement en contact avec les détenus qu'ils ne font pas la distance avec les problèmes des détenus et viennent nous faire pression. Ils nous demandent de voir un tel parce qu'il leur casse les pieds, ou un tel parce que c'est un bon détenu »* (entretien collectif, service socio-éducatif, MA).

La formation dispensée par l'ENAP, malgré l'évolution notable accomplie quant à la durée et au contenu, reste lacunaire et trop technique face aux espoirs qu'elle suscite pour une professionnalisation accrue du métier de surveillant de prison, dans la perpective d'une participation effective à la double mission de l'institution pénitentiaire. Il ne serait pas absurde de se demander s'il y a effectivement une volonté de la part du pouvoir politique de rehausser le niveau professionnel et de parfaire la formation des surveillants. Et si celui-ci craignait qu'une formation complète du surveillant n'entraîne une remise en cause tant du système pénitentiaire lui-même que de sa fonction ? Ce qui serait à la fois dangereux et néfaste pour le fonctionnement traditionnel de l'établissement [32]. Dans cette hypothèse, il suffirait de développer chez les surveillants une attitude professionnelle susceptible de combiner à la fois les nouvelles exigences du métier et l'évolution du niveau de formation.

2. *Le professionnalisme naissant des surveillants de prison*

L'allongement de la durée de la formation des surveillants fut pendant longtemps une revendication essentielle des syndicats de surveillants de prison. L'UFAP, le syndicat majoritaire, souhaite son extension à un an. L'enjeu est à n'en point douter de taille pour la reconnaissance sociale du métier. Une telle extension alignerait le

---

31. V. M. TOURBEZ. Surveillant-chef, Paris, *L'Âne, le magazine freudien,* 1985, n°21, p. 54.

32. V. en ce sens, K. LALLIEUX, La formation des surveillants de prison, *In Rev. int. de crim. et pol. tech.* vol XLIV, n°4, 1991, oct-déc. p. 453.

temps de formation des surveillants sur celui des policiers, mais encore elle valoriserait la profession vis-à-vis de l'Administration pénitentiaire et de l'opinion publique, puisque la durée du temps de formation est un élément de valorisation vis-à-vis de l'employeur.

a) Le creuset identitaire des surveillants de prison

L'Ecole nationale d'Administration pénitentiaire est pour les surveillants le lieu où ils viennent apprendre la théorie du métier. C'est là que se forme l'esprit d'équipe, mais surtout le sentiment d'appartenance à un groupe professionnel et une certaine illusion groupale. Il est notoire que l'Administration pénitentiaire est une administration de tradition orale. Au-delà des savoirs écrits, la culture du métier passe par toute une série d'anecdotes, de mythes et d'auto-dérisions que les surveillants se racontent entre eux. L'école étant mixte, il arrive fréquemment que des cursus de formation débouchent sur des demandes d'affectation de couples. L'endogamie professionnelle n'épargne guerre la famille pénitentiaire. Mais l'école est surtout l'endroit où se joue l'avenir professionnel, puisque la formation est sanctionnée par une évaluation. Les plus méritants de la promotion auront la chance de choisir leur lieu d'affectation. Ils peuvent ainsi commencer la carrière dans leurs régions d'origine. Cet avantage n'est pas mince, car pour les autres jeunes surveillants, le combat pour le rapprochement régional ou familial sera très long. L'ENAP étant en outre organisée autour de quatre sections consacrées à la formation des différentes catégories de personnels, elle pousse malgré elle les différents groupes à affirmer leur identité, à se souder sans se mélanger aux autres. C'est également à l'école que commence à prendre corps les différents conflits inter-catégoriels, comme l'illustre les propos suivants : *« Il y a des éducateurs qui méprisent les surveillants parce que à l'ENAP notre formation dure 2 ans, on voit passer au moins 3 promotions de surveillants. Au fil de la formation la distance s'agrandit avec les promotions suivantes »* (CIP, CD hommes).

b) *Vers une formation optimale des surveillants de prison*

L'analyse du programme de formation des surveillants montre qu'il a connu des aménagements notables pour permettre aux surveillants de s'adapter à la fois aux évolutions de leurs missions et à la nouvelle conception de la peine privative de liberté. Pourtant les surveillants interrogés au cours de cette recherche jugent à 69% insuffisante leur participation à la mission éducative. Ils invoquent deux raisons à cette situation : le manque d'effectifs et le manque de formation. Il est vrai que les contingents qui sont sortis aujourd'hui de l'ENAP, avec une formation de huit mois, ne représentent qu'un faible pourcentage [33] du personnel, mais l'hypothèse selon laquelle le sentiment d'une formation insuffisante ou lacunaire est partagé par la presque totalité des surveillants, y compris ceux qui ont eu une formation de huit mois, peut être avancée. Une telle hypothèse permet d'esquisser ce que devrait être une formation optimale des surveillants de prison. G. De Coninck [34] propose un programme de formation des surveillants en cinq points et en étroite relation avec la pratique et dont les axes de cours sont les suivants : axe du savoir ; axe du savoir faire ; axe du savoir-être ; axe de connaissance de soi ; axe de découverte et d'échanges au plan national et international [35]. Ce programme ambitieux proposé par G. De Coninck vise les objectifs de formation professionnelle suivants :

- comprendre le cheminement de la personne arrêtée afin d'assurer sa prise en charge jusqu'à sa libération, voire au-delà ;

- familiariser le stagiaire avec les techniques sécuritaires et d'aide afin de lui permettre une pratique adéquate ;

- aider le stagiaire à se connaître, à modifier ses attitudes et renforcer ses ressources internes afin de pouvoir gérer les situations difficiles ou conflictuelles ;

---

33. V. E. BOURGEOIS, La surveillance : une profession en mal d'identité, *op. cit.*, p. 22.

34. V. G. DE CONINCK, La formation du personnel de surveillance des établissements pénitentiaires, *op. cit.*, pp. 200-201.

35. Pour le contenu de ces axes, V. P. MBANZOULOU, Thèse, *op. cit.*, p. 179.

- aider le stagiaire à mieux percevoir sa réalité personnelle, ses désirs ou rejets ;
- élargir la vision du stagiaire de sa fonction.

Une telle formation serait idéale, mais exige beaucoup plus de temps de formation que huit mois. Or, l'Administration pénitentiaire a l'obligation de former deux promotions par an. Même si cette obligation n'est pas forcément un obstacle sérieux, envisager la formation sur la base de ce programme exigerait trop d'efforts, en terme budgétaire et surtout une augmentation du niveau initial des élèves surveillants. Le programme de formation des surveillants de prison devrait tendre à leur donner une double culture professionnelle qui s'appuie sur les versants juridiques et criminologiques. Sur le plan juridique, la formation des surveillants de prison doit viser les domaines des droits de l'homme en prison [36], les notions d'état de droit et de liberté. Il s'agit, comme l'indique G. Casadamont, de « montrer aux surveillants qu'il n'est de justice que dans le cadre constitutionnel d'un Etat de droit... Montrer que dans un Etat de droit le principe est la liberté et, l'enfermement l'exception... Que seule l'autorité judiciaire, gardienne de la liberté individuelle, a qualité pour décider l'incarcération d'un sujet de droit. Qu'un engagement de responsabilité pénale impose au détenu des devoirs, mais ne lui ôte pas tout droit, qu'il ne devient pas « objet » pour autant et notamment pas objet de propriété » [37]. Il est souhaitable que la formation dispensée à l'ENAP permette aux surveillants d'intégrer l'impératif de respect de la dignité humaine des détenus, parce qu'êtres humains à part entière et sujets de droits [38]. L'application des droits de l'homme en prison est un champ de réflexions très riche qui pourrait permettre de revaloriser le travail du surveillant et surtout lui permettre de forger vis-à-vis des détenus une attitude équitable et ferme, très bénéfique pour le climat en

---

36. Voir l'intéressante étude réalisée par D. BIBAL-SERY sur la jurisprudence de la Cour européenne et la Commission européenne des droits de l'homme, applicable aux personnes privées de liberté, *In* Bibal-Sery, *Prison et droits de l'homme*, Direction de l'AP, SCERI, 1995, 175 p.

37. V. G. CASADAMONT, Les prisons de demain : être surveillant différemment ?, Paris, Vaucresson, *Actes, les cahiers de Vaucresson*, 1984, n°45/46.

38. V. C. BARANDARD, L'ENAP modèle de la prison du futur, *Service Public*, Novembre 1993, p. 30 et s.

détention et pour la mission éducative des surveillants. Sur le plan criminologique, la formation des surveillants devrait les amener à comprendre l'ensemble des conditions de production et de reproduction de la délinquance [39]. Il conviendrait de sensibiliser les surveillants à la double lecture nécessaire face à tout acte de délinquance : la violation de la loi pénale par un individu particulier [40], dans un contexte social particulier. Cette double lecture rendra possible l'attitude équitable et ferme du surveillant face au détenu ; ce qui, doublé d'une formation à l'écoute active, permettrait à la mission traditionnelle de garde du personnel de surveillance de « s'accompagner aussi d'une mission d'ordre social dont l'objectif est de faire en sorte que les temps de détention ne soient pas des temps morts dans la vie de femmes et d'hommes destinés à revenir un jour dans la cité » [41]. D'où la nécessité de compléter cette formation initiale par une formation continue des surveillants, afin de les adapter à ces nouvelles évolutions de leur métier.

---

39. V. G. PICCA, *La criminologie*, P.U.F., Coll. Que sais-je ?, Paris, 1983, p. 123 et s. ; V. ég. R. CARIO, La formation en criminologie dans les Universités françaises, *In* R. CARIO, A.M. FAVARD & R. OTTENHOF (Dir.), *Profession criminologue. Spécialisation ou professionnalisation ?*, Actes du XVIIIème congrès de l'Association française de criminologie, Ed. Erès, Coll. Criminologie et sciences de l'homme, Toulouse, 1994, pp. 75-109 ; E. DURKHEIM, *De la division du travail social* (1893), P.U.F., Coll. Quadrige, 3è éd., 1994, p. 35 et s., 125 et s. ; M. KILLIAS, *Criminologie*, Ed. Staempfli et Cie, Berne, 1991, p. 34 et s. ; S. FREUD, *Totem et tabou* (1913), Ed. Payot, 1965, Petite Bliothèque, 243 p. ; V. ég. J. PINATEL, *Traité de Criminologie*, Ed. Dalloz, Tome III,1975, p. 279 et s.

40. V. en ce sens, R. CARIO, Le délinquant, acteur social. Concept opérationnel en criminologie ?, *R.S.C.*, 1991, n°4, pp. 826-832 ; du même auteur, Pour une approche globale et intégrée du phénomène criminel, *op. cit.*, p. 66 et s. ; V. ég. A. TOURAINE, *Le retour de l'acteur. Essai de sociologie*, Ed. Fayard, 1984, 350 p. ; *Adde*, F. DUBET, *Sociologie de l'expérience*, Ed. du Seuil, 1994, 277 p. Comp. *Acteur social et délinquance. Une grille de lecture du système de justice pénale*, Hommage à C. DEBUYST, Ed. Marrdaga, Bruxelles, 1990, 475 p

41. Allocution prononcée par Monsieur BADINTER, Ministre de la justice, Garde des Sceaux, à l'ENAP le 1er décembre 1981.

B - La formation continue des surveillants de prison

Les missions des personnels pénitentiaires ont énormément évolué et font appel à des compétences de plus en plus diversifiées. La question de l'adaptation à ces évolutions et aux nouvelles fonctions est une préoccupation de l'Administration pénitentiaire. C'est la raison pour laquelle fonctionne à l'ENAP, une section de formation continue et de promotion sociale. Cette section assure la formation continue de l'ensemble des personnels. Elle propose des programmes et séminaires de perfectionnement, des stages spécifiques ou stages multicatégoriels, dans le but d'accroître le professionnalisme des agents. Pourtant, la formation continue ne semble toujours pas motiver les surveillants, au grand regret des gradés formateurs. Il y a deux raisons à cette attitude : la pression du groupe des pairs et l'absence de sens des formations proposées.

1. La pression du groupe des pairs

« La formation continue n'est pas gratifiante. Quand il y a une formation, il faut voir les agents individuellement, jamais en groupe. Les surveillants ne viennent jamais me voir pour solliciter une formation. Il faut toujours distinguer entre celui qui est volontaire pour échapper à la détention de celui qui est réellement motivé » (gradé formateur, CD hommes). Ces propos illustrent bien les problèmes soulevés par la formation continue des surveillants de prison : celui d'une demande quasi inexistante. *« Surtout ne vient pas nous embêter avec ta formation, on est bien dans notre système »* s'entendent dire les gradés formateurs lorsqu'ils ont des formations à organiser ou à proposer. Effectivement, chaque fois qu'un surveillant part en formation, il fait *« sauter les repos des autres »*. Le nombre insuffisant de personnel de surveillance provoque une modification substantielle du planning suite à un départ d'un surveillant en formation. Or, les surveillants tiennent à leurs repos, qui sont pour eux autant d'occasions d'évasion de la détention. Les repos interviennent tous les six jours [42]. Il y a d'abord

---

42. La semaine de travail d'un surveillante se présente de la façon suivante : soir-soir-matin-matin-nuit-repos de garde-repos hébdomadaire.
Matin : 6h30 à 13h ;Soir : 13h à 19h30 ;Nuit : 19h30 à 6h30.

le repos de garde [43], le repos hebdomadaire et éventuellement, un troisième repos, en fonction du nombre d'heures cumulées par le surveillant. Ces repos sont attendus avec une telle impatience par tous les surveillants qu'il devient difficile d'organiser des formations. Les surveillants n'en demandent pas. Ils ne veulent surtout pas « *se mettre les collègues sur le dos* ». La solidarité entre surveillant est écrasante dès qu'il s'agit de formation. En effet, lorsque les surveillants sont enfin décidés à suivre une formation, ils redoutent leur retour à l'établissement. Ils savent très bien que les collègues qui ont perdu leurs repos sont mécontents. Ils auront à faire face à leur regard réprobateur. Surtout que partir en formation continue est perçu par les autres comme prétexte pour fuir la détention, « *chercher une planque, le club méd.* », comme ils aiment à le dire. Le surveillant qui part en formation trahi le groupe. Il est perçu comme une menace à la cohésion de celui-ci, à la nécessaire solidarité dans le groupe [44]. Force est de constater que le monde pénitentiaire est divisé en plusieurs groupes, aux intérêts souvent opposés. Il y a le groupe des gradés, le groupe des détenus, le groupe des personnels administratifs et de direction, le groupe des éducateurs. Tous ces groupes fonctionnent (inconsciemment) selon une idéologie égalitariste qui dénie toute différence à l'intérieur du groupe, afin d'éviter tout ce qui pourrait donner matière au développement de conflits ou de rivalités entre les membres. La formation continue fausse le clivage du transfert entre le groupe, considéré comme le bon objet, et l'extérieur considéré comme le mauvais objet. Ce qui fait que le surveillant qui quitte son groupe (de surveillants) pour une formation à l'intérieur d'un autre groupe (de formation) devient à son retour le bouc-émissaire à l'intérieur du groupe des surveillants. Les mauvais sentiments que les surveillants nourrissent à l'égard des autres groupes se reportent sur lui. D'où l'absence de désir d'aller en formation continue, car le groupe est un objet de plaisir dont on ne veut pas se priver, surtout, un objet de

---

43. Les surveillants ne le considèrent pas comme un repos, puisque, disent-ils, ils ont travaillé jusqu'au matin. Ce qui signifie que le repos a été largement entamé de minuit à six heures.

44. V .J. BARUS-MICHEL, *Le sujet social. Etude de psychologie sociale clinique*, Paris, Dunod, 1987, p. 25 et s.

sécurité, protecteur contre l'angoisse persécutive [45] (crainte d'être détruit). Les surveillants l'expriment bien : « *La formation continue a un sens si elle est égale pour tous (6 jours par an selon la loi). La formation se fait par module, mais elle est injuste. Le module peut être renouvelé une ou deux fois, mais ce ne sera qu'un surveillant qui va en bénéficier et ce n'est rien à côté du nombre de surveillants. Quand les surveillants qui vont en formation font sauter les repos des autres, c'est mal vu par les agents* ». Ces propos en disent long sur les mécanismes inconscients ci-dessus évoqués, mais surtout sur l'absence de sens de la formation continue au regard des surveillants.

2. *L'absence de sens de la formation continue*

Quel sens donner à la formation continue des surveillants sachant que ces derniers n'arrivent pas à trouver un sens à leur métier, un aspect positif à leurs pratiques quotidiennes ? « *On ne fait qu'ouvrir ou fermer les portes... Je ne vois pas d'évolution possible du métier. Tant qu'il y aura des grilles le travail restera le même* » (Surveillante CD mixte). Dans ces conditions, pourquoi partir en formation continue si le métier n'est perçu que comme se limitant à ouvrir ou à fermer les portes ? Au total, l'argument officiel qui consiste à présenter la formation continue comme devant permettre l'adaptation du personnel de surveillance aux évolutions actuelles du métier, n'accroche pas puisque les surveillants ne sont pas plus motivés pour autant. Les discours officiels sur les missions de protection de la société des surveillants de prison n'atteignent pas, pour ainsi dire, leur but. Tout au plus, ils contribuent à discréditer les surveillants, conscients de l'étroite limitation de leur rôle à l'intérieur du système pénitentiaire : « *Nous manquons de moyens en termes d'effectifs, le surveillant a en charge 80 détenus en moyenne par étage, ceci fait que le travail se résume à ouvrir et fermer des*

---

45. Pour approfondir l'application de la psychanalyse aux groupes, V. not. : J. BARUS-MICHEL, *op. cit.*, pp. 122-127 ; D. ANZIEU, *Le groupe et l'inconscient*, Paris, Dunod, 1981 ; D. ANZIEU. & al. *Le travail psychanalitique dans les groupes*, Paris, Dunod, 1972 ; D. ANZIEU & Y. MARTIN. *La dynamique des groupes restreints*, Paris, PUF, 1986 ; R. KAES . & al., *L'institution et les institutions*, Paris, Dunod, 1988.

portes. Si on mettait un surveillant de plus dans les étages, il y aurait du temps pour discuter avec les détenus. Comme il y a beaucoup d'intervenants extérieurs (avocats, visites, ateliers, etc.) il y a surcroît de travail pour le surveillant » (Surveillant MA hommes). Ceux qui n'ont jamais franchi les portes d'une prison ne peuvent se représenter le nombre de portes et de grilles que les surveillants de prison doivent sans cesse manœuvrer, la quantité de mouvements des détenus qu'ils accompagnent, les vérifications, les fouilles et les inspections qu'ils assurent. Le problème de la formation continue des surveillants est miné par cette question d'effectifs du personnel de surveillance. A terme, l'argument relatif à l'insuffisance du personnel s'assimile à un véritable mécanisme de défense de la part des surveillants. Ils s'enferment dans la routine, toujours plus rassurante. Il convient alors de briser ce cercle vicieux dans lequel les surveillants se sont laissés enfermés et, dans lequel tout le monde se complaît à s'enfermer, y compris le pouvoir politique. A savoir : vouloir être ou faire du surveillant autre chose qu'un porte-clés et refuser les moyens nécessaires à cette ambition. La formation continue des surveillants en est une condition, encore faut-il pour cela lui donner un sens. Les droits de l'homme en prison constituent un chantier qui pourrait être source de motivation pour les surveillants de prison. Les surveillants de prison doivent être en effet formés au respect de la dignité humaine des détenus, afin que ces derniers ne soient plus regardés comme des « damnés » [46], mais comme des êtres humains qui ont besoin d'être aidés par la collectivité [47].

Les surveillants sont enfermés dans leurs habitudes professionnelles. Ils ont *du métier* pour reprendre leur expression. Si la formation continue ne sort pas des sentiers déjà battus depuis plusieurs années, les surveillants n'en verront pas l'utilité, puisque la formation théorique est par nature toujours décalée de la pratique. Pour être crédibles, les programmes de formation continue mis en place par les directions régionales ou autres organismes, devraient en

---

46. V. P. BOUCHER, *Le ghetto judiciaire*, Grasset, Coll. Pouvoir et Justice, Paris, 1978, 285 p.

47. V. en ce sens, F. GRAMATICA, *Principes de Défense Sociale*, Ed. Cujas, Paris, 1963, 312 p. ; V. ég. G. LEVASSEUR, Sociologie criminelle et défense sociale, *R.S.C.*, 1957, p. 301 et s.

premier lieu concernés les besoins exprimés par les surveillants. Or, ces besoins en terme de formation, concernent beaucoup plus leur participation à la mission éducative de la prison. Dans ces conditions, les programmes de formation continue doivent donc donner la priorité aux stages de personnalité et relations humaines (connaissance de soi, connaissance de l'autre, communication, gestion de stress) et à la réflexion sur l'action pénitentiaire relativement aux droits de l'homme. Un tel programme tranche avec la routine quotidienne et permet aux surveillants d'avoir un regard positif sur leurs relations avec les détenus. La formation à la relation a une telle importance que « les participants espèrent non seulement se connaître mieux, mais être mieux acceptés, mieux reconnus » [48]. Les surveillants n'en demandent pas moins : *« en 21 ans de travail je n'ai fait qu'un seul stage de communication (GRETA) »* (Surveillant MA hommes). D'autant plus que la réalité carcérale [49] requiert un éclairage théorique permanent.

§ 2 : L'épreuve de la réalité carcérale

Si la théorie du métier de surveillant s'acquiert à l'ENAP, c'est en établissement pénitentiaire que le surveillant ainsi formé doit mettre en application ce savoir, afin d'éclairer sa pratique. Pendant la formation, l'élève a pu se représenter son travail, ses relations avec les détenus, la hiérarchie et les collègues. Très souvent cette représentation procède d'une idéalisation de la fonction, des missions et surtout du rôle des surveillants. Le monde carcéral est perçu comme simple : il y a d'un côté les surveillants et de l'autre les détenus ; et entre les deux, le règlement intérieur. Les jeunes recrues s'imaginent qu'il suffirait d'appliquer ce qui a été appris à l'école et le règlement intérieur pour que la mission soit accomplie. Mais très vite la réalité carcérale s'impose à eux de façon souvent brutale. Le jeune surveillant découvre alors que son travail n'est pas aussi simple qu'il l'imaginait. Que le monde carcéral qu'il croyait bipolaire ne l'est pas forcément, car il aura beaucoup de mal à savoir de quel côté se situe

48. V. J. DEJEAN, *op. cit.*, p. 39.

49. V. N. HERRENSCHMIDT, P. MOUNAUD, *Carnets de prisons. Le tour des prisons de France*, Albin Michel, 1997 (pages non numérotées).

réellement la hiérarchie, du leur ou du côté des détenus. Quoi qu'il en soit, le jeune surveillant découvre très vite que le règlement intérieur ne suffit pas à régler les problèmes de la détention. Que parfois il doit s'en affranchir dans l'intérêt du service, *« pourvu de ne pas faire de vagues »*. Il découvre aussi que chaque bâtiment a ses particularités et chaque établissement sa réalité. Commence alors pour lui une autre formation, la formation de terrain. Celle-ci génère un savoir-faire et un savoir-être indispensables au bon fonctionnement de l'établissement. De tels acquis professionnels contribuent au bon déroulement de la carrière et à la prise de responsabilités par les surveillants de prison dans l'établissement pénitentiaire.

A - L'acquisition du "métier" de surveillant de prison

Le métier de surveillant de prison est un métier de la loi, un métier du regard et un métier du contact. Le surveillant doit apprendre à naviguer entre les prescriptions légales et réglementaires, à maintenir une vigilance toujours accrue et une attitude équitable et ferme envers les détenus, pour parvenir à la contention de la détention [50]. Chaque surveillant doit trouver, en fonction de ses ressources personnelles, le pas qu'il faut, le moment qu'il faut et le mot qu'il faut pour chaque situation à laquelle il doit faire face et à tout problème qu'il sera amené à résoudre en détention. Aujourd'hui le surveillant, pour bien gérer la détention, n'a plus besoin du « *bâton* », mais d'autres repères pour *« apprendre à dire oui quand il faut dire oui et non quand il faut dire non »*(Surveillant, CD 13 000).

1. Les repères des surveillants en détention

Lorsque le jeune surveillant arrive en détention, il découvre vite que les éléments institutionnels qui lui ont été présentés comme devant orienter son action dans ce milieu ne sont pas toujours dans la pratique des alliés sûrs. Il doit se forger ses propres repères dans sa

---

50. V. en ce sens, A. CHAUVENET, F. ORLIC, G. BENGUIGUI, *Le monde des surveillants de prison*, Paris, PUF, 1994, p. 65 et s.

relation avec la population pénale, mais également dans l'application du règlement intérieur.

a) Les détenus

« *Il y a un paramètre important : il y a les détenus et les surveillants ; ça ne se mélange pas* »(Surveillant, MA). Cette phrase est une rengaine. Les élèves surveillants l'ont entendue maintes fois. Elle fait partie des réalités que véhicule la culture orale qui caractérise l'institution pénitentiaire depuis plus de deux siècles. Elle sonne comme une mise en garde et appelle à la nécessaire solidarité entre surveillants [51]. Le surveillant doit en effet s'insérer dans le groupe de ses pairs et agir selon un mode de pensée collectif. C'est au prix de cette intégration dans le groupe que le surveillant est reconnu comme *bon élément* par les autres, au contraire du *mauvais élément* que serait le surveillant *pro-détenu*. En observant les autres travailler, le jeune surveillant va trouver parmi les attitudes et valeurs de ses pairs, celles qui lui conviennent et celles qui ne lui conviennent pas. Ce savoir-faire et/ou ce non savoir-faire des autres va lui servir de base à l'élaboration de « *sa propre manière de travailler et ses propres trucs* » (Entretien collectif, Surveillants CD hommes). Le contact avec la population pénale peut également être source d'apprentissage. C'est ainsi que le détenu ayant une certaine ancienneté carcérale peut « assister » utilement le jeune surveillant dans l'organisation temporelle de son service, dans ses déplacements dans le labyrinthe constitué par cet espace morcelé, dans l'ajustement de sa relation aux dynamiques propres à chaque unité de vie [52]. La dimension numérique dans le rapport avec les détenus fonctionne comme une soupape de sûreté contre toute velléité de trop se lier aux détenus. Le surveillant est en effet dans un rapport numérique défavorable. Surtout avec l'encombrement endémique des

---

51. Beaucoup d'études sociologiques relèvent une similitude de composition entre le groupe des surveillants et celui des détenus. Cette similitude explique aussi en partie, selon L.M. HOREAU (*op.cit.* p. 37), la violence de certains surveillants à l'égard de la population pénale, insupportable miroir d'eux-mêmes, d'une oppression commune et d'une révolte ensevelie.

52. V. D. LHUILIER, N. AYMARD, *L'univers pénitentiaire, du côté des surveillants de prison,* éd. Desclée de Brouwer, col. sociologie clinique, 1997, p. 219.

établissements pénitentiaires [53]. Il est seul à gérer 50 à 80 détenus à l'étage. Il doit non seulement contenir sa propre peur, mais surtout veiller à ce qu'il ne se fasse pas « *bouffer* » par eux. En réalité, les détenus distingueront toujours la « brute » du « brave type », mais comme le relève L.M. Horeau, « l'un et l'autre seront également réprimés par une administration vigilante et invités à rentrer dans le rang, dans l'uniforme, dans le train-train réglementaire qui guide la conduite du plus grand nombre » [54]. En somme, les surveillants n'ont pas beaucoup de marge de liberté pour imprimer à leur tâche quotidienne une marque personnelle. Le jeune surveillant le découvre au fil des jours et constate bien vite que l'objet de son travail est de trouver un « *numéro d'équilibriste* » entre les prescriptions réglementaires, les recommandations de la hiérarchie et la situation carcérale réelle pour aboutir à la préservation de l'équilibre interne à la détention.

b) Le Règlement intérieur de l'établissement pénitentiaire

« *C'est une fumisterie. C'est fait pour se couvrir. On sait pertinemment que si on l'appliquait la prison exploserait* » (entretien collectif, CD hommes).

Les surveillants entretiennent une relation passionnelle avec le règlement intérieur. Celui-ci symbolise l'omnipotence paternelle, représentée ici par la hiérarchie et plus particulièrement le directeur, et contre laquelle tout enfant doit se rebeller pour affirmer sa propre personnalité. Or, le règlement intérieur [55] est établi par le Chef d'établissement et soumis, pour avis, au juge d'application des peines. Toute modification doit être transmise pour approbation au directeur régional. Il est communiqué à la commission de surveillance. Les surveillants surenchérissent : « *le règlement intérieur est dépassé. On n'arrive pas à travailler intelligemment.*

---

53. V. D. PERIER DAVILLE, Le problème de la sécurité dans les prisons, *Gaz. Pal.*, 17 nov. 1992, p. 864 et s. ; V. ég. J.P. CÉRÉ, *Le contentieux disciplinaire dans les établissements pénitentiaires français à l'aune du droit européen*, Thèse, Université de Pau et des pays de l'Adour, 1998, p. 159 et s.

54. V. L.M. HOREAU, *op. cit.*, p. 35.

55. Selon l'article D 255 CCP, le règlement intérieur détermine le contenu du régime propre à l'établissement.

On est plus professionnel que ce que l'on veut bien nous faire passer » (Entretien collectif, CD hommes). Ils soulèvent là les aspects de cette révolte contre l'image paternelle, archaïque et infantilisante. Le règlement intérieur instumentalise en effet le travail des surveillants. Il exige d'eux d'être des exécuteurs dociles de décisions qui leur échappent et dont ils sont les témoins quotidiens de l'inapplicabilité. Les surveillants de prison sont effectivement des professionnels de la détention. Ils réclament à juste titre d'être associés à l'élaboration du règlement intérieur. Or cela n'est pas prévu. Et c'est regrettable, puisque les surveillants connaissent bien les différents aspects de la vie carcérale. Ils pourraient donner des avis pertinents. Ils permettraient ainsi d'éviter les contradictions et les aberrations rencontrées dans la pratique quotidienne en prison et qu'ils dénoncent sans cesse.

Le problème que pose le règlement intérieur aux surveillants de prison est d'abord celui de l'absence de marge d'initiative. Il génère auprès d'eux moult frustrations. Ainsi, 47,5% des surveillants interrogés au cours de cette recherche estiment qu'ils ne peuvent pas prendre des initiatives dans leur métier, car *« c'est mal vu par la hiérarchie ».* Le règlement intérieur et les différents textes qui régissent la vie carcérale (circulaires, consignes, directives) décrivent trop dans le détail ce que les surveillants ont le droit de faire et de ne pas faire. Cela tend à les inhiber dans leurs actions, car quelle que soit l'étendue du règlement intérieur, il ne pourra jamais énumérer et prévoir toutes les situations. Le résultat est décrit par les surveillants de prison comme un *« bordel où chacun fait ce qu'il veut. Chacun tire la couverture à soi. L'un accorde et l'autre dit non »* (Entretien collectif, surveillants CD). Les textes devraient s'attacher à définir un cadre juridique sur ce que les surveillants ont le droit de faire et de ne pas faire, fixer les objectifs clairs et laisser les surveillants libres d'utiliser les moyens convenant à leur tempérament et à leurs ressources pour obtenir les objectifs ainsi dégagés [56].

Pour le nouveau qui arrive dans la profession, le règlement intérieur est une véritable cause de perte de repères et aussi de confiance en soi. Le surveillant vit dans une véritable peur de la faute professionnelle, peur de l'incident, peur du regard des autres. Il

---

56. V. en ce sens E. BOURGEOIS, *op. cit.,* p. 40.

n'ose plus rien faire puisque, quoi qu'il fasse, il ne le fera jamais aussi bien que l'aura prévu le règlement intérieur et les autres textes. Le surveillant, lui, est en face d'une situation réelle, humaine, dans une relation généralement conflictuelle, alors que les rédacteurs des textes réglementaires, étaient, eux, dans une situation plus virtuelle, plus représentationnelle. Le règlement intérieur serait, pour ainsi dire, à la base des « trois geôles des gardiens de prison » décrits par L.M. Horeau : le mépris, la routine et la peur. Il participe de fait à la démotivation du personnel de surveillance : « *Imaginez-vous qu'on vous dise tous les jours faîtes-ci, faîtes ça et vous ne pouvez pas poser de questions. Les surveillants sont désabusés, blasés au bout d'un an de travail* » (Surveillante CD mixte).

Les jeunes surveillants sont moins usés par la routine, par le métier. Ils travaillent sans avoir de recul sur le risque mesuré ; ils appliquent le règlement intérieur à la lettre. Une telle pratique conduit au désenchantement invoqué ci-dessus. Celui-ci génère un mépris de soi, un mépris du métier et une résignation. Là, le jeune surveillant réalise que tous les pis-aller auxquels il avait recours ne tiennent plus. L'auto-dérision devient le mécanisme de défense par excellence sur fond d'humour qui cache mal la douleur : « *Nous ne sommes que des porte-clés... * » ou « *Un éducateur fait de la réinsertion, un surveillant fait de la répression (porte fermée, application du règlement) comment dans ces conditions peut-on être considéré comme un éducateur. De plus, les éducateurs sont en civil alors que le surveillant porte un uniforme* » (Premier surveillant, CD hommes). Le savoir-faire du surveillant de prison s'acquiert par une sorte de transcendance de cette union de contraires qui caractérise l'univers carcéral. Progressivement, le surveillant parvient à une relative prise d'autonomie et une capacité de recul face à son travail.

2. *La prise d'autonomie professionnelle des surveillants de prison*

Pour aborder ce point au cours de la recherche, l'approche a consisté à poser aux surveillants la question suivante : « avez-vous la possibilité de prendre des initiatives dans votre métier ? Si oui, de quel ordre ? »

Cette question a eu l'avantage de permettre aux surveillants de réfléchir sur leur niveau d'accommodation à leur travail. Il a ainsi été possible d'observer que la première moitié des surveillants préfère ne pas prendre d'initiatives, se conformer aux directives et au règlement intérieur pour ne pas contrarier la hiérarchie. La seconde moitié, 46% des surveillants, revendique quelque autonomie dans la gestion quotidienne de la détention. Au vrai, la prise d'autonomie des surveillants de prison ne s'effectue qu'au détriment des textes qui réglementent la vie carcérale, mais souvent au bénéfice du climat en détention. Elle exige, de la part des surveillants de prison, une réelle connaissance de l'univers carcéral, pour arriver à prendre quelque liberté avec le règlement intérieur et les autres textes. Le surveillant sait par avance qu'en cas de difficulté, il lui sera reproché de n'avoir pas respecté le règlement intérieur. C'est pourquoi les jeunes surveillants sont moins enclins à prendre des initiatives.

Paradoxalement en milieu carcéral, ce ne sont pas toujours ceux qui respectent à la lettre le règlement intérieur et les différentes directives qui sont les plus utiles au bon fonctionnement des établissements pénitentiaires. Pour preuve, les jeunes surveillants sont ceux qui établissent le plus de rapports d'incident. Ce comportement, qui relève pourtant d'une application stricte du règlement intérieur, est mal vu par la hiérarchie, ainsi que par les autres collègues ; car il met en péril le précaire équilibre de la détention. Un tel comportement dénote, par ailleurs, d'un manque de savoir-faire et de savoir-être de la part des jeunes surveillants. Il est l'expression même d'un manque de professionnalisme. Les surveillants anciens dans *la pénitentiaire* trouvent même du plaisir à exercer leur métier, car ils arrivent à s'aménager une marge d'autonomie qui leur permet d'être plus que des simples exécutants et d'imprimer leurs marques personnelles dans les situations auxquelles ils ont à faire face. Ce plaisir vient surtout de ce que ces surveillants n'ont plus l'impression de subir les événements, mais d'agir sur eux. Ils arrivent à évaluer les situations, à anticiper les réactions, à arrêter des décisions, sans avoir à « *ouvrir systématiquement le parapluie* ». Ils ont ainsi le sentiment d'être utiles [57]. La prise d'initiatives est une revendication permanente des surveillants.

---

57. Sur cette question, V. D. LHUILIER, *op. cit.*, pp. 250-251.

« *Laissez-moi prendre des initiatives, dites-moi aussi que je suis capable de faire quelque chose, dites-moi aussi que ce que je fais est bon, que j'ai un savoir, venez voir si ce que je fais est bon ou non, demandez-moi mon avis* » (Surveillant CD hommes). On peut aisément constater que la question de prise d'autonomie a aussi pour corollaire la reconnaissance sociale, qui est la revendication principale des surveillants de prison. Or, la prise d'initiatives suppose l'acceptation d'un certain risque et d'une certaine responsabilité. Les surveillants de prison ont plus ou moins du mal à assumer. Ils préfèrent s'adresser à la hiérarchie pour ne pas avoir à rendre compte en cas de difficulté. La peur de l'incident et surtout de la faute professionnelle explique une telle attitude. D'où une étroite limitation de leur rôle à l'intérieur du système pénitentiaire. La hiérarchie en profite pour ne pas laisser aux surveillants la possibilité de prendre des initiatives, hormis celles inhérentes à la bonne exécution de la tâche à accomplir. En réalité, cette situation est entretenue par les membres de la hiérarchie et par les surveillants eux-mêmes. Les premiers confortent ainsi leur pouvoir par une gestion discrétionnaire des informations, obligeant ainsi le surveillant à toujours s'adresser à eux pour répondre à une demande d'un détenu ; parfait moyen de contrôle sur l'un et sur l'autre. Mais les surveillants y trouvent aussi leur compte, puisqu'ils restent à l'abri de tout problème vis-à-vis du détenu ou de la hiérarchie. Le comble est que les surveillants ont très vite compris l'importance de détenir l'information dans une prison. A partir du moment où ils communiquent à la hiérarchie des informations qu'ils détiennent, c'est le pouvoir qu'ils donnent en même temps. Alors ils préfèrent ne donner que les informations qu'ils veulent bien donner.

Une telle situation a de graves conséquences. Elle freine la circulation de l'information de la base vers le sommet. Dans un système pyramidal comme celui de l'institution pénitentiaire, la rétention de l'information est de nature à fragiliser le sommet. Elle comporte par conséquent, le risque d'écroulement de tout le système. Surtout que les informations retenues ne sont pas toujours utilisées pour le bon fonctionnement du service. Les chefs d'établissements pénitentiaires ont perçu le danger. Ils essayent de rattraper les informations perdues en organisant des audiences avec les détenus, afin de s'informer directement auprès d'eux du climat en détention.

Une telle situation génère bien de désordres dans les établissements. Les détenus constatant que les surveillants n'ont pas la possibilité de trancher sur une question donnée choisissent d'aller voir directement les *chefs*. Et ils obtiennent gain de cause. Les *chefs* ne les renvoient pas aux surveillants qui sont censés être leurs premiers interlocuteurs. Se développe à ce moment là, chez les surveillants, un sentiment de trahison de la part de la hiérarchie. Or, tout le monde y perd : la hiérarchie qui par cette proximité trop fréquente avec les détenus se prive de l'autorité nécessaire pour un arbitrage en cas de conflit entre surveillants et détenus ; l'Administration pénitentiaire qui laisse se développer une méfiance entre la hiérarchie et la base ; le surveillant qui se marginalise encore un peu plus et s'enfonce dans le désenchantement, enfin les détenus qui se privent ainsi de l'aide que pourraient leur apporter des surveillants épanouis et heureux dans leur travail. Toutefois, la hiérarchie a tout intérêt à laisser les surveillants prendre des initiatives. Au pire, ils les blâmeront et affirmeront ainsi leur autorité, au mieux ce sera à eux que reviendront les gratifications lorsque le personnel de base se sera bien investi dans l'accomplissement de ses missions quotidiennes. D'autant plus que les « fondements psychologiques de l'autorité authentique s'appuient à la fois sur la compétence technique et la sensibilité. La première agit au profit de l'efficacité, la seconde au profit de l'humain » [58]. Si les surveillants de prison perçoivent au niveau de leur hiérarchie cette double finalité, ils s'investiront davantage dans la relation avec les membres de celle-ci et par conséquent, dans leur travail. Dès lors, le pouvoir [59] de la hiérarchie sera non seulement accepté, mais il dépassera largement celui qui s'enferme strictement dans une relation hiérarchique [60]. La situation est cependant variable en fonction du type d'établissement (maison centrale, centre de détention, maison d'arrêt). Dans leur étude sur le personnel de surveillance des établissements pénitentiaires,

---

58. V. R. CHAPPUIS, *La psychologie des relations humaines*, P.U.F., Q.S.J., 1986, p. 72.

59. Pour une compréhension du terme de pouvoir, V. not., J. BARUS-MICHEL, *Le sujet social. Etude de psychologie sociale clinique*, Dunod, 1987, pp. 56-69.

60. V. R. CHAPPUIS, *op. cit.*, p. 73.

A. Chauvenet et collaborateurs [61], ont pu constater que la centrale se caractérise par « l'existence d'une continuité hiérarchique » beaucoup plus forte qu'ailleurs, allant de pair avec une grande centralisation de l'autorité et une circulation plus rapide de l'information. Les surveillants y disposent de moins d'autonomie qu'ailleurs dans l'exécution de leurs tâches, étant plus collés aux ordres et consignes donnés au jour le jour. Le centre de détention, selon eux, se situe par rapport à la centrale dans la situation la plus éloignée, les maisons d'arrêt occupant une position médiane entre ces deux extrêmes. Ainsi, dans les centres de détention les surveillants ont plus d'autonomie dans leur travail, la hiérarchie y pratiquant une politique de laisser-faire. Mais la réalité professionnelle quotidienne des surveillants de prison reste encore éloignée de l'ambition de responsablisation de ces derniers affichée par la circulaire du premier ministre du 23 février 1989 relatif au renouveau du service public pénitentiaire.

B - La responsabilisation des surveillants de prison

L'Administration pénitentiaire reconnaît que rien ne peut se réaliser dans les établissements pénitentiaires si les surveillants n'y sont pas associés. Ce souci de les impliquer encore plus au bon fonctionnement des établissements a abouti au concept de projet. Il s'agit d'améliorer les conditions de travail et le bien-être des personnels, de lier les objectifs de la hiérarchie aux objectifs sociaux, de transformer le rapport de soumission à la direction, bref, d'horizontaliser l'institution par le bas [62]. Aujourd'hui, ce souci de responsabilisation est pris en compte dans le projet d'exécution de peines (PEP) [63]. Cependant, tous ces projets ne sont encore qu'au stade des bonnes intentions. Les chefs d'établissements n'ont toujours pas délégué aux surveillants les domaines sur lesquels s'exercerait une responsabilité propre sans contrôle *a priori*, comme l'indiquait la politique pénitentiaire dégagée en 1989 dans le cadre de la

---

61. A. CHAUVENET et al. *op. cit.*, 1992, pp. 34-35.
62. V. E. BOURGEOIS, *op. cit.*, p. 41.
63. V. *Infra*, Chapitre 4.

modernisation du service public pénitentiaire [64] . Le souhait d'organiser des « sphères de responsabilité » afin de motiver les agents, de leur permettre de s'aménager une marge de manœuvre, attend toujours sa pleine réalisation. De même l'ambition de calquer l'administration pénitentiaire sur l'évolution de la politique d'entreprise, afin de fonctionner avec des « acteurs-créateurs » [65], préparés dans leur vie professionnelle à « vivre une aventure personnelle » les impliquant davantage au fonctionnement de l'entreprise, n'est pas encore réalisée. Une telle insuffisance de responsabilisation des surveillants de prison a un impact négatif sur l'accomplissement de leurs missions dans les établissements pénitentiaires, alors qu'elles requièrent de leur part plus d'autonomie et plus de capacité de décision.

Section II : Les missions des surveillants de prison

Les missions des surveillants de prison sont définies par le code de procédure pénale et plus précisément par le décret du 21 septembre 1993, en ces termes : « le personnel de surveillance de l'administration pénitentiaire participe à l'exécution des décisions et sentences pénales et au maintien de la sécurité publique. A ce titre, il assure la garde des personnes incarcérées, est associé au traitement de la peine et son individualisation et participe aux actions de réinsertion ». Cette définition des missions des surveillants n'a pas la précision que contenait le décret du 31 décembre 1977 [66] selon lequel : « ...(les surveillants) assurent la garde des détenus, maintiennent l'ordre et la discipline dans les établissements ... et participent aux diverses activités tendant à préparer la réinsertion pénale dans la société ». Quoi qu'il en soit, la définition du décret du 21 septembre 1993 a l'avantage de hiérarchiser de façon claire les missions des surveillants. Il y a d'abord la sécurité publique, présentée comme la principale mission et toutes les autres découlent d'elle : la garde des détenus et la participation aux actions de réinsertion. Les surveillants interrogés sur leurs missions au cours de

---

64. V. "Les séismes de la modernisation", *Rev. sc. crim.*, 1990, p. 146.
65. V. *Rev. pénit.*, 1992, p. 166.
66. Ce décret a été abrogé à compter du 1er août 1992.

cette recherche ont des réponses éloquentes : 38,5% d'entre eux définissent leur fonction exclusivement en termes de garde, de sécurité et de discipline ; 53,5% la définissent en terme de sécurité en mentionnant également le côté relationnel ou de réinsertion ; 8% des surveillants ont préféré ne pas répondre. La sécurité se retrouve au centre de la profession de surveillant de prison, pour le moins, au centre des définitions qu'ils donnent de leurs missions. Ce qui ne signifie nullement une unanimité sur le contenu même de la notion de sécurité, selon que les individus se situent au sommet ou à la base de la pyramide pénitentiaire (§ 1). La mission de réinsertion recouvre essentiellement une définition institutionnelle au travers des activités culturelles et de formation dites de *réinsertion*. Dans la formation des surveillants, comme dans la pratique, la mission de réinsertion occupe une place très modeste. Elle représente le *petit cercle* de leurs missions (§ 2).

§ 1 : *La sécurité en prison : une conception dichotomique*

La notion de sécurité recouvre en prison une dimension très large [67]. Elle concerne à la fois la sécurité de la société, la sécurité des personnels et des bâtiments et la sécurité des détenus. Son application n'est pas simple, car les différents domaines qu'elle touche sont parfois contradictoires. Les réponses des surveillants interrogés sur la signification de la mission de sécurité en prison sont éloquentes : pour 52% d'entre eux « *c'est une mission essentielle, c'est la base de notre métier* », 10,5% des surveillants souhaitent néanmoins qu'elle soit mieux définie. Alors que la conception sécuritaire de l'Administration pénitentiaire est plus administrative, plus réglementaire (A), les surveillants ont en réalité une conception plus pratique de la mission de sécurité en prison. Elle concerne plus exactement la gestion du climat de la détention [68], de son équilibre et de sa « respiration » (B).

---

67. V. E. PECHILLON, *Sécurité et Droit du service public pénitentiaire*, L.G.D.J., 1998, pp. 58-108.

68. Pour une définition de « la détention », V. not. G. CASADAMONT, Les surveillants de détention à l'épreuve, *Rev. de psychologie de la motivation*, n°20, 1995, pp. 107-110.

A - La conception institutionnelle de la sécurité en prison

La conception institutionnelle de la sécurité est une conception périmètrique. Il s'agit pour le surveillant de veiller à l'étanchéité de la prison à partir d'une surveillance de tout instant et à tout endroit : le périmètre de la prison, le périmètre de la détention, le périmètre de l'étage, le périmètre de l'aile, le périmètre de la cellule, le périmètre du corps, le périmètre de la pensée, bref... « le grand cercle » [69]. Cette conception institutionnelle s'appuie sur la stricte application du règlement intérieur et la formalisation des tâches. Elle suppose une gestion uniformisée de la détention et des détenus et une parfaite étanchéité du dedans/dehors [70]. Il s'agirait d'une sécurité maîtrisée, mesurable à travers une série d'indicateurs tels que le nombre d'évasions, de tentatives d'évasion, d'agressions, de mouvements collectifs, de suicides, dont le niveau zéro serait l'objectif principal de la mission sécuritaire de la prison et particulièrement des surveillants. C'est ce que B. Prevost, Directeur de l'Administration pénitentiaire, appelle « l'impératif de réussite » [71], car l'opinion publique et le pouvoir politique n'accordent à l'Administration pénitentiaire qu'un minimum de droit à l'erreur dans la mesure où elle a en charge une mission de sécurité.

1. La surveillance : le grand cercle

La surveillance des détenus est l'activité principale des surveillants. Celle-ci a pour but de repérer tout indice, tout signe qui pourrait laisser présager un mouvement collectif, une émeute, une

---

69. Lire le récit fait par P. TARTAKOWSKY de sa première journée à l'ENAP, dans le cadre de son enquête. « Poussons la porte de la classe... le feutre noir glisse sur le tableau blanc, dessine un large cercle : " la surveillance " ; le formateur soulève le feutre, le repose au coeur du premier cercle et y trace un petit rond : " la réinsertion "... » ; V. P. TARTAKOWSKY, *op. cit.*, pp. 208-209 ; La notion de « grand cercle » renvoie à la prédominance de la mission de sécurité. V. en ce sens, E. PECHILLON, *op. cit.*, p. 58 et s.

70. V. N. AYMARD et D. LHUILIER, *Sécurité et identité professionnelle des personnels de surveillance,* Synthèse du rapport de recherche, GERAL, 1993, pp. 1-16.

71. *Rapport annuel de l'Administration pénitentiaire*, 1994, doc. française, 1995, 378 p.

agression individuelle, une évasion, une bagarre ou un racket entre détenus. Diverses tâches en détention visent spécifiquement cet objectif. Il s'agit des fouilles systématiques et quotidiennes de cellules, les sondages quotidiens des barreaux, les rondes à la fin et au début de chaque service pour s'assurer qu'il ne manque pas de détenus, les différentes rondes de jour et de nuit, rondes d'écoute, rondes à l'oeilleton, fouilles des détenus après un parloir ou lors de leur sortie de cellule, soit pour aller dans un autre lieu de la détention, soit pour en sortir [72].

a) L'impératif de sécurité publique

Il s'agit de l'utilisation de la prison comme moyen de sûreté. Cet impératif de sécurité publique renvoie à la notion d'enfermement de sûreté, c'est-à-dire à tout enfermement qui vise à assurer la tranquillité publique par la neutralisation d'individus dont les actes, les conduites ou les caractéristiques présentent ou sont supposés présenter un danger, une menace ou même un trouble à l'ordre public [73]. C'est là un des aspects du rôle de sûreté et de sécurité publique de la prison et l'une des ses plus anciennes fonctions. Cette fonction passe essentiellement par la garde des détenus. En ce sens, les surveillants concourent à la sécurité publique, puisqu'ils protègent la société de l'exposition des délinquants condamnés à la privation de liberté. Ils doivent, à cette fin, veiller à ce que les détenus ne s'évadent pas. La mission de sécurité se confond à terme avec cet objectif primordial : « *La sécurité c'est la lutte contre l'évasion, les mouvements de groupe etc. C'est en cela que nous sommes un service de sécurité publique, au même titre que la gendarmerie, la police, les douanes etc.* » (Directeur, CD hommes). L'évasion constitue en ce sens un échec professionnel majeur pour les surveillants. Comme le souligne P. Tartakowsky « ... toute évasion entraîne la recherche de responsabilités et surtout de victimes expiatoires. Le fonctionnement des établissements est tel que l'A.P. les trouve la plupart du temps sans grandes difficultés. Rarement complices, mais « négligents » ou « laxistes »... Tout se

---

72. V. en ce sens, A. CHAUVENET & al. *op. cit.*, p. 27.

73. V. C. FAUGERON, La dérive pénale, *Revue Esprit*, oct. 1995, p. 135.

passe comme si l'évasion constituait l'occasion d'un vaste défouloir, véritable psychodrame » [74]. Pour l'Administration pénitentiaire, l'évasion est l'échec d'une stratégie : la stratégie sécuritaire. Celle-ci repose sur un dispositif à la fois structurel et humain : les murs, les systèmes de sécurité (avec les moyens techniques les plus sophistiqués) et l'intervention des personnels, notamment le personnel de surveillance. La conjonction des moyens techniques et humains [75] entretient l'illusion d'une sécurité maîtrisée et d'une parfaite étanchéité du dedans/dehors. Les surveillants constituent l'élément fondamental de ce système, car la fonction de sécurité publique de la prison non seulement relève essentiellement d'eux, mais est assurée efficacement par la qualité de leur présence professionnelle. L'évasion d'un détenu a une telle force symbolique qu'elle vient remettre en cause cette stratégie sécuritaire. Elle est la démonstration que ce dispositif structurel et humain n'est pas invincible. Pire encore, l'évasion d'un détenu remet en cause la qualité de la présence professionnelle des surveillants et leur raison d'être (payés). C'est pourquoi les surveillants apparaissent toujours comme présumés coupables en cas d'évasion [76].

Cet impératif de sécurité publique est tel qu'il ouvre le droit aux surveillants des miradors de faire usage de leurs armes à feu, après sommations, sur les détenus franchissant la cour de ronde. Les éducateurs se servent parfois de cette obligation assignée aux surveillants de prison de tirer sur un détenu en train de s'évader pour se démarquer d'eux : « *Il y a à la base un problème de motivation lorsqu'on passe le concours entre l'éducateur et le surveillant. Le*

---

74. Lire dans ce sens, le récit de l'évasion, le 28 février 1988, de quatre détenus de la maison d'arrêt de Cherbourg, et de la recherche des responsabilités des surveillants, *In* P. TARTAKOWSKY, *op. cit.,* pp. 251-258.

75. Les murs, les systèmes de sécurité et d'autres moyens ne suffisent pas à empêcher l'évasion, sinon avec l'intervention des personnels de surveillance. Sans l'implication des surveillants, les structures et infrastructures gênent l'évasion, mais n'y font pas échec. V. en ce sens N. KROMMENACKER, *op. cit.,* p. 171.

76. Il arrive aussi que ce soit le Directeur de l'Administration pénitentiaire qui «saute». C'est ainsi, par exemple, que lorsque le 8 mai 1978 Jacques Mesrine s'évade de la maison d'arrêt de la santé à Paris, la recherche des responsabilités conduit au relèvement le 11 mai 1978, du Directeur de l'Administration pénitentiaire de ses fonctions ; V. *Le Monde* du 10 mai 1978, p. 13 ; V. aussi *Le Monde* du 13 mai 1978, p. 12.

surveillant sait qu'il doit tirer la nuit s'il voit un détenu courir dans la cour de ronde » (Conseiller d'insertion et de probation, CD mixte). L'incompatibilité entre la réinsertion sociale et l'obligation de tirer sur un détenu en train de s'évader est souvent dénoncée par les surveillants [77]. Ces derniers ne sont pas dupes. Ils savent bien que la sécurité prendra toujours le pas sur la réinsertion puisque c'est leur principal rôle. Tout dans la prison obéit à cette logique, mais des nuances peuvent s'observer en fonction de la finalité ou de la nature de l'établissement. Il a pu être ainsi constaté au cours de la recherche que la démarche sécuritaire n'est pas la même selon qu'il s'agit d'une prison pour femmes ou d'une prison pour hommes, d'un centre de détention ou d'une maison d'arrêt. Ce constat est confirmé par les propos suivants d'une surveillante, ancienne dans l'Administration pénitentiaire : « *Une prison de femmes ne se gère pas de la même façon qu'une prison d'hommes. Avec les hommes le contact est plus physique. On pourrait le résumer ainsi en cas de conflit : l'un à l'hôpital et l'autre au mitard, et ça se termine là. Par contre les femmes sont plus mesquines, plus vicieuses. Le problème couve longtemps avant son explosion et même après. Quand un homme dit qu'il part en promenade, il y va réellement ; ce qui n'est pas le cas pour une femme, elle passe son temps à traîner avec les autres* » (Surveillante, MAF). Néanmoins, la fonction principale des surveillants de prison reste partout la garde des détenus - nous verrons plus loin qu'elle implique aussi leur entretien - et la sécurité des établissements, quel que soit le type d'établissements. Seules les modalités d'exécution de cette fonction sont influencées par la finalité de l'établissement. Par exemple, dans les centres de détention, dont la finalité affichée est la réinsertion des détenus, le poids accordé à l'ordre, la discipline et la sécurité est moins prégnant que dans une maison d'arrêt où « une cohabitation à trois, voire quatre personnes, dans un espace confiné exerce une pression supplémentaire que le détenu évacue en manifestant des signes tangibles d'agressivité » [78]. La primauté sécuritaire est encore affirmée par le directeur d'un centre de détention au cours d'un

---

77. Cette obligation contredit d'ailleurs la règle selon laquelle la prison doit maintenir le détenu en bonne santé et à la disposition de la justice. V. en ce sens, A. CHAUVENET & al., *op. cit.*, 1992, p. 66.

78. V. J.P. CÉRÉ, Thèse, *op. cit.*, p. 159.

entretien avec lui : « *Ici, les notes ayant trait à la sécurité sont de couleur rose. Elles ne sont signées que par le Directeur. Elles sont claires et d'application stricte. Elles doivent être non visibles par les détenus et ne sont jamais affichées. Toutes les autres notes peuvent faire l'objet d'un ajustement de la part du surveillant. Elles laissent une certaine marge de manoeuvre...* » (Directeur CD 13 000).

b) La sécurité intérieure des établissements pénitentiaires

La mission sécuritaire des surveillants de prison concerne également la protection des personnels et autres intervenants en prison, contre d'éventuelles agressions de la part des détenus. Cette mission est très délicate, car il arrive souvent que le surveillant soit la victime de l'agression. De telles agressions contre le personnel entretiennent un sentiment d'insécurité très préjudiciable au climat de travail des surveillants mais, surtout, cristallisent la demande de sécurité des surveillants et renforcent le fossé existant entre les surveillants et les détenus. Les surveillants reprennent leur distance envers les détenus considérés comme potentiellement dangereux, surtout en maison d'arrêt [79]. Cela devient un obstacle majeur pour la revalorisation du métier de surveillant, comme le dénonce L.M. Horeau : « ... de tels faits restent certes extrêmement rares. Mais singulièrement, ils contribuent à enserrer le gardien dans le troisième piège que lui tend sa fonction : la peur. Peur du détenu, de ses réactions imprévues, des ressources d'imagination et de violence que peut procurer le désir d'évasion. Et pourtant, le gardien de prison a tort d'avoir peur. Il fait un métier incomparablement moins dangereux que celui de maçon, de mineur ou de charpentier » [80]. La mission de sécurité vise à maintenir l'ordre au sein de l'établissement, mais aussi à protéger le détenu contre les autres ou contre lui-même [81]. Pour y parvenir le

---

79. V. en ce sens, J.P. CÉRÉ, *op. cit.*, p. 160.

80. V. L.M. HOREAU, *op. cit.*, p. 37.

81. V. P. TOURNIER & P. CHEMITHE, Contribution statistique à l'étude des conduites suicidaires en milieu carcéral (1975-1978), *Rev. pénit.*, 1981, p. 27 et s ; M. CIPRIANI-CRAUSTE, *L'auto agressant en milieu carcéral. De la communication non verbale en chantage écran*, SEDS, trav. et doc., 1983, p. 52 et s.

surveillant doit maintenir une surveillance soutenue : écouter tout bruit suspect, savoir observer et prévoir afin de prévenir tout incident et de repérer tout indice avant l'émeute, la crise de nerf ou le suicide [82]. Le surveillant doit également être capable de répondre à tout moment de son effectif. Une bonne connaissance de la population carcérale permet de détecter à temps tout signe de fébrilité, de dépression, d'énervement, de tension [83]. Cette mission entretient la peur [84], l'inquiétude et l'angoisse des surveillants : la peur de la faute professionnelle, la peur de ne pas tout voir, de manquer sa tâche ou de découvrir un corps sans vie, la peur des agressions et des évasions. La peur apparaît ainsi comme inhérente à la fonction même de surveillant de prison. Elle prend une dimension obsessionnelle surtout la nuit [85]. Comment pourrait-il d'ailleurs en être autrement sachant que l'environnement professionnel des surveillants de prison est traversé par une tension née de ce qu'ils ont le devoir de maintenir enfermés des individus qui ne rêvent que d'en sortir le plus rapidement possible. Il n'est pas banal de souligner que cette peur est préjudiciable à la bonne tenue de la détention. Elle constitue un obstacle à surmonter chaque jour, mais surtout à gérer au quotidien. Les surveillants dépensent une énergie folle à dominer leur peur. Cela constitue autant d'énergie de prise sur l'investissement relationnel qu'exige leur profession. D'autant plus que la peur provoque une augmentation du risque réel par la détérioration des relations avec les détenus [86].

---

82. V. N. BOURGOIN, *Le suicide en prison*, L'Harmattan, 1994, 269 p.

83. V. C. ROSTAING, *Prisons de femmes, les échanges et les marges de manœuvre dans une institution contraignante*, Thèse, Paris, 1994, pp. 87-88.

84. V. A. CHAUVENET & al., Le personnel de surveillance des prisons, *op. cit.*, pp. 280-281 ; « L'enquête effectuée à partir de longs entretiens avec plus de 300 surveillants révèle : 67% des surveillants répondent avoir peur ou avoir eu peur dans certaines circonstances, 20% préfèrent parler d'appréhension, de crainte, d'inquiétude tandis que 13% affirment ne pas connaître la peur ».

85. V. P. TARTAKOWSKY, *op. cit.*, pp. 143-147.

86. V. D. LHUILIER & al., L'univers pénitentiaire : du côté des surveillants, *op. cit.*, p. 60.

2. La maîtrise de la détention

Détenir la détention, tel est le projet professionnel des surveillants de prison [87]. Il s'agit d'une maîtrise parfaite de la détention par le contrôle et la contention des détenus. Les surveillants sont aidés en cela par les murs, les filets anti-évasion, les barreaux, les cellules fermées à clefs, à verrous, ou à fermeture électrique, les câbles électriques, les grilles et diverses portes avec sas, qui canalisent la circulation à l'intérieur de la prison et entre la prison et l'extérieur. Mais cela ne suffit pas. Les surveillants doivent faire preuve de professionnalisme dans la gestion des mouvements en détention, singulièrement les mouvements des détenus, pour une sérénité durable de l'établissement.

a) La gestion des mouvements des détenus en détention

La notion de mouvement a une importance capitale en détention. Elle est au centre de l'activité carcérale et particulièrement de l'activité des surveillants de prison. Ces derniers sont chargés de la gestion dans l'espace carcéral des mouvements des détenus et leur journée de travail est ponctuée de différents mouvements des détenus. Ce sont, par exemple, les mouvements pour les ateliers, le sport, les promenades, les parloirs, l'infirmerie, l'enseignement, les extractions. Une « journée ordinaire d'un maton ordinaire » [88] est une journée de mouvements. Ceux-ci sont rigoureusement réglementés en détention. La sécurité du personnel et de la détention en dépend. Les surveillants doivent synchroniser leurs différentes tâches pour arriver à réaliser les mouvements en toute sécurité. C'est ainsi que lors d'un mouvement comme la promenade, un surveillant ouvre la porte, l'autre compte les détenus, l'autre les reçoit dans la cour, le dernier les surveille. La gestion des mouvements est très

---

87. C'est l'une des six propositions élémentaires d'une sociologie du surveillant, formulées par G. CASADAMONT à savoir : « L'objet social prison situe le sujet social surveillant dans un projet professionnel de détention de la détention qui surdétermine son itinéraire professionnel » ; V. G. CASADAMONT, Sociologie carcérale : propositions pour un débat, Nanterre, *Droit et cultures*, 1986, n°11, pp. 135-136.

88. V. J.M. PETREQUIN, journée ordinaire d'un maton ordinaire, Paris, *Projet*, 1990, n°222, pp. 38-39.

stressante pour les surveillants. Elle suppose d'abord la gestion du temps carcéral, qui est un principe important de l'organisation de la prison. Il s'agit aussi de veiller à ce que ces mouvements s'effectuent dans les délais prévus, dans l'ordre et la discipline. Cela exige de la part du personnel de surveillance beaucoup d'autorité, pour compenser le rapport numérique lui est défavorable par rapport aux détenus [89]. Par conséquent, les surveillants sont obligés de redoubler de vigilance lors d'un mouvement afin d'éviter que celui-ci ne devienne l'occasion d'une manifestation des détenus.

b) Le grand silence en détention

L'Administration pénitentiaire a horreur des « *vagues* ». Les surveillants le savent. Ils pensent que le meilleur moyen d'évoluer dans la carrière professionnelle au sein de l'A.P. est de se faire oublier. Cette peur des *vagues* est presque une obsession dans cette administration. « Tout se passe comme si on demandait à la prison d'exister, mais le moins possible, sans bruit, sans rumeur, sans scandale... » [90]. C'est la raison pour laquelle les notions d'ordre et de discipline prennent un relief tout particulier dans le milieu carcéral. La discipline concerne aussi bien le comportement des détenus que l'attitude des surveillants dans le travail ; car en prison la notion de discipline renvoie directement à la notion de sécurité. La discipline suppose toujours l'absence de désordre. Et cette absence de désordre garantit la sécurité à l'intérieur des établissements. Pour les surveillants, la notion de discipline suppose une soumission à la hiérarchie, un respect scrupuleux du règlement intérieur et un ascendant sur la population pénale. Le surveillant est symboliquement aidé en cela par le port de l'uniforme qui incarne l'autorité [91]. La notice d'information remise aux surveillants à leur entrée en service ne précise-t-elle pas : « Vous portez un uniforme et vous vous devez, dans le souci de la valeur symbolique dont il est

---

89. V. en ce sens, P. BOTTON, *Prison*, Michel Laffon, 1997, p. 139.

90. V. C. MONTANDON, CRETTAZ, *Paroles de gardiens, paroles de détenus*, cité par D. Lhuilier & al. *op. cit.* 1997, p. 167.

91. L'article D.217 du code de procédure pénale stipule : 9e « ... le personnel de surveillance est tenu au port de l'uniforme pendant le service, et en dehors du service, lorsqu'il se trouve dans les locaux de la détention ».

chargé, de le respecter par un comportement exemplaire (tenue, langage...) » ? Par conséquent, le surveillant doit se tenir à bonne distance des détenus. Il ne doit pas serrer leurs mains, ne doit pas les tutoyer [92] et sa conduite doit être imprégnée de fermeté. Le grand silence que l'Administration pénitentiaire demande aux surveillants renvoie à la bonne tenue de la détention. Ni mouvement de groupe de la part des détenus, ni mouvement de groupe de la part des surveillants [93]. Ce silence ne signifie nullement absence d'informations, car les surveillants ont le devoir de transmettre à la hiérarchie toute information sur les détenus. Initialement, le climat carcéral était réglé par la loi du silence. On ne parlait pas en détention et le surveillant qui était pris à parler avec un détenu était aussitôt soupçonné de complicité. Ce silence permettait aux surveillants de se consacrer entièrement à la mission de sécurité et à la tâche de surveillance. C'était le règne de « la parole interdite » [94]. A ce jour, la situation a considérablement évolué, puisqu'il est maintenant demandé aux surveillants de parler aux détenus pour mieux les connaître, afin de mieux les surveiller. Or, le silence de la détention ne peut s'obtenir par une application stricte du règlement intérieur. Le surveillant est obligé de réaliser quelques entorses au règlement pour arriver à réguler ou à désamorcer les différentes tensions quotidiennes de la détention. Preuve que la conception institutionnelle de la sécurité est en décalage flagrant avec la réalité, car elle ne prend pas en compte la précarité de l'équilibre en détention et le rapport numérique défavorable des surveillants face aux détenus. La prise en compte, par les surveillants, de la situation réelle de leur travail les conduit à adapter les notions de sécurité,

---

92. L'article D.219 CCP : « Les membres du personnel doivent, en toute circonstance, se conduire et accomplir leur tâche de manière que leur exemple ait une bonne influence sur les détenus et suscite leur respect ».

Article D.220 : « ... il est interdit aux agents des services extérieurs de l'Administration pénitentiaire et aux personnes ayant accès à la détention :

- de se livrer à des actes de violence sur les détenus...

- d'user, à leur égard, soit de dénominations injurieuses, soit de tutoiement, soit de langage grossier ou familier... ».

93. L'article 2 de l'ordonnance n°58-696 du 6 août 1958 portant statut spécial des personnels pénitentiaires prohibe le droit de grève.

94. V. S. BUFFARD, *Le froid pénitentiaire*, Ed. du Seuil, Paris, 1973, p. 201.

d'ordre et de discipline à cette réalité. Ce pragmatisme aboutit à une conception différente de la sécurité par les surveillants de prison.

B - *La conception pratique des surveillants de prison*

Pour les surveillants, la sécurité à l'intérieur de l'établissement ne peut s'obtenir qu'en s'aménageant une marge de manœuvre relationnelle en vue d'obtenir l'adhésion des détenus. La réalité actuelle de l'exercice de leur métier l'impose. A partir du moment où il leur est demandé de dialoguer avec les détenus, ils sont obligés de *négocier* certaines règles pour humaniser la vie carcérale. Une telle situation place le surveillant face à deux exigences opposées : « le maintien de l'ordre par le respect du règlement correspond à l'attente de l'Administration pénitentiaire ; la souplesse, voire le laxisme, dans l'application du règlement correspond à la demande des détenus pour réduire les contraintes institutionnelles » [95]. Pour résoudre ce conflit, le surveillant est obligé de « *travailler avec la tête* », c'est-à-dire investir la marge de manœuvre tolérée institutionnellement, sans perdre de vue, pour autant, la dangerosité de l'univers carcéral.

1. *« Travailler avec la tête »*

Travailler avec la tête ou avec la *cervelle* est pour les surveillants la seule façon de maîtriser la détention. Il s'agit de prendre quelques initiatives pour améliorer le climat en détention, en réduisant les contraintes ou tracasseries qui leur paraissent inutiles. Les centres de détention, où la gestion de la peine se réalise sur la durée, se prêtent mieux à de tels aménagements en comparaison avec les maisons d'arrêt, où tout s'effectue dans l'urgence. Les surveillants le confirment dans leurs propos : « *Oui nous pouvons prendre des initiatives à condition qu'il ne se passe rien. Chaque surveillant travaille en fonction de son idée. Le malaise est plus présent en maison d'arrêt. C'est l'usine à viande. Ici on est plus détendu, on travaille avec la cervelle, tout le monde est détendu* » (entretien collectif, surveillants CD).

---

95. V. D. LHUILIER & N. AYMARD, L'univers pénitentiaire. Du côté des surveillants de prison, *op. cit.*, p. 48.

a) La régulation des tensions en prison

Comme déjà indiqué, la sécurité et le maintien d'un équilibre interne de la prison constituent la base du travail quotidien des surveillants de prison. Or, le recours systématique à la règle qu'exige les tâches de sécurité est souvent générateur de nombreuses tensions en détention. Cela peut remettre en question l'équilibre interne de la prison et sa sécurité. Le rôle des surveillants consiste dès lors à éviter que de telles tensions naissent, ou d'essayer de les gérer. Ils le désignent par l'expression « *trouver un numéro d'équilibriste* ». L'absence de consensus dans la société civile sur les politiques pénales, les idéologies contradictoires concernant la prison [96] entre les attentes sécuritaires, punitives ou de réhabilitation [97] se reflètent dans l'absence de doctrine professionnelle constituée sur les rapports aux détenus. Dans ces conditions, le pragmatisme et le bon sens sont de précieux guides dans la gestion quotidienne de la prison. Les surveillants entretiennent sans cesse le compromis permanent qui existe entre la discipline, le respect des règles d'un côté, la recherche d'absence d'incidents et le non respect de celles qui ne mettent pas en cause la sécurité de l'autre, oscillation constante entre rapports de force et rapports de coopération [98]. Ils conçoivent la sécurité en prison sous l'angle des réalités de terrain. Les tâches de sécurité qui incombent aux surveillants constituent très souvent une intrusion dans l'espace *intime* des détenus. C'est le cas des fouilles par palpation [99], des sondages des barreaux, des fouilles des cellules ou des écoutes téléphoniques. Ces tâches sont potentiellement

---

96. V. A. JACQUARD, *Un monde sans prison*, Ed. du Seuil, 1993, p. 177 et s. ; J.P. JEAN, L'inflation carcérale, *Rev. pénit.*, oct. 1995, p. 127 et s. ; R. CARIO, *Pour une approche globale et intégrée du phénomène crminel. Essai d'introduction aux sciences criminelles*, Ed. L'Harmattan, 1997, p. 119 et s. ; J. PINATEL, Postulats et limites du traitement des délinquants en institution, *R.S.C.*, 1977, pp. 635-643.

97. V. sur la question de l'évolution de fonctions de la prison, J.P. DELMAS SAINT-HILAIRE, La prison, pourquoi faire ?, *op. cit.*, pp. 32-46.

98. V. A. CHAUVENET & al., *op. cit.*, p. 73.

99. L'extrait de la notice d'information remise aux surveillantes consacrent deux pages à l'explication détaillée des fouilles des personnes (fouilles intégrales et par palpation) et les fouilles des locaux (fouilles des cellules ou fouilles générales).

conflictuelles. Le surveillant doit les réaliser sans trop de zèle pour ne pas mettre en danger le fragile équilibre de la détention. En centre de détention, où les détenus ont le droit de décorer et d'aménager leurs cellules, les fouilles systématiques posent vraiment problème. Les surveillants ne peuvent pas tout démonter (télévision, réfrigérateur, armoire, literie...) au risque de provoquer des réactions de la part des détenus. *« Les fouilles sont un véritable problème ici. Avec la décoration des cellules comment voulez-vous aller trouver une lame de scie. Pourtant il faut toujours signer le cahier »* (Gradé-formateur, CD hommes). Les différentes libertés prises avec les règles prennent des formes différentes d'un établissement à l'autre ou d'un étage à l'autre (à l'intérieur d'un même établissement), ou encore d'un quartier à l'autre dans le cas d'établissements mixtes. Il est ainsi possible que dans tel établissement, tel détenu ne soit pas fouillé de façon rigoureuse parce qu'il est chef de bande, un caïd, ou encore un informateur. Les surveillants de prison parlent de « carotte » pour évoquer de telles faveurs : *« On les tient avec les permissions de sortir, les parloirs et les réductions de peine... »* (1er surveillant CD hommes). Les surveillants peuvent également fermer les yeux au cours d'un parloir pour laisser aux détenus quelques instants d'intimité avec leurs partenaires. Le climat en détention n'en est que meilleur par la suite. Même si la hiérarchie des surveillants n'approuve pas une telle attitude, elle y trouve néanmoins son compte. Et les surveillants y voient un accord tacite : *« ... L'encadrement n'ose plus monter aux étages pour ne pas avoir à faire des réflexions, parce que les grilles sont ouvertes au lieu d'être fermées... »* (Gradé-formateur CD).

b) La gestion des risques en détention

Le risque en établissement pénitentiaire revêt plusieurs aspects. Il peut s'agir du risque d'agression du personnel par les détenus ; du risque d'évasion avec ou sans prise d'otages ; du risque d'émeutes ou autre mouvement de groupe ; du risque de suicide des détenus, d'automutilation ou encore du risque de contamination par le virus du Sida et la tuberculose. La notion de risque en prison renvoie également à la question de la responsabilité du surveillant quant à la marge de manœuvre qu'il s'est appropriée en accordant ou en refusant une demande de la part du ou des détenu(s). Cette conception du risque, qui place les surveillants face à la hiérarchie, intègre aussi le risque de contagion de la déviance, voire de la délinquance. Ce risque peut être évoqué lorsque le surveillant est confronté aux tentatives de manipulation de la part des détenus pour le compromettre. Il s'agit pour le surveillant de ne pas succomber à la tentation de « *rendre service* ». Ce risque pèse lourdement sur le climat de la détention : « *La prison c'est le monde clos de suspicion continuelle. La suspicion vient également du fait que les surveillants ne savent pas réellement ce que pensent d'eux les premiers surveillants* » (Surveillant MA hommes). Une telle suspicion est entretenue dans l'imaginaire collectif par les représentations que l'opinion publique a de la dangerosité des détenus. Comme les surveillants sont en relation quotidienne avec eux, ils seraient comme souillés, contaminés par leur contact avec le *mal* projeté sur les condamnés. Mais il arrive aussi que les surveillants basculent de l'autre côté de la barrière : en devenant *ripoux*. Ces « *brebis galeuses* » confirment non seulement l'imaginaire collectif, mais favorisent également la confusion entre ces deux populations qui pour cohabiter doivent être clairement différenciées. « Les ripoux exposent leurs collègues tant réellement que symboliquement. Parce qu'ils peuvent faire passer des objets illicites dont l'usage peut se retourner contre le personnel. Parce qu'ils rompent le contrat passé d'assurer et d'assumer l'étanchéité de la barrière qui sépare détenus et surveillants » [100].

La structure hiérarchique de type paramilitaire du personnel de surveillance est définie comme une structure de « contrôle des crises » [101]. Elle permet de mobiliser le plus rapidement possible l'ensemble de l'organisation et de ses membres en cas d'incident. La vigilance des surveillants constituent un atout indéniable dans la prévention et la gestion des risques. Elle développe chez les surveillants des capacités telles la mobilité, l'acuité et une sensibilité auditive, la rapidité du regard, qui leur permettent de *sentir* la détention. La gestion du risque suppose de bien connaître la

---

100.   V. D. LHUILIER & al., L'univers pénitentiaire. Du côté des surveillants de prison, *op. cit.*, pp. 99-100.

101.   V. A. CHAUVENET & al., Le personnel de surveillance des prison, *op. cit.*, p. 33.

population pénale et le règlement intérieur. Il faut pour cela affiner les observations quotidiennes à l'égard des détenus. A ce titre, le cahier d'observation mis à la disposition des surveillants pourrait être pertinent quand bien même le point de vue des surveillants est plus nuancé sur la question : *« Nous avons des fiches de suivi qui existent, mais la hiérarchie ne les exploite pas. L'avis du surveillant n'est pas pris en compte... »* (Surveillante CD mixte). Lorsque ces deux éléments sont réunis, connaissance de la population pénale et du règlement intérieur, le surveillant peut, sans trop de difficultés, prendre des risques mesurés, puisqu'en cas de problème, son réflexe sera d'appliquer le règlement, les directives ou consignes. Dans le confit qui oppose les surveillants avec la hiérarchie au centre de détention de Muret, par exemple, sur l'ouverture ou la fermeture des grilles au niveau des étages, la position des surveillants s'appuie essentiellement sur leur connaissance de la détention : *« On dit que nous laissons les grilles ouvertes, c'est normal puisque nous sommes là... Nous connaissons très bien la vie en détention qu'on n'a pas besoin de connaître le règlement intérieur. Nous connaissons la vie intérieure qui a beaucoup évolué »* (Entretien collectif, surveillants CD). Quoi qu'il en soit, la connaissance conjuguée de la population pénale et du règlement intérieur permet aux surveillants d'avoir une attitude professionnelle adéquate. Dans l'exemple des grilles ouvertes, les surveillants savent bien que la population dont ils ont la charge est une population *« sans histoire »*. S'il y a un incident, le réflexe du surveillant sera de fermer la grille. Et si l'incident dégénère, ce sera au(x) surveillant(s) et premier(s) surveillant(s) d'en assumer la responsabilité. Les surveillants n'ignorent pas qu'en prison tout incident peut prendre des proportions inimaginables : *« On est confronté à une population qui n'est pas des enfants de choeur »* (CSP2, MAF). Preuve que le milieu carcéral est caractérisé par une relative dangerosité.

2. La dangerosité pénitentiaire

La notion de sécurité chez les surveillants ne se conçoit que par rapport à son contraire, l'insécurité. Cette dernière suppose toujours un danger latent dont on n'a pas la maîtrise. Elle donne le sentiment d'évoluer dans un espace dangereux. Que ce sentiment soit objectif (alimenté par des faits réels) ou plus imaginaire (alimenté par une série de représentations). Le milieu carcéral se caractérise par son instabilité et la précarité de son équilibre. Les surveillants travaillent sans cesse à la maîtrise de la détention, sans y parvenir totalement, du moins en ont-ils le sentiment. Cette atmosphère institutionnelle d'incertitude et de précarité constitue la dangerosité pénitentiaire, beaucoup plus que les délits commis par les détenus : *« Les vieux détenus sont plus dangereux, mais facilement gérables. Ce sont les jeunes qui nous posent beaucoup plus de problèmes parce qu'ils poussent toujours jusqu'à l'incident »* (Surveillant CD, mixte). L'incident en détention est la manifestation concrète de la dangerosité pénitentiaire. Elle s'exprime chez les surveillants de prison par la peur de l'incident : *« ...Le surveillant a tout le temps peur de faire mal, il se réfère au premier surveillant qui lui même se réfère au surveillant-chef, ainsi de suite »* (CSP2, CD, mixte). L'incident en détention met souvent « le feu aux poudres ». Les surveillants en ont peur comme de la peste. Ils ne savent jamais à l'avance jusqu'où cela pourrait conduire. En effet, les relations entre surveillants et détenus peuvent être affectées par plusieurs sources d'incertitudes. G. Casadamont en dénombre quatre : « La première est la défaillance d'installations ou d'équipements, par exemple, dans la préparation des repas ; ne dit-on pas que la cuisine est le coeur de la détention ? La deuxième a pour origine les conflits nés entre les agents eux-mêmes, par exemple, l'usure frappant les membres d'une équipe, fragilise la maîtrise de positions-clés et compromet la sécurité. La troisième n'est autre que celle de l'action ou de l'inaction délibérées des détenus eux-mêmes et pour prendre des exemples exceptionnels, les tentatives d'évasions, exaspérations de tensions raciales, regain de trafics sérieux ; mais aussi, refus de travailler, état d'ébriété, maladies. Comment parer l'effet de surprise ? La quatrième provient de la perméabilité de la prison à l'extérieur, ainsi visites et correspondances peuvent se révéler cruelles pour le détenu » [102]. L'incident expose le surveillant à la faute professionnelle. La hiérarchie recherchera toujours sa responsabilité

---

102. V. G. CASADAMONT, *Les prisons demain : Etre surveillant différemment ?*, Paris-Vaucresson, *Actes/Les cahiers de Vaucresson*, 1984, n°45/46.

avant d'établir celle du détenu, comme le pensent à tort ou à raison les surveillants. De surcroît celui-ci est obligé d'établir un rapport d'incident. Connaissant l'aversion des surveillants pour tout ce qui relève de l'écrit, l'on devine aisément les angoisses que peut leur susciter l'incident en détention.

La redéfinition de la procédure disciplinaire opérée par la réforme du 2 avril 1996 [103] instaure au surplus une véritable instruction préparatoire en cas d'incident. Celle-ci a pour effet d'entretenir cette peur, car les surveillants ont le sentiment qu'il y a manque flagrant de confiance envers eux : « *le nouveau régime est nul parce qu'on renforce les droits des détenus. Les surveillants risquent de ne plus mettre de rapports d'incident ; ce qui aboutirait au laxisme* » (Surveillant MA). Dans cette optique, une autre source exogène d'incertitude pour les surveillants peut être évoquée : les changements institutionnels de politique, imposés par le sommet suspecté de méconnaître les réalités locales de terrain. Ainsi, un changement de directeur suscite toujours chez les surveillants les interrogations suivantes : sera-t-il « *pro-détenu* » ou « *pro-surveillants* » ? Epaulera-t-il les surveillants en cas de conflit avec les détenus ou les suspectera-t-il de manquer de maîtrise, d'emprise et d'ascendant sur les détenus ? Les directeurs d'établissements pénitentiaires ont en effet chacun leur orientation, leur style et leur conception des missions du personnel de surveillance. Cela génère souvent des incohérences dans les différentes pratiques des personnels, d'autant plus que les directeurs ne restent pas longtemps. Il devient dès lors difficile de maintenir le cap fixé par le précédent, puisque chaque directeur en arrivant tente d'imposer sa propre vision des choses. Le seul point commun entre les différents directeurs reste la primauté sécuritaire des missions des surveillants de prison. La mission de réinsertion apparaît toujours comme résiduelle.

---

103. V. *infra*, « Le sentiment de marginalisation des surveillants de prison face au nouveau régime disciplinaire », Chapitre 2.

§ II : La mission de réinsertion sociale des surveillants de prison : le petit cercle.

La mission de réinsertion sociale des détenus constitue le sens de l'action pénitentiaire. Elle contribue à la valorisation du personnel pénitentiaire et, particulièrement, du personnel de surveillance, qui sans la mission de réinsertion sociale, serait réduit au rôle de porte-clés, de garde-chiourme. Cette mission importante de l'Administration pénitentiaire s'organise autour des activités socioculturelles (A) dont l'animation est confiée aux travailleurs sociaux, enseignants et divers autres intervenants extérieurs. L'apport des surveillants à la réinsertion sociale des condamnés à la privation de liberté est souvent recherché au niveau de leur participation effective à ces activités. Or, cette démarche est une méprise [104]. L'apport des surveillants ne peut se réduire au rôle que ces derniers jouent dans l'organisation et le déroulement des activités socioculturelles (B).

A - Les moyens de la réinsertion sociale des détenus en milieu pénitentiaire

Si l'Administration pénitentiaire n'a pas d'obligation de résultat au sujet de la réinsertion sociale des condamnés à la privation de liberté, elle a cependant le devoir de tout mettre en œuvre pour permettre aux détenus désireux de s'investir dans la préparation active de leur sortie, de trouver les activités professionnelles, culturelles, éducatives ou sportives, correspondant à leurs besoins, en conformité avec l'article 131 du Code pénal qui dispose que l'Administration pénitentiaire doit seulement *tendre à fournir les moyens* d'une réinsertion sociale.

1. Les activités socioculturelles en prison

La réinsertion sociale des condamnés à la privation de liberté commence en prison au travers des activités suivantes : l'assistance spirituelle, l'action socioculturelle et l'enseignement. Toutes ces

---

104.   V. *Infra*, « La phase pénitentiaire ». Chapitre 4.

actions sont mises à la disposition des détenus dans la mesure où la sécurité de l'établissement le permet. A son arrivée dans l'établissement, chaque détenu est avisé qu'il lui est loisible de recevoir la visite du ministre d'un culte et d'assister aux offices religieux. Les aumôniers nommés auprès de l'établissement peuvent s'entretenir aussi souvent qu'ils l'estiment utile avec les détenus de leur culte ; aucune sanction disciplinaire ne peut supprimer cette faculté. Les surveillants n'assistent pas à cet entretien qui peut avoir lieu soit dans un parloir ou bureau, soit dans la cellule du détenu et s'il se trouve au quartier disciplinaire, dans un local spécial. Le code de procédure pénale (art. D. 437) protège la confidentialité de cet entretien. De même, la correspondance entre le détenu et l'aumônier de l'établissement est confidentielle. Aucune sanction disciplinaire ne peut entraîner la suppression de cette faculté. Bien plus qu'un simple droit, la pratique du culte religieux et le privilège dont elle bénéficie en prison (confidentialité, liberté) ont leurs racines dans l'histoire pénitentiaire [105]. C'est sous l'influence religieuse [106] qu'apparut, en effet, l'idée de sauver les âmes des criminels, la notion de pénitence du droit canon ayant permis d'établir un parallèle entre l'expiation des péchés et celle des délits. L'Administration pénitentiaire nourrit avec le culte religieux, le rêve que le détenu « découvre Dieu, décide de vivre selon ses préceptes et renonce au mal ». C'est un but d'éducation morale qui est recherché. Il s'agit à la fois d'obtenir chez le détenu la *probité négative* qui s'abstient du mal et *la probité positive* qui fait le bien (charité, honnêteté), même si cette seconde qualité n'est pas *a priori* le but de l'action pénitentiaire. L'éducation religieuse ou morale viserait, en priorité, l'amendement des détenus, le renoncement au mal. Les activités socioculturelles et l'enseignement viseraient principalement la réinsertion sociale. Celles-ci sont autant de moyens dont dispose l'Administration pénitentiaire pour préparer la réinsertion sociale des détenus. Elles

---

105. V. J. PINATEL, *Traité élémentaire de Science pénitentiaire et de Défense sociale*, Paris, Sirey, 1950, p. XVI et s. ; P. CUCHE, *Traité de Science et de législation pénitentiaires*, Paris, L.G.D.J., 1905, 510 p. ; C. LUCAS, *De la réforme des prisons ou la théorie de l'emprisonnement, de ses principes, de ses moyens et de ses conditions pratiques*, Paris, Ed. Legrand et J. Bergounioux, 1836, T. 1, 390 p. ; S. PLAWSKI, *Droit pénitentiaire*, P.U.L., 1977, p. 126.

106. V. R.P. DEVOYOD, *Les détenus*, Ed. Matot-Braine, 1959, p. 39 et s.

ont pour objet de développer, en fonction des possibilités locales, les moyens d'expression, les connaissances et les capacités physiques et intellectuelles des détenus. A ce titre diverses possibilités sont souvent ouvertes aux détenus. Ceux-ci peuvent, par exemple, se procurer par l'intermédiaire de l'administration et dans les conditions déterminées par une instruction de service, les journaux, les périodiques et les livres français et étrangers de leur choix n'ayant pas fait l'objet d'une saisie dans les trois derniers mois (art. D. 444). Chaque établissement possède au moins une bibliothèque dont les ouvrages sont mis gratuitement à la disposition des détenus. La sécurité de l'établissement ayant priorité sur tout, « ... les publications contenant des menaces précises contre la sécurité des personnes ou celle des établissements pénitentiaires peuvent être, à la demande des chefs d'établissement, retenus sur décision du garde des Sceaux » (art. D. 444). Généralement, l'accès des détenus à la bibliothèque est libre. Dans la plupart des établissements pénitentiaire, les détenus gèrent eux-mêmes la bibliothèque dans le cadre de l'association culturelle fonctionnant, sous le régime de la loi du 1er juillet 1901, auprès de chaque établissement. L'association s'occupe également de l'organisation des activités sportives au profit des détenus. Même si la question d'exercices physiques se rattache, dans le Code de procédure pénale, à l'hygiène, il est indéniable qu'elle s'inscrit également dans la démarche de réinsertion sociale. Dans la mesure où le sport permet de diminuer la tension nerveuse et psychique provoquée par la vie carcérale [107], de structurer certains détenus, il rend possible un travail psychologique sur le détenu ou une formation professionnelle. Le sport permettrait ainsi de « *baisser les eaux* » pour pouvoir « *construire la digue* ». Le règlement intérieur de chaque établissement doit réserver une partie de l'emploi du temps des détenus à la pratique d'exercices physiques, en particulier lorsque ces détenus ne sont pas habituellement occupés à des travaux à l'extérieur (art. D.360). Le personnel d'encadrement est composé des surveillants moniteurs de sport. Le développement actuel de nouvelles installations sportives dans divers établissement, notamment, la construction, par les détenus, des grands gymnases à

---

107.   V. R. SCHMELCK & G. PICCA, *Pénologie et droit pénitentiaire*, Cujas, 1967, pp. 301-302.

Rennes et à Fleury-Mérogis (MAF), par exemple, s'inscrit dans cette logique. Ces installations viennent compléter celles qui existent déjà dans différents établissements. Les détenus sont admis sur leur demande à pratiquer l'éducation physique et le sport. Cependant, ceux punis de cellule sont exclus des séances. Le chef d'établissement peut en écarter tout autre détenu pour des raisons d'ordre et de sécurité (art. D. 363).

2. La formation des condamnés à la privation de liberté

La formation des condamnés à la privation de liberté s'articule autour de deux pôles : l'enseignement scolaire et la formation professionnelle. Elle vise leur éducation en créant ou en développant chez eux la volonté et les aptitudes qui leur permettront, après la libération, de vivre en respectant la loi et de subvenir honnêtement à leurs besoins.

a) L'enseignement scolaire

Les détenus doivent acquérir ou développer les connaissances qui leur seront nécessaires après leur libération en vue d'une meilleure adaptation sociale. Dans ce but, toutes facilités compatibles avec les exigences de la discipline et la sécurité doivent être données aux détenus aptes à profiter d'un enseignement scolaire et professionnel et, en particulier, aux plus jeunes et aux moins instruits. Cette disposition prévue à l'article D.450 du CPP traduit l'opinion communément admise selon laquelle le développement de l'instruction peut contribuer à combattre la délinquance [108] : *« les analphabètes en sortant d'ici ne peuvent pas se réinsérer... »* (Surveillante, CD 13 000). Elle prend également en compte la réalité de la population pénale, caractérisée par un taux d'illettrisme et d'instruction primaire très élevé[109]. L'enseignement primaire est assuré dans tous les établissements pénitentiaires. En principe, les condamnés qui ne savent pas lire, écrire ou calculer couramment

---

108. V. R. SCHMELCK & al. *op. cit.,* p. 299 ; V. aussi J. PINATEL, Instruction et criminalité, *Rev. inter. pol. crim.,* 1955, p. 83.

109. V. R. CARIO, Pour une approche globale et intégrée du phénomène criminel, *op. cit.,* p. 54 et s.

doivent bénéficier en priorité de cet enseignement. Les autres n'y sont admis que sur leur demande. Le CPP indique également que « des cours spéciaux sont organisés pour les illettrés ainsi que pour ceux qui ne parlent ni n'écrivent la langue française » (art. D. 452). L'enseignement dispensé en établissement pénitentiaire est diplômant. Il permet également aux détenus de bénéficier des mesures d'individualisation des peines, notamment la réduction de peine supplémentaire et la semi-liberté (art. D. 536). Les détenus qui reçoivent un enseignement primaire sont admis à subir les épreuves des examens qui les sanctionnent lorsque l'instituteur estime leur préparation suffisante (art. D. 455). Les certificats, brevets ou diplômes obtenus à la suite de ces examens ne font pas apparaître l'état de détention des intéressés dans le souci d'éviter une discrimination du diplôme à l'extérieur. Les détenus ont également la possibilité de recevoir et de suivre les cours par correspondance organisés par l'éducation nationale, et cela quel que soit le type d'établissement considéré. Cette possibilité est subordonnée aux conditions matérielles d'incarcération, aux nécessités du service, de l'ordre et de la sécurité. En principe, l'enseignement dans les établissements pénitentiaires doit être assuré par des personnes qualifiées, « tout particulièrement des membres du corps enseignant qui auront reçu un agrément du directeur régional » (art. D. 456). Le manque endémique en personnel de l'A.P. touche également le service de l'enseignement [110]. Le cas d'un grand Centre de détention comme celui de Joux-la-ville, où l'on de compte qu'une seule institutrice, est très illustratif. Néanmoins, le directeur régional a toujours la possibilité d'accepter les concours bénévoles que les visiteurs de prison, le GENEPI et d'autres associations seraient susceptibles de lui offrir.

b) La formation professionnelle

La formation professionnelle est à l'origine de l'effervescence rencontrée en détention. Les détenus sont de plus en plus nombreux à suivre des formations, généralement, rémunérées. Le service socio-

---

110. Ce service est assuré par des personnels enseignants affectés selon les procédures en vigueur à l'éducation nationale et agréés par l'Administration pénitentiaire (art. D.456).

éducatif constitue le noeud autour duquel toutes les activités culturelles et les formations professionnelles viennent s'agréger. Les formations proposées dans les établissements pénitentiaires sont de plus en plus diversifiées : des formations de peinture, de maquette, de musique ou de coiffure notamment. Le Centre pénitentiaire de Rennes, par exemple, est l'une des rares prisons à avoir une entreprise de réinsertion interne : le salon de coiffure. Ce salon reçoit beaucoup de détenues et ces dernières font par ailleurs des stages en ville dans des salons privés (deux jours par semaine). L'intérêt de cette entreprise est de rendre les détenues à l'intérieur de la prison adaptables au marché de l'emploi. Les détenues en formation bénéficie d'un suivi individualisé. Des bilans trimestriels sont faits en commission au sein de laquelle siègent également les surveillants et les détenues. La formation professionnelle des détenus est réglementée par le code de procédure pénale. Il dispose que « la préparation aux examens professionnels est assurée plus spécialement dans les établissements pénitentiaires qui ont été aménagés et pourvus du personnel nécessaire. Les condamnés qui, compte tenu de leur âge, de leur connaissance et de leurs aptitudes paraissent susceptibles de profiter de cet enseignement sont transférés dans lesdits établissements en vertu d'une décision ministérielle, à condition que leur situation pénale le permette » (art. D. 457). La possibilité d'accorder le régime de semi-liberté aux détenus est également prévu par l'art. D.458, afin que soit suivie, à l'extérieur de l'établissement, une formation professionnelle qui apparaîtrait indispensable « à la réinsertion sociale du condamné ». La question qui pourrait dès lors se poser est celle de savoir dans quelle mesure les activités proposées aux détenus n'ont pas pour finalité l'insertion carcérale bien plus que la réinsertion sociale ; n'auraient-elles pas avant tout une fonction d'occupation et de pacification de la détention ? [111]. Dans le cadre de cette recherche sur l'apport des surveillants de prison à la réinsertion sociale des

---

111.   V. dans ce sens, Ph. MARY et S. DUVIAUX, L'éducation en prison : resocialisation ou occupation ?, *R.I.C.P.T.*, vol. XLIV n°1, jan-mars 1991, p. 41. Pour le danger d'une telle situation, V. P. MBANZOULOU, *Incidence des placements et de l'âge sur le développement de la conduite délinquantielle : aspects factuels et aspects représentationnels des praticiens*, Rap. de Rech. DEA, UPPA-CSC, 1992, p. 52.

condamnés, la réponse à cette question est claire : toutes ces activités ne peuvent se réaliser que sur fond de réinsertion sociale. Dans le cas contraire, la détention serait intenable. Le tout est de savoir quelle part les surveillants de prison prennent dans l'organisation ou l'animation de ces actions et quel rôle leur est réservé, puisque la loi du 22 juin 1987 dispose qu'ils doivent y participer.

B - Le rôle des surveillants de prison dans les activités « dites » de réinsertion sociale

La participation des surveillants à la réinsertion sociale des condamnés à la privation de liberté est une question qui soulève beaucoup de controverses, tant la réinsertion des détenus elle même est un sujet de vaste polémique. L'absence de doctrine officielle en matière de réinsertion sociale des détenus entretient ce flou conceptuel. Quoi qu'il en soit, la *journée ordinaire d'un maton ordinaire* déjà évoquée plus haut, ne laisse pas assez de place à cette participation : « *sachez que le surveillant n'arrive pas avec un attaché-case en détention en se disant " tiens aujourd'hui on va faire de la réinsertion ". La surcharge de travail et le nombre de détenus par agent (40 minimum) font qu'il n'a pas le temps pour cela. Il n'a presque pas le temps de faire sa pause pipi où voudriez-vous qu'il ait du temps pour les détenus... »* (Surveillante MAF). Or, les surveillants sont dans leur majorité favorables au principe de réinsertion sociale des détenus. Ils souhaitent pleinement participer à cette mission mais le temps, les conditions actuelles de travail, l'insuffisance de leur formation ne leur permettent pas de participer pleinement à cette mission qui devient, dès lors, résiduelle [112]. Bien d'autres obstacles peuvent être invoqués. Il y a d'abord l'incompatibilité manifeste entre la mission de sécurité publique (garde) et la mission de réinsertion (qui suppose dialogue, compréhension, tolérance). Par conséquent, le surveillant est partagé entre deux logiques professionnelles contradictoires. « D'un côté, une logique de sécurité lui impose une diminution du savoir-faire pédagogique afin de respecter la hiérarchie des missions pénitentiaires. Parallèlement, une logique d'humanisation et de

---

112.   V. A. CHAUVENET & al., *op. cit.*, pp. 51-60.

réinsertion l'oblige à dissimuler en grande partie les contraintes de la sécurité. La conséquence directe de cette contradiction est que les gardiens se trouvent largement dépossédés de la dimension sociale de l'activité pénitentiaire » [113]. Comment, en effet, un détenu peut-il se confier vraiment au surveillant sachant que celui-ci a l'obligation de tout rapporter à la hiérarchie ? Le travail de surveillant, la mission de garde sont déjà des formes de trahison ; dès lors, aucune confiance véritable ne peut s'établir entre le gardien et le gardé. Il est difficile aux surveillants de se préoccuper de la réinsertion sociale des individus qui n'ont pour lui que haine et ressentiment. L'organisation de la journée du surveillant en détention, centrée davantage autour de préoccupations sécuritaires et de l'entretien des détenus, ne permet pas un suivi personnalisé de ces derniers. Les surveillants ont rarement le temps de discuter avec les détenus. De surcroît, le climat de suspicion qui enveloppe la prison ne favorise pas une telle relation. La règle selon laquelle le surveillant ne doit pas chercher à connaître la nature des délits commis par les détenus n'est pas de nature à favoriser la mission de réinsertion. Tout travail de réinsertion commence par la connaissance de l'histoire du sujet et la définition d'un objectif professionnel, social, scolaire, individualisé [114]. A ces obstacles objectifs s'ajoute *l'hypocrisie* de l'Administration pénitentiaire qui ne donne aucun moyen pratique aux surveillants de mise en œuvre de cette mission. Alors que les activités relatives au contrôle des détenus font l'objet d'une réglementation, de consignes ou d'ordres précis et détaillés, la mission de réinsertion n'entre pas formellement dans la description de l'organisation de leur travail, dans leur emploi du temps [115].

Le rôle des surveillants dans l'organisation et le déroulement des activités socioculturelles et de formation professionnelle est réduit à l'escorte des détenus. Les surveillants de prison créent quelques fois un climat incitatif favorable à l'investissement des détenus dans les

---

113.   V. E. PECHILLON, Sécurité et droit du service public pénitentiaire, *op. cit.*, p. 156.

114.   V. S.H. CHATEAU, La prison comble de la désinsertion ? La réinsertion après la prison un pari ?, *Bulletin, l'insertion en questions*, Pub. trim. du C.L.C.J. oct. 1988, n°15, p. 53 ; V. aussi, R.P. DEVOYOD, *Les détenus*, Ed. Matot-braine, Reims, 1959, p. 5.

115.   V. A. CHAUVENET et al. *op. cit.*, pp. 47-49.

différentes activités disponibles dans l'établissement. *Leur position d'interface entre l'extérieur et l'intérieur les confine à un rôle sécuritaire, car les activités de réinsertion multiplient les mouvements en détention, les contacts avec l'extérieur et les risques. Outre cet aspect d'incitation et d'accompagnement des détenus, l'apport des surveillants ne semble résider qu'au niveau du respect des règles de discipline et de sécurité qu'ils assurent sur les lieux de travail. La garde des détenus y occupent une place centrale, puisqu'il faut au préalable que les surveillants assurent la sécurité pour que toutes ces activités (des psychologues, des éducateurs, des instituteurs, des médecins) aient lieu. Mais cette part des surveillants reste dans la droite ligne définie par le décret du 21 septembre 1993, à savoir que c'est au titre du maintien de la sécurité que les surveillants participent à la réinsertion sociale des détenus. Le problème qui se pose dès lors est de faire valoir la mission de garde, de lui reconnaître une utilité sociale comme l'îlotage, par exemple. Loin de nous, bien sûr, l'idée de sous-estimer le riche potentiel humain du personnel pénitentiaire sous-employé, asservi aux tâches obsessionnelles, car le système carcéral soumis plus que tout autre à une grande pression sociale a beaucoup de chance de transformation [116], même si son personnel principal, constitué par les surveillants de prison, est davantage en quête d'une identité professionnelle claire, face à la situation actuelle caractérisée par un brouillage des repères.

---

116.   V. en ce sens, M. COLIN et J.M ELCHARDUS, Faut-il construire des prisons nouvelles ou de nouvelles prisons ?, *RICPT.*, vol. XLII, n°1 1989, p. 44.

2

L'identité professionnelle brouillée [1]
des surveillants de prisons

L'identité est un concept qui renvoie à la psychologie sociale [2]. Il signifie l'articulation du social et du psychologique chez un individu, la résultante des interactions complexes entre l'individu, les autres et son environnement [3]. L'identité suppose une définition de soi [4] par les autres et les autres par soi-même, une recherche perpétuelle de ce que l'individu est pour soi-même et pour les autres et de ce que les autres sont pour soi. L'*ego* et l'*alter* sont ainsi au centre du processus identitaire. La notion d'identité se confond souvent avec celle de statut qui désigne la position de la personne et le rôle qu'elle est appelée à jouer du fait de cette position. Il arrive que plusieurs statuts (d'une même personne) entrent en conflit. L'individu dans ce cas de conflit de rôle est obligé de privilégier le statut le plus

---

1. V. J.C. FROMENT, La République des surveillants de prison (1958-1998*), op. cit.*, p. 318 et s.

2. V. C. DUBAR, *La socialisation. Construction des identités sociales et professionnelles*, Ed. Armand Colin, 1996, pp. 109-128.

3. V. en ce sens, G.N. FISCHER, *Les concepts fondamentaux de la psychologie sociale*, Dunod, 1987, p. 162.

4. Pour une compréhension du concept de "Soi", V. not. R.J. VALLERAND & G.F. LOSIER, Le soi en psychologie sociale : perspectives classiques et contemporaines, In R.J. VALLERAND (Dir.), *Les fondements de la psychologie sociale*, Ed. Gaëtan Morin, 1994, pp. 121-192 ; G.H. MEAD (1933), *Mind, Self and Society*, trad. *L'esprit, le soi et la société*, présentation de J. CAZENEUVE, Paris, 1963.

important. Les notions d'identité, de statut et de rôle, permettent de saisir l'attitude d'un individu face à une situation ou une mission. Celui-ci « accepte ou non son rôle. Il s'y sent plus ou moins à l'aise, il l'assure ou le fuit. Il peut aussi le jouer avec plus ou moins de conviction et de liberté, plus ou moins d'originalité par rapport au modèle » [5]. De telles notions sont pertinentes dans la recherche de l'apport des surveillants à la réinsertion sociale des détenus. L'identité professionnelle des surveillants se forme dans un contexte particulier que constitue le milieu carcéral. Le métier de surveillant place l'individu qui s'y engage devant l'élaboration d'une identité professionnelle qui exige des points de repère d'autant plus marqués que leur pratique professionnelle est dissonante (Section 1). Il s'agit en effet d'un métier caractérisé par des tâches professionnelles socialement dépréciées, parce qu'en contradiction avec les valeurs de la société ou la bonne éducation. L'identité professionnelle des surveillants est plutôt une identité brouillée. Elle s'élabore sur fond de désarroi existentiel marqué par une recherche de projet professionnel : être ou ne pas être seulement porte-clés. Une telle situation rejaillit négativement sur l'image de soi des surveillants de prison (Section 2).

Section I : La pratique professionnelle dissonante des surveillants de prison

La pratique professionnelle des surveillants se caractérise par une antinomie manifeste des missions et des tâches. Le surveillant est obligé d'être tantôt porteur de sécurité, tantôt porteur d'humanisme ou les deux à la fois. Cela provoque un conflit de rôle et une perte de repères. D'où le malaise des surveillants souvent évoqué à l'occasion de divers mouvements de protestation.

Celui-ci a cependant d'autres explications. Non seulement le statut de surveillant est considérée comme subalterne parce que les surveillants occupent l'échelon le moins élevé de la hiérarchie des métiers de la prison, mais aussi parce qu'il leur est assigné des tâches, telles les fouilles à corps, les fouilles de cellules, la

---

5.   V. M. GRAWITZ, *Méthodes des Sciences Sociales*, Col. Dalloz, 1986, p. 561.

surveillance de parloir, la fermeture de portes, contraires aux bonnes moeurs. Ils ont ainsi le sentiment d'accomplir le *sale boulot* (§ 1), d'autant plus qu'en même temps ils ont la mission de servir les détenus (§ 2).

§ I : Le "sale boulot" des surveillants de prison

De façon générale, les surveillants n'aiment pas leur métier. Ils y viennent pour des raisons essentiellement économiques : le salaire, la sécurité de l'emploi et le chômage sont souvent invoqués pour justifier leur « choix » ou plutôt leur « absence de choix ». Une fois dans le métier, ils apprennent à lui donner un contenu positif, voire à l'aimer. Les surveillants évoquent souvent le côté relationnel de leur métier pour valoriser leur rôle. Cependant, cet habillage « relationnel » ne suffit pas à masquer leur malaise. Les divers mouvements de contestation qui ont secoué l'Administration pénitentiaire depuis 1988 témoignent bien de ce malaise dans le monde pénitentiaire, singulièrement dans celui des surveillants [6]. Ce malaise s'inscrit lui-même dans un contexte plus large de crise de l'institution judiciaire [7]. Les surveillants ont le sentiment que les détenus sont mieux considérés qu'eux-mêmes. Ils se sentent mal aimés, méprisés et ignorés aussi bien par leur hiérarchie que par la société tout entière [8]. Ils supportent mal les surnoms de *matons* ou de *gardiens* tout comme l'image de *porte-clés* dont ils sont affublés. Cela tient au fait que les surveillants sont restés dans l'imaginaire collectif les bourreaux que la société a chargés « d'exécuter » les détenus et que l'on préfère voir de loin que de près [9]. La garde des

---

6.   V. *Le Monde* des 20, 21, 22, 27 août 1992.

7.   V. en ce sens, R. BOURE & P. MIGNARD, *La crise de l'institution judiciaire*, ED. christian Bougeois, Paris, 1977, 253 p. ; P. ROBERT & FAUGERON, *Les forces cachées de la justice : la crise de la justice pénale*, Ed. du Centurion, Coll. Justice Humaine, Paris, 1980, 204 p.

8.   Sur cette question, V. R. CARIO, L'amélioration du climat social dans le monde pénitentiaire, *Rev. pénit.*, 1992/2, p. 126 et s. ; A. CHAUVENET, G. BENGUIGUI, F. ORLIC, Le personnel de surveillance des prison, *op. cit.*, p. 75 et s. ; N. AYMARD & D. LHUILIER, Sécurité et identité professionnelles des personnels de surveillance de l'Administration Pénitentiaire, In *Droit et société*, 1993/25, p. 435 et s.

9.   V. J.L. CHOQUET, Les surveillants, mais que veulent-ils ?, *Rev. pénit.*, n°2, av-juin 1990, pp. 209-213.

détenus (A) apparaît comme le symbole le plus frappant de l'ingratitude dont témoigne l'opinion publique vis à vis des surveillants, car si la société apprécie d'être protégée par les surveillants de prison de l'exposition aux délinquants, elle les considère paradoxalement comme souillés par le mal qu'ils côtoient. Le malaise vient également des conditions d'exercice de la profession de surveillant de prison caractérisée par une rigidité qui ne laisse pas de place à l'initiative individuelle des intéressés. Le niveau aujourd'hui relativement élevé des surveillants de prison génère des attentes professionnelles inadéquates avec la réalité quotidienne de ce métier (B).

A - La mission de garde des détenus

La mission de garde comporte diverses tâches qui heurtent quotidiennement la conscience des surveillants [10], parce que contraires à leur éducation de base. C'est le cas notamment des fouilles à corps (surtout des personnes plus âgées), la surveillance des parloirs, l'écoute aux portes, le regard indiscret par les trous des serrures, la violation de la correspondance. Regarder, par exemple, en face un détenu en conversation téléphonique avec sa femme ou ses enfants, alors que celle-ci est écoutée par les surveillants au moyen d'un autre combiné [11], requiert de leur part un grand courage : « *De quoi a-t-on l'air ?* » (CSP2, CD 13 000) disent-ils souvent. Ils doivent malgré tout l'assumer quotidiennement, car ces tâches contraires aux bonnes moeurs et à l'éducation de base constituent l'essentiel de leur travail. Cette situation rend intelligible le malaise des surveillants et leur désarroi puisqu'ils sont condamnés à assumer une attitude répressive, nonobstant la péjoration sociale qui couvre leur fonction.

---

10. V. en ce sens, P. BOTTON, *op. cit.*, pp. 141-142.

11. V. en ce sens, G. DELTEIL, *Prisons, dossiers brûlants*, Paris, Le Caroussel-FN, 1986, p. 139.

1. La garde des détenus : une attitude répressive

« Le surveillant est tenu responsable de l'enfermement des condamnés par ceux-ci. Evidemment c'est lui qui ouvre et ferme les portes, comment être apprécié dans ces cas-là ?» (Premier surveillant, CD). L'évolution de la profession de surveillant vers un rôle social n'a pas eu le résultat escompté, c'est à dire, la valorisation de la profession. D'une part, la contradiction des objectifs et la surpopulation pénale confinent le surveillant dans la gestion quotidienne de la prison, notamment, la gestion sécuritaire. L'attention du surveillant est prioritairement concentrée sur la lutte contre les évasions, les incidents, les agressions et le suicide. Le surveillant n'a presque pas le temps de s'insérer dans une action sociale envers les détenus, car ainsi qu'ils le disent, *« discuter avec les détenus est un luxe, c'est toujours au détriment de quelque chose »* (Entretien collectif, MA hommes). Le manque de moyens, en terme d'effectifs, est une barrière supplémentaire au désir du personnel de surveillance d'élever sa fonction à ce nouveau rôle social, présenté comme l'aspect le plus noble de cette profession. D'autre part, le décloisonnement de l'univers carcéral et l'entrée des différentes catégories de personnels sociaux ont contribué à la dévalorisation de la profession de surveillant de prison, en laissant apparaître en prison des fonctions plus nobles occupées par les nouveaux acteurs sociaux et moins nobles, occupées par les surveillants. D'autres recherches ont déjà relevé les conséquences de ce décloisonnement de l'univers carcéral en ces termes : « ...les médecins, enseignants, visiteurs, éducateurs, ministres du culte, avocats, juges et juges d'application des peines, travailleurs sociaux sont titulaires des fonctions nobles, soit qu'ils apportent au détenu par leurs visites un réconfort moral ou défendent son dossier, soit encore qu'ils représentent la justice dans son exercice » [12].

L'intervention de ces différentes catégories de personnels socio-éducatifs dans les prisons exige en outre que les surveillants assurent l'ordre, la discipline, la sécurité et l'accompagnement des détenus. Cela les place dans un rapport d'infériorité vis à vis de ces personnels. Les surveillants s'en trouvent humiliés. Ils ont le

---

12. V. A. CHAUVENET & al. *op. cit.*, p. 76.

sentiment d'être dépossédés d'une partie de leur métier, de leurs relations et de leur pouvoir. Ils se trouvent ainsi relégués à des rôles subalternes. Pour exister, le surveillant est obligé d'incarner vis-à-vis de la population pénale, des acteurs sociaux, de la hiérarchie et vis-à-vis de la société, une image répressive, qu'ils récusent pourtant : « *Un éducateur fait de la réinsertion, un surveillant fait de la répression (porte fermée, application du règlement intérieur) : comment dans ces conditions peut-on être considéré comme un éducateur ? De plus les éducateurs sont en civil alors que le surveillant porte un uniforme* » (Surveillant CD, hommes). Il en résulte une surenchère des revendications sécuritaires. Les surveillants réclament d'être considérés comme de vrais fonctionnaires de sécurité au même titre que les gendarmes ou les policiers. La revendication de la parité avec la police, qui revient sans cesse dans le discours des surveillants, avait valeur de symbole [13]. Elle correspond en partie à une demande de reconnaissance sociale. Or, tout le monde s'accorde à reconnaître que la formation des surveillants s'est sensiblement allongée. Les candidats sont plus diplômés et les missions ont évolué. Le contexte socio-économique tend à modifier les origines sociales et culturelles des surveillants. Rien ne s'oppose vraiment à ce que les surveillants embrassent pleinement la mission de réinsertion qui est jusque-là considérée comme résiduelle [14] et utopique. Les conditions semblent réunies pour combattre la péjoration sociale qui affecte cette profession.

2. La garde des détenus : une fonction péjorative

« Les personnels pénitentiaires se sentent ignorés, exclus, relégués dans les "oubliettes de la société" ». C'est par cette phrase que s'ouvrent les premières lignes de la synthèse du Rapport de G. Bonnemaison. La profession de surveillant de prison est marquée par une péjoration sociale qui serait liée à l'histoire pénitentiaire. Les surveillants portent encore aujourd'hui l'héritage des pratiques

---

13. V. A. CHEMIN, L'amertume des surveillants de prison, *Le Monde* du jeudi 27 août 1992, p. 9.

14. V. A. CHAUVENET, C. BENGUIGUI, F. ORLIC, *op. cit.*, pp. 40-46 ; V. ég. J. GERARD, *Ils n'auront pas ma peau*, Denoël, Paris, 1975, pp. 51-60.

punitives [15] dont le souvenir subsiste dans la conscience collective [16] et qui continue à faire recette au cinéma et dans les médias. La Presse syndicale n' a eu de cesse de le dénoncer : « ... une certaine opinion publique sournoisement manipulée par une presse avide de scandale a fait de nous des « matons » armés de mitraillettes, de chaînes et de matraques, des barbares cruels, des sauvages féroces, des dévastateurs violents, des tarés ignobles et infâmes [17]. Restons-nous ces parias, garants de la bonne conscience de nos compatriotes ? La seule évolution que l'on nous reconnaisse c'est d'être passé d'un état d'alcoolisme invétéré à celui de l'éthylisme chronique » [18]. Aujourd'hui encore les surveillants sont affublés de surnoms comme « gardes chiourmes », « porte-clefs » qui renvoient à l'époque des galères et des bagnes. Les gardes-chiourmes étaient, en effet, les préposés à la surveillance des galériens et le terme de porte clefs désignait les auxiliaires responsables d'un groupe de dix bagnards en Guyane [19]. Mais l'image que détestent le plus les surveillants est sans doute celle du bourreau [20], dont la fonction consistait à donner la souffrance et la mort aux condamnés. Le bourreau fut le personnage judiciaire et pénal sans doute le plus mis à l'écart de la société. Dès sa nomination, tout le monde fuyait son contact. « Lorsqu'il circulait, le bourreau devait porter un vêtement de couleur jaune et lorsqu'il officiait, il était tenu de porter la cagoule. Lorsqu'il faisait son marché, il n'avait pas le droit de toucher les aliments avec les mains et devait se servir d'une petite louche » [21]. Quel rapport peut-il y avoir entre les bourreaux, les

---

15. V. en ce sens, P. BOUCHER, *Le ghetto judiciaire*, Grasset, Coll. Pouvoir et Justice, Paris, 1978, 285 p.

16. « La conscience collective est : l'ensemble des croyances et des sentiments communs à la moyenne des membres d'une société ». Cet ensemble forme un « système déterminé qui a sa vie propre ». V. M. GRAWITZ, *Méthodes des Sciences sociales*, Paris, Dalloz, 1979, 1102 p.

17. *Le Réveil Pénitentiaire C.G.T.*, n°131, juin 1974, p. 2.

18. *Ibid.*, n° 141, février-mars 1978, p. 2.

19. V. J.L. CHOQUET, *op. cit.*, p. 211

20. Au XIIIè siècle dans chaque bailliage un homme est désigné comme bourreau. Le roi nomme un « Maistre persécuteur des haultes oeuvres du Roy » ; Georges Therage, qui exécuta Jeanne D'ARC, fut l'un d'eux. L'oeuvre du bourreau fit recette jusqu'en 1939.

21. V. J.L. CHOQUET, *op.cit.*, p. 213.

gardes-chiourmes et les surveillants pour qu'une telle survivance historique existe au point d'alimenter encore de nos jours la péjoration sociale de la profession de surveillant de prison ? J.L. Choquet propose une réponse freudienne : la peur de la mort [22]. Les bourreaux et gardes-chiourmes côtoient la mort d'une part, l'un et l'autre participent directement et en public à la punition des condamnés d'autre part. Ils ont ainsi une fonction de mort réelle ou perçue comme telle par leurs contemporains. Dès lors, ils deviennent « tabous » [23]. La péjoration sociale, liée à la fonction de bourreau et à ses dérivés, pourrait avoir comme origine le refoulement de la satisfaction inconsciente que procure la mort d'autrui. Le bourreau et le garde-chiourme étaient socialement utiles pour leurs compatriotes. Mais leur utilité les excluait paradoxalement, car ils symbolisaient la mort. Ils endossaient ainsi la culpabilité de la charge que la société leur avait confiée.

Les surveillant exercent quant à eux leur travail très loin du regard de la société, derrière les hauts murs de la prison. De surcroît, les prisons sont qualifiées par l'opinion publique de « club méd. » ou de « prison quatre étoiles », pour désigner ce que d'aucuns jugent excessif et discordant au regard de la prison qui doit rester - à leur avis - un lieu de pénitence. Pour l'opinion publique, le traitement qui y est administré n'est pas un traitement mortifère ou suffisamment expiatoire. Pourquoi les surveillants ont -ils alors le sentiment d'être exclus de la société au même titre que l'était le bourreau ? Parmi les explications possibles, se trouve le fait que la prison soit restée un monde fermé, ignoré du grand public. Le grand public ne sait pas ce qui s'y passe réellement. Les seuls éléments « d'information » proviennent des œuvres de fiction, des références au passé et des médias mal intentionnés [24]. Cette situation alimente tous les fantasmes. Les surveillants étant le symbole même de l'institution pénitentiaire (ce sont eux qui ouvrent et ferment les portes), c'est tout naturellement qu'ils deviennent les sujet principaux de ces fantasmes. Ils incarnent, face à l'opinion publique, la sanction et la répression

---

22. V. J.L. CHOQUET, *op. cit.*, p. 216.

23. V. S. FREUD, *Totem et tabou* (1913), Ed. payot, 1965, 243 p.

24. La course pour l'audience fait que les médias préfèrent présenter au public une image des surveillants conforme à ses fantasmes, c'est à dire, semblable à celle des gardes-chiourmes corrompus ou du bourreau sadique.

des détenus. Dans le monde moderne, la liberté et les droits de l'homme ont pris une telle importance que le surveillant de prison, malgré l'utilité de ses fonctions, nous confronte sans cesse à l'ambivalence de nos affects à l'égard de la peine affligée aux détenus (le plaisir d'une vengeance assouvie et une certaine réticence à punir, à priver de liberté). D'où l'inclination naturelle à l'occultation de ceux qui sont chargés de telles fonctions. D'autant plus que la domination des détenus, y compris par la coercition [25], constitue le moyen parfois utilisé par les surveillants pour la maîtrise de la détention. Les détenus deviennent ainsi sympathiques vis à vis du public, car ils apparaissent comme les victimes du sadisme pénitentiaire incarné par les surveillants de prison. A elle seule, cette explication ne serait pas suffisante. Il convient d'y ajouter le fait que le métier de surveillant de prison n'est pas connu à l'extérieur, comme le revèle l'étonnant propos rapporté par P. Tartakowsky « je suis en train de vous former à un métier qui n'existe pas » [26]. Que fait en effet le surveillant de prison ? La réponse est d'une évidence très réductrice : il surveille. Cette définition du métier n'est pas suffisante pour le valoriser à l'extérieur où la péjoration est très profonde : *« les détenus sont des ordures, les surveillants des éboueurs »*. Les surveillants sont par conséquent englobés par l'opinion publique dans la même mise à l'écart et une même réprobation publique que les détenus [27]. Une telle définition de la profession de surveillant de prison est très éloignée des attentes professionnelles des intéressés.

B - *Des attentes professionnelles inadéquates des surveillants de prison*

Trois éléments caractérisent le recrutement des élèves surveillants aujourd'hui : l'abaissement de l'âge à l'entrée dans l'Administration

---

25. Au sens psychosociologique du terme, « la coercition consite dans l'usage de la force physique de même que dans les menaces de punition ou les signes subtils de désapprobation ». V. M. ALAIN, *Les influences sociales*, In R..J. VALLERAND (Dir.), *Les fondements de la psychologie sociale*, *op. cit.*, p. 644.

26. V. P. TARTAKOWSKY, *op. cit.*, p. 236 ; V. ég. du même auteur, "Surveillant pénitentiaire. Un métier qui n'existe pas ?", In *Revue de psychologie de la motivation*, n°20, 1995, pp. 101-106.

27. *Ibid.*

pénitentiaire, le niveau scolaire de plus en plus élevé des candidats et l'allongement de la durée de formation (de 4 à 8 mois). Plus de la moitié des surveillants y sont entrés depuis 1981. Aujourd'hui plus de la moitié des surveillants ont moins de quarante ans [28]. Parallèlement, le niveau d'étude connaît une évolution à partir de 1975. Alors que disparaît la catégorie "sans diplôme" en 1980, celle des élèves surveillants ayant le bac et plus (licence et maîtrise) apparaît, même si celle-ci reste encore sous-représentée, la majorité ayant en 1985 le niveau BEPC [29]. Cette évolution du profil des candidats recrutés se traduit par des attentes professionnelles plus valorisantes. Or, la place qui est réservée aux surveillants dans l'institution pénitentiaire reste celle d'agents d'exécution. Leur travail, constitué des tâches répétitives et abrutissantes, procède d'une véritable instrumentalisation de la profession.

1. Le travail instrumental [30] des surveillants de prison

L'instrumentalité du travail du surveillant de prison est la conséquence de sa position professionnelle dans l'institution pénitentiaire : il est avant tout un agent d'exécution. Il n'a ni la possibilité d'initiatives, ni la marge de manœuvre nécessaire à leur exécution. Il doit recevoir tout de la hiérarchie à laquelle il voue une obéissance absolue et il doit rendre compte de tout à sa hiérarchie. Le surveillant n'a de prise ni sur l'amont ni sur l'aval de sa tâche ; pas plus d'ailleurs qu'il ne peut intervenir sur la décision de l'incarcération des individus. De même, il ne peut entretenir des relations avec d'anciens détenus à l'extérieur de la prison, fut-ce pour des raisons de réinsertion sociale, le règlement de la prison l'interdit [31]. La forme instrumentale des tâches du surveillant se manifeste par un ensemble de contraintes définies en terme de prescriptions et d'interdits prévus par le règlement intérieur variable selon les établissements, par les ordres des directeurs

---

28.   V. D. LHUILIER & al. *op. cit.*, p. 26.

29.   V. HARTRICH et Cl. FAUGERON, *Les élèves surveillants de 1968 à 1985, données statistiques*, CESDIP, n°52, 1987, pp. 3-13.

30.   Concept emprunté à A. CHAUVENET & al.

31.   V. A. CHAUVENET & al., *op. cit.*, p. 21.

d'établissements et divers textes légaux. Les surveillants ont l'obligation de s'y conformer sous peine de sanctions par la hiérarchie. Ces tâches se caractérisent par leur dimension obsessionnelle et abrutissante. Ce sont, par exemple, les fouilles systématiques quotidiennes de cellules et de différents lieux où vont et viennent les détenus, les sondages quotidiens des barreaux, le contrôle des effectifs, les rondes d'écoute, les rondes à l'œilleton. Elles sont indéterminées, en ce sens qu'elles sont sujettes à modifications et dépendent de la hiérarchie qui donne les ordres sur des tâches spécifiques à accomplir et sur les moyens de les exécuter. Cette indétermination des tâches s'exprime par la polyvalence professionnelle des surveillants de prison. Ainsi, un surveillant peut travailler un jour en secteur détention, un autre jour en poste fixe. Cette instrumentalité des tâches du surveillant de prison doublée de conflits relationnels avec les détenus, crée un véritable stress, une aliénation, un épuisement, bref, une insatisfaction professionnelle [32]. D'où l'insatisfaction des surveillants au sujet de la place qu'ils occupent dans l'institution pénitentiaire.

2. La place des surveillants de prison dans l'institution pénitentiaire

Parler de la place des surveillants dans l'institution pénitentiaire revient à aborder la question de leur identité professionnelle. Cette place n'est pas aussi évidente qu'il y paraît. Les surveillants eux-mêmes n'ont pas une réponse bien tranchée et leur interrogation demeure la même : « *quelle place a-t-il ? C'est là la question. En fait il ne sait plus qui il est. Toujours à jongler avec le RI et la réalité qui s'impose* » (surveillante CD). La démarche pour aborder cette question a consisté à poser aux surveillants la question suivante : la place que le surveillant occupe dans l'organisation actuelle de l'administration pénitentiaire vous satisfait-elle ? Les réponses des surveillants sont édifiantes : 70 % des surveillants jugent insatisfaisante leur place dans l'organisation pénitentiaire,

---

32. Plusieurs études montrent que les attitudes favorables à l'égard du travail en milieu pénitentiaire s'amenuisent avec le temps. V. en ce sens "L'incidence de l'ancienneté et du statut sur les opinions des employés dans les prisons fédérales américaines", *Forum*, vol. 4, Canada, mars 1992, p. 43.

contre 20,3% qui la jugent satisfaisante, le taux de non réponse étant de 9,7%. Une tette opinion semble logique car la place du surveillant est celle d'un exécutant, sans réelle emprise sur son travail. Or la nouvelle génération des surveillants aspire à plus de liberté, plus d'autonomie et plus de responsabilité. Il est clair que l'initiative et la responsabilité associées à la parfaite maîtrise d'une technicité participent d'un professionnalisme actif qui concourt à une autre perception de soi, plus valorisante, plus en conformité avec ses aspirations professionnelles. Le Rapport Bonnemaison [33] a essayé de répondre à cette demande des surveillants, en proposant la modernisation du service public pénitentiaire comme support de la professionnalisation des métiers de la pénitentiaire. Cependant, dans ce rapport, la participation n'est abordée que sous l'angle traditionnel des commissions paritaires. Or la marge de liberté accordée au personnel de base dans ces commissions est très réduite, car *« dans les réunions, les surveillants ne peuvent pas dire le contraire de ce que pensent leurs chefs... »* (CIP, CD 13 000). Cette tentative d'implication des surveillants au fonctionnement des établissement se heurte à la conception de l'organisation de l'Administration pénitentiaire tendant à prendre les surveillants pour des simples éléments organiques du système, alors que ceux-ci sont des maillons indispensables de la chaîne pénitentiaire.

a) *Le surveillant de prison : élément organique de l'institution pénitentiaire*

Le surveillant apparaît dans l'organisation de l'Administration pénitentiaire comme simple élément organique : *« il n'est pas suffisamment impliqué dans cette organisation, il est en retrait et il doit subir par les notes de service qu'il se doit d'appliquer, les différentes contraintes liées aux tâches quotidiennes sans que le personnel ait pu donner son avis ou émettre des idées, ou encore apporter des améliorations au fonctionnement de l'établissement »* (Surveillante CD). La hiérarchie est consciente de l'évolution du niveau de formation des surveillants, mais elle n'en tient pas compte

---

33. Vaste consultation des personnels engagée après les grèves de 1988 et qui a donné lieu à un rapport : G. BONNEMAISON, *La modernisation du service public pénitentiaire*, Paris, La documentation française, 1989, 106 p.

dans la réalité, car cela reviendrait à fragiliser sa propre position. Elle s'arrange pour confiner les surveillants de base dans leur rôle d'exécutant, nonobstant le riche potentiel dont il regorge [34]. Cette « méconnaissance sociale » [35] a des conséquences importantes. Il s'agit notamment de « la négativité institutionnelle, les énergies divergentes, les différences nivelées, les réalités passées sous silence, les contradictions niées qui ne cessent pour autant de bouillonner jusqu'à fomenter des crises ou provoquer des phénomènes, symptômes tels qu'absentéisme, délinquance, rumeur » [36]. Ces conséquences sont illustrées par les propos suivants : *« le surveillant est appelé pendant l'exercice de ses fonctions à opérer seul, il lui faudra donc faire preuve de discernement et d'initiative face à certaines situations, mais dans bien des cas, il devra rendre des comptes si on estime qu'il a dépassé le champ de ses compétences, aussi ce dernier préfère s'abstenir et s'en tenir au minimum et d'avertir le corps des gradés qui évalueront la situation et lui donneront des directives à suivre. On ne fait pas appel à son esprit d'analyse, à ses réflexions et à son professionnalisme »* (Surveillante, CD). Les surveillants se plaignent [37] en ce sens de n'être pas écoutés par la hiérarchie, ou plutôt d'être « *écoutés, mais sans résultat* ». Cette opinion est partagée par la presque totalité des surveillants interrogés, soit 94,8%, le taux de non réponse à cette question étant de 5,2%. Cette revendication des surveillants de prison révèle au moins deux choses. Premièrement, les surveillants estiment qu'étant en contact quotidien avec les détenus, ils sont bien placés pour pouvoir donner leurs points de vue sur tous les sujets qui concernent la détention et la vie des détenus. Ils souhaitent dans ce sens participer pleinement aux commissions d'application de peine.

---

34. V. N. KROMMENACKER, Surveillant pénitentiaire, un consultant pour une possible métamorphose, *Rev. pénit.*, n°2, av-juin 1992, pp. 114-208.

35. V. J. BARUS-MICHEL, *op. cit.*, pp. 66-69.

36. *Ibid.*, p. 68.

37. « La complexité des mécanismes, les contradictions qui leur sont inhérentes, la distance de la plupart des acteurs sociaux et leur état de subordination rendent la connaissance de leur propre pratique obscure. C'est pourquoi ils se plaignent de ne pas comprendre ce qui se passe réellement, au-delà et en deçà de leurs intentions, là où celles-ci finissent par devenir dérisoire. La *praxis* engendre de la *méconnaissance*, du fait de l'acte lui-même, du fait des acteurs ». V. J. BARUS-MICHEL, *op. cit.*, p. 66.

Rien n'empêche une telle évolution puisque sur le plan intellectuel le niveau des surveillants n'y fait plus obstacle. Pourquoi ne pas envisager de consulter les surveillants lors de l'évaluation des stages effectués par les élèves-surveillants, ou sur les projets de construction, de rénovation d'établissements ou encore pour l'élaboration des règlements intérieurs ? Et deuxièmement, les surveillants veulent obtenir une reconnaissance sociale de leur métier. Pour cela, ils souhaitent s'inscrire activement dans le mouvement évolutif de l'univers carcéral, pour peu que l'Administration pénitentiaire les considère comme maillon indispensable de la chaîne... pénitentiaire [38].

b) *Le surveillant de prison : maillon indispensable de la chaîne pénitentiaire*

Présenter le surveillant de prison comme maillon indispensable de la chaîne pénitentiaire est déjà une forme de reconnaissance. Mais les surveillants veulent avant tout une reconnaissance sociale [39]. Ils sont en proie à un véritable problème d'identité sociale avec des aspirations vers un « groupe de référence » [40], imaginaire ou réel, foncièrement différent du « groupe d'appartenance ». D'un point de vue fonctionnel, de telles aspirations peuvent avoir plusieurs conséquences possibles. Une série d'hypothèses a été avancée par C. Dubar, à la suite des travaux de R.K. Merton : « Ou bien l'institution dans laquelle ils se trouvent offre des opportunités de mobilité ascendante : la cohésion du groupe fait place à la compétition de ses membres ; tous finissent par partager les normes et valeurs du groupe dominant et certains parviennent à s'y intégrer, les autres étant exclus et amer, menacés d'anomie. Ou bien

---

38. V. en ce sens, J. VERIN, Le surveillant de prison, *R.S.C.*, n°4, oct.-déc., 1973, p. 940.

39. V. not. R. CARIO, L'amélioration du climat social dans le monde pénitentiaire, *op. cit.*, p. 126 et s. ; du même auteur, Pour une approche globale et intégrée du phénomène criminel, *op. cit.*, p. 154.

40. V. C. DUBAR, *La socialisation. Construction des identités sociales et professionnelles*, Ed. Armand Colin, Paris, 1996, p. 56 et s. ; V. ég. R. K. MERTON, Contribution to theory of Reference Group Behavior, (avec A. KITT), trad. par H. MENDRAS, *Eléments de théorie et de méthode sociologique*, Paris, Plon, 1965, pp. 202-236.

l'institution fait peu de place à la mobilité et le groupe d'appartenance partage une frustration collective pouvant déboucher sur l'action revendicative ou sur l'éclatement désabusé. Ou bien encore chacun combine la solidarité avec ses pairs et la compétition pour l'accès aux quelques positions ouvertes : les valeurs partagées sont alors un mixte des valeurs « dominantes » et des valeurs partagées par le groupe de base. Ou bien enfin la situation provoque une segmentation du groupe entre ceux qui adhèrent aux valeurs dominantes, ceux qui, maintenant les valeurs du groupe dominé, les combinent avec les premières, ceux qui, intériorisant leur impossibilité de mobilité, sombrent dans l'anomie » [41]. Ces différentes hypothèses s'appliquent aisément dans le cas des surveillants de prison en raison de la complexité de l'institution (carcérale) à laquelle ils appartiennent. Ces derniers fondent la légitimité de leurs revendications sur le statut d'« hommes de terrain » qu'ils sont : *« Il faudrait davantage tenir compte du jugement des surveillant(e)s au sujet des détenus. La détention est vue différemment selon que l'on est surveillant(e)s ou dans les bureaux »* (Surveillante, CD). Effectivement, les surveillants, dernier maillon de la chaîne pénitentiaire, sont les seuls représentants de l'administration au contact quotidien des détenus. Alors que ce temps passé auprès des détenus et leur connaissance de l'univers carcéral pourraient leur permettre d'être des interlocuteurs privilégiés, ils sont le plus souvent exclus du processus de décision [42].

Les surveillants se définissent souvent comme le personnel de base. En réalité, ils veulent être autre chose qu'un simple personnel de base. Ils veulent être des acteurs pénitentiaires. Ce qui suppose une certaine "horizontalisation" de l'institution pénitentiaire par le bas, de telle sorte que les surveillants se voient confier et se voient reconnaître des responsabilités. Le surveillant doit pouvoir non seulement répondre aux sollicitations de chaque détenu et lui apporter des réponses appropriées, ou le diriger vers l'instance compétente, mais également repérer les comportements "significatifs" et procéder aux signalements qui s'imposent,

---

41. V. C. DUBAR, *op. cit.*, p. 58.

42. V. en ce sens, C. FAUGERON, Les personnels de surveillance : entre la méconnaissance et la reconnaissance, *Droit et Société*, n°22, 1992, p. 499 et s.

notamment auprès des personnels spécialisés. Pour M. Giacoppelli [43], l'agent pénitentiaire [44] est un professionnel de la détention. Il est à la fois consultant [45], agent de communication, animateur, normalisateur ou régulateur de la détention. Il doit être capable de répondre à toutes les questions posées par le détenu sur son devenir tant pénal que pénitentiaire. Il doit en outre être capable d'expliquer telle ou telle décision individuelle dans la détention, prise à l'encontre de tel ou tel détenu. L'agent pénitentiaire peut également animer un petit groupe de détenus en utilisant et en mettant à la disposition des détenus ses compétences techniques acquises préalablement à l'école, où pourrait être mis en place des cours à option sous la forme d'ateliers : cuisine, sport, peinture. Il convient dans cette optique de méditer, avec intérêt, les propos suivants : *« les surveillants ont tous un potentiel de connaissance en eux. Si l'administration leur donne les moyens d'exister ils répondent présents. Exemples : Surveillant moniteur de sport ; Surveillant responsable cuisine ; Surveillante responsable d'atelier couture. Ceux-là existent déjà, pourquoi ne pas élargir la panoplie ? »* (Première surveillante, CD).

Il est certain que la responsabilisation du personnel de surveillance est l'une des clés de sa valorisation. D'énormes potentialités existent actuellement dans l'Administration pénitentiaire, mais le manque endémique d'effectifs du personnel de surveillance [46] rend difficile un redéploiement de ce personnel. Pour autant, l'Administration pénitentiaire a tout à gagner à impliquer davantage les surveillants dans la politique sociale menée à l'intention des détenus. Car rien en prison ne peut être entrepris efficacement si cela est entrepris en dehors des surveillants ou rencontre leur hostilité [47]. Cette opinion est également partagée par J.E. Thomas lorsqu'il conclut que : « si l'on veut que des réformes

---

43. M. GIACOPPELLI, *Statuts et formation des personnels de surveillance dans le cadre européen*, Thèse, 20 novembre 1993, Aix-Marseille, pp. 460-462.

44. 26,5% des surveillants interrogés au cours de la recherche pensent que cette expression est celle qui convient le mieux à leur métier.

45. V. N. KROMMENAKER, *op. cit.*, p. 114 et s.

46. C'est la principale revendication des surveillants lors de récents mouvements d'automne 1998.

47. V. J. VERIN, *op. cit*, p. 940.

aient quelques chances de succès, il faut d'abord faire accepter les changements aux surveillants et pour cela il faut qu'ils ne les ressentent pas comme des menaces à leur statut, qu'ils soient assurés de l'appui total de l'administration centrale, qu'on n'attribue pas aux uns les rôles nobles et à eux-mêmes les rôles déplaisants et réactionnaires et enfin que chaque mesure soit étudiée, dans toutes ses répercussions prévisibles, en plein accord avec eux » [48]. Il est clair que le personnel de surveillance est un maillon indispensable de la chaîne pénitentiaire : « *c'est le surveillant qui fait fonctionner l'administration pénitentiaire et lorsque tout marche à l'intérieur d'un centre pénitentiaire il n'y a pas de problème, mais dès que le personnel pénitentiaire est touché, cette organisation peut basculer* » (Surveillante, CD). Pour tirer le meilleurs parti de ce personnel, il ne sert à rien de vouloir le disperser sur tous les fronts de l'action pénitentiaire. Il faut l'aider à devenir ce qu'il aurait dû être toujours : un référent pour les détenus. La mission d'entretien des détenus peut dès lors servir de base au rapprochement surveillants de prison-détenus si celle-ci était valorisée.

§ II : L'entretien des détenus

Lorsque l'on évoque les missions des surveillants de prison, grande est la tendance à penser exclusivement à la garde et la réinsertion des détenus, missions explicites. Or, le travail des surveillants en détention s'articule généralement autour de l'entretien des détenus. Cette mission d'entretien établit entre les surveillants et les détenus une relation de service inversée (A), à tel point que les surveillants pensent qu'ils sont devenus les *larbins* des détenus avec pour mission de « *servir au mieux les détenus (politesse, rapidité, écoute). Ils doivent être contentés au moindre petit désir. Leur servir également à se défouler régulièrement (exemple : en nous insultant)* » (Surveillant CD, 13 000). Paradoxalement, une telle mission révèle aux surveillants un aspect positif et plus motivant de leur métier : le côté relationnel (B).

---

48. Cité par J. VERIN, Le surveillant de prison, *op. cit.*, 1973, p. 946.

A - *La relation inversée de service dans l'entretien des détenus*

L'entretien des détenus est vécu par les surveillants avec une certaine frustration facilement observable à travers ces propos : « *On est à leur disposition, c'est leur premier mot* (des détenus) » (Surveillant CD, 13 000). « *Nous sommes progressivement devenus leurs "employés" à qui ils font appel pour régler tous les problèmes quotidiens et leur faciliter la vie* » (Surveillante, CD). L'observation de la vie quotidienne en prison permet de constater que l'entretien des détenus est la mission qui occupe le plus les surveillants de prison, puisque le temps de la prison c'est d'abord celui de la gestion de la vie quotidienne et de la satisfaction des besoins et droits essentiels des détenus. Cette mission d'entretien des détenus comporte plusieurs tâches aussi diverses les unes que les autres. Il s'agit par exemple de la distribution des repas, du ramassage et de la distribution du courrier, de la distribution des journaux et revues auxquels les détenus sont abonnés, des diverses cantines et demandes individuelles variées. De nombreux postes fixes sont destinés à l'exécution de l'entretien des détenus : le poste de surveillance de cuisine, celui de vaguemestre, la lingerie-buanderie, le magasin, la cantine, le service général, l'infirmerie, auxquels il faut ajouter tous les postes occupés par des surveillants et destinés à l'entretien des bâtiments, des cellules, des jardins et des installations sportives. L'entretien des détenus inverse énormément le rapport des surveillants aux détenus par rapport à leur fonction disciplinaire qui a plutôt une connotation répressive [49]. Contrairement aux tâches de surveillance, de contrôle et de sécurité, l'entretien des détenus relève de la catégorie du service rendu aux détenus. Il ne s'agit plus d'interdire ou de contraindre, mais de donner. Si cette relation de service profite beaucoup aux détenus, elle entretient cependant l'infantilisation de ces derniers en les maintenant notamment dans un rapport de dépendance vis à vis des surveillants ; ce qui aboutit à une régression, puisque les détenus passent une bonne partie de la journée enfermés [50]. La plupart de ces

---

49. V. A. CHAUVENET & al. *op. cit.*, p. 67.

50. Pour le processus de regression, V. A.E. MOLINA, *op. cit.*, p. 54 ; V. aussi R. ROTH, *Pratiques pénitentiaires et théorie sociale, l'exemple de la prison de Genève (1825-1862)*, Librairie Droz s.a., Genève-Paris, 1981, p. 102.

services relèvent des obligations professionnelles. Cette relation de service au détenu est souvent mal vécue par les surveillants. Mais lorsque le surveillant rend service au-delà de ce qui est de l'ordre de l'obligation, il en retire une grande satisfaction. C'est pourquoi malgré le sentiment de servitude généré par cette relation de service, le côté relationnel du métier de surveillant de prison est souvent présenté comme base de leur motivation quotidienne et comme source de gratifications professionnelles.

B - *Le côté relationnel du métier de surveillant de prison*

S'il est établi que les surveillants n'ont pas choisi « positivement » leur métier, ils sont cependant 72% à penser que *si c'était à refaire*, ils accepteraient d'être encore surveillants de prison. Les raisons invoquées sont de deux ordres : la sécurité de l'emploi et le côté relationnel du métier. La sécurité de l'emploi est présentée par les surveillants comme la motivation principale de leur « choix » professionnel. Mais cette motivation ne résiste pas longtemps à l'épreuve du temps, surtout lorsque les surveillants s'aperçoivent que cette sécurité n'est que relative : un événement mal maîtrisé en détention peut conduire rapidement au « tapis vert » [51] (le conseil de discipline). Malgré le sentiment de servitude que procure l'entretien des détenus, les surveillants y trouvent parfois des raisons de valoriser leur action, et même un certain épanouissement :« *C'est une expérience qui reste positive même si tout n'est pas satisfaisant. Un métier qui mûrit, endurcit à grande vitesse, une occasion d'apporter un contact positif, équilibré à des gens qui en ont souvent besoin »* (Première surveillante, CD). Cet épanouissement résulte du sentiment d'utilité envers les détenus : « *car c'est un métier intéressant sur le plan relationnel, apporte beaucoup sur le plan humain surtout du côté des détenues... les aider à vivre leur incarcération dans de bonnes conditions, les aider à régler certains de leurs problèmes internes (cantines, etc.). Il y a surtout une aide morale, psychologique chez les femmes incarcérées »* (Surveillante MAF) ou « *parce que malgré tout, j'y trouve un épanouissement et j'ai l'impression d'être utile à la*

---

51. V. P. TARTAKOWSKY, *op. cit.*, p. 259.

société en essayant, dans la mesure de mes moyens, d'aider des êtres humains dans la souffrance » (Surveillante CD).

Il n'y a pas de vocation pour le métier de surveillant. Toute vocation serait d'ailleurs suspecte et le candidat éliminé. Toutefois, la gratification financière peut parfois suffire à compenser ce manque d'engouement initial, comme le confirme les propos suivants : *« Quand je compare nos salaires à ceux d'autres professions comme dans le bâtiment, je me rends compte que nous sommes bien ici. L'amélioration matérielle de notre profession est appréciable, mais pas les conditions de travail »* (Surveillant, MA). La comparaison sur la pénibilité physique du travail avec d'autres professions contribue à cet investissement affectif de la profession. Là où on ne voyait que des inconvénients, apparaissent des aspects positifs pour le moins surprenants : *« la sécurité de l'emploi, nombreux repos et congés qui permettent tout un tas d'activités par ailleurs, salaire tout à fait décent. Difficile d'avoir l'équivalent aussi vite dans le privé, avec aussi peu d'heures »* (Surveillante, CD 13 000) ; ou *« parce que c'est un métier où l'on bouge, où l'on n'a pas le temps de s'ennuyer. C'est un métier où il faut être assez psychologue »* (Surveillante, MAF). L'importance de la comparaison sociale [52] n'est plus à démontrer dans le processus de motivation. Elle renvoie à la théorie de l'équité, basée sur la dissonance cognitive. L. Maillet explique le facteur motivant de cette théorie en s'appuyant sur le fait que les travailleurs « se comparent à leurs collègues et se font une idée de l'équité de leur situation. Toute situation étant perçue comme inéquitable déclenche une action visant à rétablir l'équilibre » [53]. La comparaison peut également porter sur les conditions de travail à l'intérieur même de l'Administration pénitentiaire : *« Il existe un travail relationnel très important, considérable à Rennes et dans de très bonnes conditions ; une surveillante pour 20 détenues. Je pense que nous sommes privilégiées dans ce sens et qu'il est nécessaire de développer le*

---

52. V. G.N. FISCHER, *op. cit.*, p. 58 et s. ; G. DE MONTMOLLIN, Processus d'influence sociale et modalité d'interaction, In *Psychologie française*, n°11, 1966, pp. 169-178.

53. V. L. MAILLET, *Psychologie et organisation*, Ottawa, éd. Agence d'Arc Inc. 1988, p. 165.

potentiel de chaque membre du personnel, afin d'aider à l'accompagnement » (Surveillante, CD).

Le relationnel n'est pas l'essentiel de la vie, disait un surveillant de maison d'arrêt : *« Nous sommes là uniquement pour le salaire »*. Mais il arrive que ni l'un ni l'autre, ou les deux à la fois, ne réussissent à contenter les surveillants. Et ils sont près de 26% à avouer qu'ils changeraient bien de métier *« si c'était à refaire »*. Ils évoquent essentiellement la dimension affective négative de leur profession : *« Aucun respect de la population pénale envers nous et parfois de la hiérarchie. Nous ne sommes pas écoutés, pas suivis. Le détenu qui nous pose le plus de problèmes est celui qui bénéficiera le plus rapidement des différents avantages proposés (ex : travail, stages, ailes ouvertes) par souci de tranquillité »* (Surveillant, CD 13 000). Ce manque de considération de la part de la hiérarchie et des détenus contribue à brouiller l'identité professionnelle des surveillants. Ceux-ci ne savent plus où se situer exactement. Ce qu'ils prenaient pour de l'intangible, à savoir la dichotomie entre leur monde et celui des détenus, leur semble tout à coup très fluide. En ce sens que les détenus semblent rejoints par la hiérarchie pour se liguer contre les surveillants. Cette situation peut générer une angoisse de morcellement avec perte importante de repères [54]. Les surveillants dénoncent alors, pêle-mêle, l'hypocrisie du milieu carcéral, le laxisme envers les détenus, les conditions de travail stressantes. Les surveillantes de prison paraissent plus sensibles à cette hypocrisie : *« nous ne sommes que des pions. Ici ce qui compte c'est de paraître, même si l'on ne fait rien, bien parler et se placer... Il faut pouvoir le faire »* (Surveillante, CD). Pour elles, le côté relationnel de la profession n'est pas gratifiant, puisque fondé sur l'hypocrisie : *« C'est un lieu où l'hypocrisie est reine, elle détruit tout ce qu'elle touche »* (Première surveillante, CD). L'insuffisance des relations avec les détenus peut également constituer une source de frustration : *« le métier est passionnant mais tellement mal connu et ingrat, pas suffisamment de personnel et trop de détenues, pas assez de temps à leur consacrer, à les écouter »* (Surveillante, MAF). Nonobstant ces frustrations, la

---

54. V. en ce sens, M. BERTRAND & B. DORAND, *Psychanalyse et Sciences sociales*, Ed. de la Découverte, 1989, p. 78 et s.

dimension matérielle de la profession de surveillant de prison est prégnante dans l'imaginaire des intéressés et pourrait toujours motiver ce choix professionnel « si c'était à refaire » : *« trop de frustrations, aucune satisfaction, aucun sentiment d'avoir participé à quoi que ce soit de positif, aucune productivité ni pour soi, ni pour les autres. Vu la conjoncture actuelle, je ne reviendrais que pour la paye ! »* (Surveillante, MAF). Le « lourd déficit de valorisation sociale » [55] de la profession de surveillant de prison est également évoquée par les surveillants pour justifier leur choix, négatif, de ne plus vouloir exercer ce métier, « si c'était à refaire » : *« nous ne sommes que des porte-clefs. Nous avons une mauvaise image vis à vis de la société »* (Surveillante, CD). L'image étant négative, le métier l'est aussi : *« métier trop dur avec beaucoup de contraintes et trop souvent décrié par les médias »* (Surveillant, MA). Cette image négative de la profession de surveillant de prison rejaillit sur l'image de soi de ceux qui l'exercent.

Section II : L'image de soi des surveillants de prison

Les méthodes auto-descriptives sont celles qui conviennent le mieux à l'étude des représentations. Seul le sujet, semble-t-il, peut décrire avec précision comment il procède dans une activité donnée, ce qu'il sent et ce qui le mobilise. Pour mieux cerner l'image que les surveillants ont d'eux-mêmes, la démarche dans la recherche sur l'apport des surveillants de prison à la réinsertion sociale des condamnés à la privation de liberté a consisté à leur proposer quelques expressions pour désigner leur métier. Ils étaient par la suite invités à indiquer celle qui correspond le mieux à leur métier. L'étude des verbalisations des surveillants, tant en ce qui concerne leurs missions que les expressions pour désigner leur travail, permet de cerner l'image qu'ils ont d'eux-mêmes et de leur travail. Il convient en ce sens d'aborder en premier lieu les représentations professionnelles des surveillants (§ 1), pour mieux comprendre, en second lieu, le sentiment de marginalisation qui les habite (§ 2).

---

55.   V. J. JEGU, L'éducation pour la santé en prison. Des textes à la réalité, in *Revue de psychologie de la motivation*, n°20, 1995, p. 89.

§ I : Les représentations professionnelles des surveillants

Si comme l'indique J. Faget « la réalité n'existe pas, seule existe la représentation qu'on s'en fait »[56], il est alors intéressant de connaître ce qui se niche dans les subjectivités des surveillants, pour mieux cerner leur métier, car les représentations nous guident tous dans la façon de nommer et de définir ensemble les différents aspects de notre réalité de tous les jours, dans la façon de les interpréter, de statuer sur eux et le cas échéant, de prendre une position à leur égard et de la défendre[57]. Deux questions principales, posées aux surveillants, constituent l'essentiel de ce paragraphe :

1°) Parmi les expression suivantes, quelle est celle qui convient le mieux à votre métier : Gardien, Surveillant, Agent pénitentiaire et Agent de justice en milieu fermé ?

2°) Quelles sont selon vous les missions du surveillant de prison ?

Les réponses à ces deux questions paraissent appropriées quant à l'image que les surveillants ont de leur métier. L'analyse des réponses à la première question permet d'inférer le degré de congruence des surveillants de prison à leur métier. D'autant plus que le choix de l'appellation du métier (A) aborde la question du signifiant-signifié dont l'importance dans l'élaboration des représentations sociales[58] est indéniable. La deuxième question permet également de cerner les représentations professionnelles des surveillants au travers de la définition qu'ils donnent de leurs missions (B).

A - Les choix des surveillants de prison sur la dénomination de leur profession

L'analyse des protocoles des questionnaires révèle trois tendances dans les réponses des surveillants. Il y a d'abord ceux qui pensent que le terme de surveillant est celui qui correspond le mieux à la réalité de leur métier. Ils représentent 40,7% des réponses. Il y a ensuite, tous ceux qui s'identifient au terme d'agent (pénitentiaire, de

---

56. V. J. FAGET, *Les trompettes de la renommée*, In *Nouvelles approches de criminologie clinique*, R. OTTENHOF & A.M. FAVARD (Dir.), Ed. Erès, Toulouse, 1991, p. 237.

57. V. D. JODELET, *Représentations sociales*, PUF, 1997, p. 47.

58. V. en ce sens, D. JODELET(Dir.) *op. cit.*, 447 p.

justice). Ils constituent 44% des réponses. Enfin vient la tendance de ceux qui s'adonnent à l'auto-dérision pour définir leur métier. Ils représentent 11,2% des réponses.

1. La première tendance des réponses des surveillants de prison : le choix du statu quo

La première tendance se compose des surveillants qui se satisfont de l'appellation « surveillant de prison » pour désigner leur travail. Ils sont généralement assez satisfaits de leur profession. Ils récusent fortement le terme de "gardien" qui leur paraît être à l'opposé de la réalité de leur travail : « *Gardien c'est celui qui garde des biens ou des animaux et qui empêche toute destruction. Surveillant : comme à l'école, on surveille qu'ils ne fassent pas de conneries* » (Surveillant, CD). L'aspect éducatif semble être ce qui les motive le plus dans ce choix. Le terme de surveillant prend en compte la dimension humaine des détenus, mais aussi celle des surveillants eux-mêmes. Le terme de gardien est toujours évoqué, *a contrario*, lorsqu'ils souhaitent illustrer cette humanité : « *gardien convient pour un musée et surveillant convient pour des êtres humains ou des êtres vivants* » (CSP2, MAF). Le surveillant s'occupe effectivement bien des êtres humains. Le terme de surveillant est valorisant en soi, surtout quand il est opposé à celui de gardien. Il correspondrait même, dans la définition du métier, à un stade supérieur. Le terme de maton serait alors au milieu, entre gardien et surveillant. Certains surveillants le préfèrent même à défaut de celui de surveillant : « *mais le mot maton ne me gêne aucunement. Je dirai même que je le préfère à gardien* » (Surveillante, MAF).

D'autres surveillants trouvent même le moyen de concilier les deux extrêmes de leur métier, en le définissant de façon séquentielle : « *gardien la nuit et surveillant le jour* » (Surveillant, CD). Effectivement, la détention se caractérise la nuit par une absence de mouvements des détenus et un silence pesant. La vie des détenus se confine dans les cellules. Ce qui peut donner aux surveillants l'impression de garder les murs ; la vie et les hommes s'y étant retranchés. Quand bien même ils s'en défendraient énergiquement : « *on ne garde pas, on surveille* » (Surveillante, MAF).

Le terme de surveillant est aussi porteur de fierté et d'honneur. Il y a des surveillants pour y trouver une gratification, comme l'attestent les propos suivants : *« Bien que certains collègues préfèrent dire à l'extérieur qu'ils sont fonctionnaires (au ministère de la justice) sans préciser davantage, car notre métier est mal perçu et mal considéré par la société malgré son caractère de service public et le caractère social qu'il revêt ; en ce qui concerne les détenus, chez les femmes on nous appelle "Madame la surveillante", les hommes eux, appellent le surveillant "Chef" quand ils s'adressent à eux »* (Surveillante, MAF). Pour peu que le mot prison soit remplacé par pénitentiaire, le terme semble prendre une autre valeur : *« Gardien : garde des bêtes, des meubles, des immeubles, etc. mais des humains. Agent pénitentiaire ou agent de justice : représente l'ensemble des personnels travaillant dans la pénitentiaire. Surveillant pénitentiaire me semble correspondre le plus à ce métier »* (Surveillant, MA). Le terme surveillant correspond pour les intéressés à la réalité quotidienne de leur métier caractérisée essentiellement par des tâches de surveillance et de sécurité. Le choix de cette appellation par certains d'entre eux cachent mal une attitude de résignation face à une réalité intangible, ou plutôt qu'ils ne veulent pas voir changer. Le changement étant toujours source d'incertitude, la majorité des surveillants voit dans le terme de surveillant une relative sécurité. Il représente une réalité professionnelle qu'ils maîtrisent ; leur *zone d'incertitude*.

2. La deuxième tendance des réponses des surveillants de prison : Le désir de changement

Cette tendance est représentée par 44% de la population ayant répondu à cette question. Il s'agit des 26,5% des surveillants préférant le terme d'Agent pénitentiaire pour désigner leur métier et des 17,6% des surveillants préférant celui d'Agent de justice en milieu fermé. Ces deux catégories de réponses sont fusionnées dans une même tendance , car les réponses données par les surveillants pour justifier leurs choix se rapprochent beaucoup. Elles s'attachent principalement à la notion d'agent. Ce qui dénote d'une aspiration vers d'autres missions plus valorisantes, comme semblent le montrer les dires suivants : *« gardien : ce terme fait plutôt référence à la garde d'un bâtiment. Le terme de surveillant est restrictif. Agent pénitentiaire me paraît plus adapté, englobant plus les notions d'accompagnement, de surveillance et de sécurité de notre mission »* (Surveillante, CD). Cette aspiration justifie la nuance que les surveillants paraissent trouver entre les termes surveillant et agent : *« Surveillant pénitentiaire dans le système actuel. Agent pénitentiaire s'il y avait une volonté du ministère de la justice de voir différemment »* (Surveillant, CD). A moins que la notion d'agent ne relève d'une conception syncrétique de la notion de sécurité : *« Ayant un uniforme à faire respecter le mot agent est le terme employé par le petit Larousse, et pénitentiaire c'est les établissements de l'Etat où les personnes sont en punition et doivent s'acquitter d'une dette envers la société »* (Premier surveillant, CD). L'uniforme rappelle forcément la police ou la gendarmerie. Il est notoire que les surveillants revendiquent la parité avec la police en vue d'une reconnaissance sociale. Cela peut aussi justifier le choix du terme d'« agent » pour désigner la profession, car plus conforme à ce « rêve » de reconnaissance sociale en tant que force de l'ordre. Ces surveillants l'expriment très bien : *« Je fais la police en prison, je fais respecter une loi, un règlement dans un milieu fermé »* (Surveillante, CD 13 000).

Le choix d'une appellation autre que gardien ou surveillant procède de la démarche de revalorisation du métier de surveillant. Les missions ayant évolué, les surveillants estiment à juste titre que les termes de gardien ou de surveillant ne couvrent plus l'étendue de leurs missions. Cette situation est ainsi analysée par eux : *« gardien est devenu péjoratif, surveillant est trop restrictif (mais nous ne faisons pas que surveiller) »* (Surveillante, CD). La mission de réinsertion sociale qui leur est assignée au quotidien, pour le moins dans les intentions officielles [59], exige une nouvelle qualification professionnelle. Les termes d'agent pénitentiaire et d'agent de justice en milieu fermé correspondent à cette nécessaire mutation que les surveillants comprennent bien : *« ce qui nous permet une ouverture socio-éducative »* (Surveillante, CD). Les surveillants rencontrent au quotidien des demandes très variées de la part des détenus. Les

---

59. V. La loi du 22 juin 1987 relative aux missions du service public pénitentiaire.

termes d'agent pénitentiaire et d'agent de justice en milieu fermé consacrent une telle polyvalence : « *conseiller sur la vie, psychologue, infirmière, éducatrice ; c'est ce qu'elles nous demandent d'être sur le terrain* » (Surveillante, MAF). Une telle évolution de leur statut vers celui d'agent pénitentiaire pourrait contribuer à la reconnaissance sociale tant réclamée par les surveillants : « *Lorsque le surveillant pourra à la fois être dans un rôle d'éducateur, de soutien psychologique, il pourra enfin avoir le sentiment d'être utile à la société. Nous avons besoin d'être reconnus* » (Surveillante, CD). En attendant d'avoir une identité professionnelle claire, d'autres surveillants s'adonnent à l'auto-dérision, comme mécanisme de défense.

3. La troisième tendance des réponses des surveillants de prison : l'auto-dérision

La troisième tendance qui se dégage des questionnaires est composée de ce que l'on pourrait appeler des *surveillants blasés*. Il s'agit de 11,2% des surveillants qui ne semblent plus croire à l'évolution de leur métier. Le *statu quo* ne leur convient plus, mais ils éprouvent également une incapacité à faire évoluer la situation tant celle-ci semble leur échapper : « *peu importe le terme ou l'expression retenu. Aux yeux de nos ministres de la justice passés et à venir nous ne sommes que des gardiens de prison et aux yeux des médias, des matons et non pas des surveillants, des pénitentiaires, comme cela est actuellement l'expression* » (Surveillant, CD). L'auto-dérision fonctionne comme une stratégie défensive face à une réalité professionnelle qu'ils subissent plus qu'ils n'agissent sur elle. C'est ainsi que le terme choisi pour désigner la profession rappelle implicitement la pénibilité physique, mais surtout la blessure narcissique : « *porte-clés et souffre douleur* » (Surveillant, CD) ; ou « *Bonniche* » (Surveillant, MA). L'auto-dérision devient parfois un jeu de mots... ou un mot de jeu : « *Agent fermé en milieu de justice* » ; parfois elle s'exprime par le choix d'un terme impersonnel et controversé : « *fonctionnaire* ». L'impuissance des surveillants de prison à changer ou à faire évoluer leur situation professionnelle pousse nombre d'entre eux à ne plus croire en rien, surtout pas aux mots : « *Qu'importe le terme, seul le contenu compte »* ; et pour eux ce contenu de leur métier justifie le terme de "gardien". Ils sont 5,4% à tenir un tel raisonnement. Mais une autre façon de cerner l'identité professionnelle des surveillants consiste à aborder la question de leurs missions dans l'Administration pénitentiaire.

B - *La représentation par les surveillants de prison de leurs missions*

Demander aux surveillants d'identifier leurs missions revient à aborder la question cruciale de leur utilité sociale, mais également celle de leur identité professionnelle. Comme indiqué plus haut, deux grandes tendances s'observent à l'issue de cette question : ceux qui définissent leurs missions en terme de sécurité et de réinsertion (53,5%) et ceux qui ne font pas référence à la mission de réinsertion. Ces derniers parlent seulement de garde, de sécurité et de discipline (38,5%).

1 .La première tendance des réponses : vers une évolution « psychosociale » [60] de la profession de surveillant de prison

La sécurité tient une place centrale dans les représentations que les surveillants ont de leur rôle dans l'univers carcéral, même si cette mission est complétée par le projet de réinsertion [61] : *« Au départ les missions sont bien définies : sécurité et réinsertion. L'application de ces missions diffère d'un établissement à un autre selon qu'il s'agit de maison d'arrêt ou d'établissement pour peines. La mission de sécurité demeure, celle de réinsertion ne se traduit pas toujours de la même façon »* (Surveillante, CD). Les surveillants distinguent bien leurs deux missions en établissant une hiérarchie entre elles : *« 1° Garde des détenus le mieux possible ; 2° réinsertion quand on*

---

60.   « L'approche psychosociale a défini progressivement l'identité à partir d'une problématique de l'interaction intégrant, d'une part, les aspects individuels et les composantes psychologiques reliées à la personnalité (le Soi) et, d'autre part, les variables sociologiques, reliées notamment à la notion de rôle social ». V. G.N. FISCHER, Les concepts fondamentaux de la psychologie sociale, *op. cit.*, p. 167.

61.   V. D. LHUILIER, N. AYMARD, (1997), *op. cit.* pp. 41-42.

nous en donne le temps » (Surveillante, MAF). Cette hiérarchisation entre ces deux missions permet de dégager l'incompatibilité existant entre elles et souvent dénoncée par les surveillants. La primauté de la sécurité est proclamée tant par la hiérarchie que par les surveillants eux-mêmes. La mission de réinsertion apparaît dès lors comme résiduelle : *« Actuellement, même s'il y a une évolution sensible, la surveillance reste à 90% le rôle dominant, la réinsertion reste très limitée »* (Surveillant, CD). L'évolution de la profession passe en conséquence par un accroissement de la disponibilité des surveillants vis à vis des détenus. Cela suppose un rééquilibrage entre la mission de sécurité et celle de réinsertion. Le but d'un tel rééquilibrage serait d'accorder plus de temps aux surveillants pour s'investir dans une relation plus assidue avec les détenus. Il convient en ce sens de prévoir en priorité une baisse de la population carcérale pour dégager ce temps, car malgré les efforts récents de recrutement [62], le taux d'encadrement des détenus reste traditionnellement faible en France [63]. D'autant qu'*« en dehors des missions définies par le code de procédure pénale, le surveillant se doit d'être à l'écoute des détenus, de les soutenir moralement et même, de les conseiller dans certaines de leurs démarches, de plus, il doit faire preuve de compréhension et de tolérance, le tout accompagné d'une énorme patience »* (Surveillante, CD).

Le rôle de soutien moral est récurrent dans le langage des surveillants, lorsqu'ils évoquent la réinsertion sociale détenus. Celui-ci constitue, à leur entendement, un apport indéniable au processus de réinsertion sociale des condamnés à la privation de liberté. Les propos suivants s'inscrivent bien dans cette optique : *« A l'école, on nous apprend la garde, l'entretien et la réinsertion. Je pense qu'avant tout ça il y a déjà d'essayer de leur rendre leur détention supportable »* (Surveillant, CD 13 000). Ainsi, les missions de sécurité et de réinsertion peuvent avoir comme traduction sur le terrain : *« empêcher toute évasion des détenus incarcérés sur ordre de la justice ; insuffler l'idée de respecter la loi, que l'illégalité*

---

62. V. G. AZIBERT, Une administration en mutation : l'Administration Pénitentiaire, *op. cit.*, pp. 131-141 ; V. ég. Les chiffres-clefs de la Justice, Ministère de la Justice, Oct. 1999, p. 7.

63. V. J.P. CÉRÉ, Le contentieux disciplinaire dans les établissements pénitentiaires français à l'aune du droit européen, *op. cit.*, p. 160.

n'est pas valable comparer à la privation de liberté » (Surveillant, CD 13 000). La difficulté de mettre un contenu précis à la notion de réinsertion, pour les surveillants, est énorme : « *Protection de l'individu lui-même et de la société. Accompagnement humain et psychologique tout au long de la peine. Réinsertion ? »* (Surveillante, CD).

Alors, ils s'interrogent, ils avancent des hypothèses, des pratiques, des souhaits, des velléités mais seule la réalité demeure : « *Les textes nous disent garde, sécurité, réinsertion. Dans la réalité : garde, oui ; sécurité, de plus en plus difficile ; réinsertion, nous essayons »* (Surveillante, CD). Par delà toutes ces péripéties, le surveillant demeure l'agent polyvalent de la *pénitentiaire.* Ses missions sont par conséquent multiples, sous le couvert de la sécurité et de la réinsertion : « *Surveiller, écouter, observer, garder, entretenir le détenu, resocialiser le détenu, être disponible... »* (Surveillante, MAF). Pour la majorité des surveillants, leurs missions sont claires et hiérarchisées : « *la surveillance proprement dite ; la réinsertion à travers la vie quotidienne du détenu : se lever, se laver, s'occuper. Le surveillant doit donner ces notions »* (Première surveillante, CD). Ce que ne partagent pas forcément les surveillants de la deuxième tendance, pour lesquels le repli vers la mission sécuritaire apparaît comme une forme de protection contre cette évolution psychosociale de leur profession, à la fois souhaitée et redoutée par le personnel de surveillance.

2. La deuxième tendance des réponses : vers un repli sécuritaire des surveillants de prison

Les surveillants de prison appartenant à cette tendance préfèrent occulter l'aspect insaisissable de leur profession que constitue la participation à la réinsertion sociale des détenus. Ils réaffirment leur identification à la police et à la gendarmerie nationale comme force de l'ordre, puisque, disent-ils, « *au même titre que les gendarmes et les policiers, les surveillants de l'A.P. font partie des services d'ordre... »*. Leurs missions dans ce cas sont : « *... 1° la surveillance ; 2° le maintien de l'ordre et de la discipline ; 3° encadrement de la population pénale »* (Surveillante, CD). L'identification aux forces de l'ordre est la base identitaire de ces surveillants. Contrairement aux précédents en recherche de références psychosociales, ceux-ci se réfèrent à l'action judiciaire. Leur rôle sécuritaire se légitime par cette participation à l'action judiciaire, puisque leur devoir de *« garde, entretien et sécurité des personnes et des lieux, permet de participer à l'exécution des décisions judiciaires »* (Surveillante, CD). Un tel repli sur les missions sécuritaires moins dissonantes ne résout pas nécessairement la crise identitaire des surveillants, car ces missions leur renvoient une image d'eux-mêmes peu enviable, puisque ils ont le sentiment d'être *« un peu trop porte-clefs et au service de la population pénale »* (Surveillante, MAF). Cela s'explique aisément, puisque la relation avec les détenus n'est pas soutenue par l'aspect positif que représente la recherche de l'amendement du condamné à la privation de liberté en vue de sa réinsertion sociale. Pour les surveillants de prison de cette tendance, plus que pour les autres, *« ... la réinsertion des détenus, cela n'existe pas, c'est la "foutaise", la réinsertion doit se faire avant, quand les jeunes dans les cités sont en difficulté, après c'est trop tard, ils ne sont plus récupérables »* (Premier surveillant, CD). Forts de cette conviction, ils définissent leurs missions en termes de : *« surveillance, l'ordre, la discipline et la sécurité »*. En ce sens, la prison ne représente pour eux qu'un simple lieu d'enfermement des détenus. La fonction de sûreté est exaltée [64], mais la profession de surveillant de prison n'en est pas pour autant valorisée puisque, disent-ils, *« contrairement au code de procédure pénale, je pense que l'on est surtout là pour que l'on entende parler le moins possible des prisons et par là même des détenus qui sont écartés pour une certaine période de la société »* (Surveillant, CD). Dès lors, la fonction de surveillant de prison est dénuée de tout aspect éducatif. Pour ces surveillants, la mission éducative *« c'est un leurre ! Des paroles en l'air pour donner aux surveillants encore naïfs, l'impression d'avoir une quelconque importance, mais ils ne prennent pas trop de temps à déchanter, car ils ne sont ni pédagogues, ni sociologues »* (Surveillante, MAF). Leur gratification professionnelle est moindre puisque la relation avec les détenus n'est pas *positive*, la profession de surveillant se résume

---

64. Comp. C. MONTANDON & B. CRETTAZ, *Paroles de gardiens, paroles de détenus, bruits et silences de l'enfermement*, Déviance et société, Masson, 1981, p. 16 et s.

simplement à : « *garde des détenus et valets ; ouvrir et fermer des portes à longueur de journée au bon vouloir des détenus... »* (Surveillant, CD). Cette situation génère un véritable désarroi professionnel et augmente encore plus le sentiment de marginalisation que ressentent la plupart des surveillants, qu'ils soient de la première ou de la deuxième tendance.

§ II : Le sentiment de marginalisation des surveillants

Les surveillants de prison ont le sentiment d'être tenus à l'écart du fonctionnement des établissements pénitentiaires, *a fortiori*, de celui de l'Administration pénitentiaire. Ils sont 70% à penser qu'ils ne sont jamais écoutés, ou rarement, pour les questions touchant l'organisation de la vie quotidienne en prison. Et lorsqu'ils sont consultés, cela n'est suivi d'aucun effet. Ce sentiment de marginalisation des surveillants s'est encore aggravé avec l'ouverture des établissements du programme 13 000 (A) et l'instauration du nouveau régime disciplinaire (B).

A - Le sentiment de marginalisation des surveillants de prison face aux établissements pénitentiaires du « programme 13000»

Les établissements pénitentiaires du programme « 13 000 places supplémentaires de détention » ont été ouverts en mai 1990. Leur mise en service a augmenté la capacité pénitentiaire de 30 %. Le taux de surpopulation qui atteignait 150% en 1988 est tombé alors à 107%. Lorsque le 27 mars 1986, A. Chalandon devient Ministre de la justice, il ne pouvait que constater l'encombrement endémique dont souffraient depuis déjà plusieurs années les établissements pénitentiaires. Les études en la matière soulignaient la nécessité de construire 40 000 places supplémentaires pour y mettre un terme. Il aurait fallu à l'Etat 20 ans pour atteindre un tel objectif [65]. Le Ministre choisit alors de faire appel au secteur privé pour une

---

65. V. C. DELAGARDE, C. HELLOIN, M. HERZOG-EVANS, Les établissements pénitentiaires à gestion mixte à l'épreuve de l'expérience, In *Archives de politique criminelle*, n° 19, éd. A. Pédone, 1997, p. 99.

construction rapide d'établissements pénitentiaires nouveaux [66]. Le programme initial prévoyait la création de 25 000 places de détention dont la construction devait se réaliser en deux étapes : tout d'abord la création de 15 000 places, complétées ensuite par 10 000 places dans une seconde tranche. Ce projet envisageait de déléguer aux entreprises privées non seulement la construction des nouveaux établissements, mais aussi la surveillance des détenus [67]. Ce projet avait entraîné de houleux débats [68] lors de l'adoption de la loi du 22 juin 1987 [69]. Ceux-ci achoppaient sur la perspective de la privatisation de la mission de garde et de surveillance des détenus, censée être une mission régalienne. Le gouvernement avait finalement renoncé à confier les fonctions de surveillance au secteur privé. Des raisons budgétaires ont limité l'ambition à la création de 15 000 places ; jusqu'à ce que le changement de majorité parlementaire intervenue à la réélection de François Mitterand en 1988, ne ramène ce nombre à 13 000 places. En deux ans, les opérateurs privés ont construit 25 établissements [70]. Cela constitue pour l'Etat un gain de temps et d'argent, car l'Administration pénitentiaire ne construit en moyenne qu'un établissement tous les deux ans. Pour la gestion de ces établissements pénitentiaires, l'Etat avait opté, dans un souci d'efficacité, pour une délégation des tâches aux opérateurs privés dans le cadre d'un marché de fonctionnement. Une telle délégation des tâches a généré auprès des surveillants de prison le sentiment d'être coupés des détenus.

---

66. V. J.L. MESTRE, Historique du recours à "l'initiative privée" en matière pénitentiaire, In *Les prisons dites « privées », une solution à la crise pénitentiaire ?*, Economica, Colloque d'Aix-en-Provence, 1987, pp. 25-43.

67. V. C. DELAGARDE & al. *op. cit.,* p. 99.

68. V. sur ce point, le commentaire de P. COUVRAT, Quelques réflexions sur la loi du 22 juin 1987 relative au service public pénitentiaire, *Rev. sc. crim.,* 1987, p. 925.

69. V. J.C. FROMENT, La République des surveillants de prison (1958-1998), *op. cit.,* pp. 247-278.

70. La loi prévoit, en effet, la construction de 25 établissements (7 maisons d'arrêt, 11 centres de détention, 6 centres pénitentiaires et 1 maison centrale), dont 4 à vocation de demeurer sous la gestion de l'AP pour servir d'établissemnts témoins, qui seront répartis dans 4 zones attribuées à 4 groupements : la zone nord pour Spie-Batignolles-la Lyonnaise des eaux ; la zone sud pour GTM-Eurest ; la zone ouest pour Fougerolle-Sodexho et la zone est pour Dumez-Campotel.

1. La délégation des tâches

Les établissements du « Programme 13 000 » ont été créés avec des objectifs clairs : baisser la surpopulation pénale ; créer des conditions adéquates de réinsertion et valoriser les personnels pénitentiaires. Ainsi, la délégation des diverses tâches au secteur privé permet à l'Administration pénitentiaire de se concentrer sur ses missions régaliennes. La solution de groupement avait été préférée à la sous-traitance pour n'avoir qu'un seul délégué. Les tâches ainsi déléguées sont les suivantes :

1° La maintenance : il s'agit d'assurer la pérennité des installations (équipements de sécurité et les bâtiments) et leur niveau d'efficacité initiale. Le nombre insuffisant en personnel technique dans l'Administration pénitentiaire est l'une des raisons du choix du privé. Il convient d'ajouter aux raisons de ce choix l'influence de la compétence du privé dans le domaine de la maintenance préventive, qui est sans commune mesure avec la gestion publique.

2° La restauration : il s'agit d'assurer le respect d'un plan alimentaire complet, la distribution d'un plateau individuel, l'utilisation des grandes entreprises de restauration.

3° La santé : il s'agit d'assurer la constitution d'équipes pluridisciplinaires et stables, de préserver le secret médical et de responsabiliser les détenus dans la distribution des médicaments et l'hygiène des détenus.

4° La formation professionnelle des détenus : elle est conçue, non comme une occupation ou une stratégie de redressement, mais comme une éducation.

L'Administration pénitentiaire a réalisé une évaluation des performances de la gestion mixte, mise en œuvre dans 21 des 25 établissements du programme 13 000. Le bilan de cette délégation est jugée positif, nonobstant l'insuffisance observée dans le domaine de la formation professionnelle et du travail des détenus [71]. En effet, l'organisation de la formation professionnelle n'est pas la même suivant les zones. Dans la zone ouest, par exemple, où la formation est financée par le groupement, les résultats sont satisfaisants, alors

---

71. Précision apportée par le représentant du Directeur de l'Administration pénitentiaire au colloque de Montpellier : *Les établissements pénitentiaires à gestion mixte*, le 17 mars 1997.

que dans les trois autres zones ils le sont moins. Or le domaine du travail avait suscité beaucoup d'espoirs au niveau de l'Administration Pénitentiaire lors de la signature du marché, mais ces espoirs n'ont pas été satisfaits. Une telle situation peut s'expliquer par la nature de ces groupements qui ne sont pas manufacturiers, mais des groupements du bâtiment. Ils n'ont pas su s'entourer des gens ayant de l'expérience et de la compétence dans ce domaine. Ainsi, les établissements pénitentiaires publics ont dépensé plus d'argent, en terme de masse salariale, pour la rémunération des détenus que le privé [72]. Néanmoins, les autres prestations du privé sont jugées positivement par l'Administration pénitentiaire. C'est la raison pour laquelle, dans le cadre de la construction de 4 000 places de détention supplémentaires prévue dans la loi de programme du 6 janvier 1995 sur la justice [73], l'Administration Pénitentiaire a suggéré au Garde des Sceaux, Ministre de la justice, de continuer l'expérience du programme 13 000, avec gestion déléguée au privé.

La gestion déléguée introduit un tiers à l'intérieur de la prison de façon permanente. Elle contribue ainsi au décloisonnement de l'Administration pénitentiaire et à son ouverture à la société. Le Programme 13 000 constitue à n'en point douter une rupture certaine : rupture avec la gestion publique, rupture avec l'appartenance du personnel à la fonction publique, rupture avec la globalité du budget de gestion d'un établissement, rupture enfin avec la construction [74], même si sur ce dernier point l'on peut regretter que des contraintes budgétaires aient transformé parfois ces établissement en « *Mercèdes avec un moteur de 2 cv* » (salle de musculature très restreinte, atelier sans aération). Néanmoins, les conditions matérielles d'hébergement et de santé ont accompli un grand bond en avant avec le Programme 13 000. L'expérience du privé dans le domaine de la santé en prison a été très utile lorsqu'il s'est agi de transférer au ministère de la santé la responsabilité des soins des détenus dans les 141 établissements pénitentiaires concernés par la loi du 10 janvier 1994 relative à la prise en charge

---

72. *Ibid.*

73. V. G. AZIBERT, *op. cit.*, p. 131 et s.

74. V. pour plus de détails, les Actes du collogue de Montpellier : *Les établissements pénitentiaires à gestion déléguée*, P. LAFARGE (Dir.), Ed. A. Pédonne, 1997, 78 p.

sanitaire des détenus [75]. Avec le Programme 13 000, la fonction d'insertion ou de réinsertion a été malheureusement diluée entre le privé et le public, entre le personnel pénitentiaire et les prestataires de service. Cette situation a eu pour conséquence d'appauvrir les relations existant entre les personnels de surveillance et d'insertion et entre le personnel de surveillance et la population pénale. D'où le sentiment pour les surveillants d'être coupés des détenus.

2. Les surveillants de prison « coupés des détenus »

« *On n'a pas de temps, la structure du bâtiment y fait. La réinsertion nous écarte des détenus* » (entretien collectif, Surveillants CD, 13 000). Les surveillants de prison accusent la gestion déléguée de leur enlever les fonctions les plus intéressantes, notamment l'évolution des carrières vers le travail de gestion. Le privé est perçu comme usurpateur, non seulement de la mission de réinsertion sociale, mais aussi de la mission de sécurité. En effet, la mission de transport des détenus est l'une des tâches déléguées au privé. Or, cette mission relève bien de la mission de sécurité. Pour le transport des détenus, l'administration doit adresser une demande de véhicule à « l'unité privée ». Comme le marché de fonctionnement n'avait pas prévu d'astreinte pour les chauffeurs, l'administration ne peut pas toujours disposer en temps voulu de ces véhicules de transport des détenus. Cette situation entretient chez les surveillants le sentiment de rejet du système privé. A mesure que les responsabilités leur échappent, les surveillants sentent décroître leur sentiment d'appartenance à l'institution. Parallèlement s'accroît le sentiment de marginalisation. C'est la raison pour laquelle ils vivent mal l'obligation de recourir au privé pour changer ne fût-ce qu'une ampoule en détention. Ils ont alors le sentiment d'être à la disposition du privé : « *Le privé nous pose un problème. Quand on fait une demande d'intervention au privé, il faut attendre longtemps* » (Première surveillante, CD, 13 000). Face au privé, les surveillants prennent souvent la défense des détenus. C'est dans ce sens qu'il

---

75. V. à ce sujet, J. JEGU, L'éducation pour la santé en prison. Des textes à la réalité, *op. cit.*, pp. 87-90. Pour une présentation de la réforme ; V. *Actualités Sociales Hebdomadaires*, n° 1906 du 22.12.94, p. 13 et La coordination des actions de prévention et de dépistage, pp. 20-21.

faudrait comprendre leurs diverses critiques relatives à l'exploitation des cantines par le privé, lequel a tendance, semble-t-il, à vouloir y réaliser des bénéfices aux dépens des détenus ; ce qui est en contradiction flagrante avec les termes du marché du fonctionnement.

La distribution des produits cantinés permettait aux surveillants d'avoir un sentiment positif d'eux-mêmes. « Cantiner » est une forme d'évasion pour les détenus et distribuer les produits cantinés l'est aussi pour les surveillants de prison. Malheureusement la distribution a été déléguée au même titre que la cantine. Les surveillants s'inquiètent également au sujet de la quantité et de la qualité des repas servis aux détenus. Il faut savoir que dans les établissements du programme 13 000, la restauration met l'accent sur la valeur nutritionnelle des aliments plus que sur le désir des détenus. Ces derniers se plaignent d'ailleurs beaucoup à ce sujet. Or, l'alimentation a un rapport direct avec la sécurité de l'établissement [76], car en détention *« la cuisine est le nerf de la guerre »*. Il convient de prendre en compte « le plaisir de manger » des détenus, dans l'optique de la sécurité interne des établissements. Il est dès lors compréhensible que les surveillants se préoccupent de cette question, puisqu'ils sont responsables de la sécurité des établissements. Si de façon générale les surveillants sont méfiants à l'égard du privé, quelques uns d'entre eux sont plutôt favorables à la délégation de certaines fonctions, car, pensent-ils, les surveillants retrouvent ainsi leur véritable rôle de garde et de réinsertion [77]. C'est l'une des motivations officielles de l'Administration pénitentiaire : « enlever la fuite des responsabilités vis à vis de la détention vers le travail de gestion, afin de mieux assurer la réinsertion des détenus et combattre la crise d'identité » [78].

La rencontre entre les personnels pénitentiaire et privé a entraîné un choc culturel. Et quand il y a choc culturel, les protagonistes

---

76. V. M. SEYLER, *La consommation dans les établissements pénitentiaires*, CESDIP, Coll. Déviance et contrôle social, n°41, 1985, 293 p.

77. V. dans ce sens, O. SARA LIWERANT, Les établissements pénitentiaires à gestion mixte à l'épreuve du temps, observations et réflexions, *op. cit.*, pp. 130-131.

78. Propos tenu par le représentant du Directeur de l'A.P. au colloque de Montpellier, *op. cit.*

doivent chercher à s'accepter. Les surveillants de prison l'on bien compris dans le cas des établissements à gestion mixte : « *Nous avons la chance d'être un programme 13 000. Nous avons juste un problème d'adaptation de part et d'autre. Le privé fait des bénéfices avec la cantine. Nous avons un peu plus de problème de cuisine qu'ailleurs* » (Surveillant, CD 13 000). Ce choc culturel est le résultat d'un affrontement entre culture d'entreprise (détenue par les personnels privés) et culture d'administration (détenue par les personnels pénitentiaires). Ainsi, les contraintes de sécurité gouverneraient les personnels pénitentiaires tandis que les contraintes de profit et de coût gouverneraient les personnels privés. Il n'est pas exclu qu'à terme, l'Administration pénitentiaire puisse bénéficier de cette culture d'entreprise pour mieux gérer le fonctionnement des établissements pénitentiaires traditionnels. Selon toute apparence, les surveillants ont fait le deuil de la perte des fonctions qu'ils considéraient comme essentielles à leur travail. Aujourd'hui ils évoluent plus naturellement vers l'instauration, avec l'unité privée, d'un climat de sérénité favorable aux relations humaines dans les établissements. Une telle évolution pourrait réduire le sentiment de marginalisation ressenti encore plus, par les surveillants, dans les établissements pénitentiaires à la gestion mixte. En revanche, ce sentiment de marginalisation est renforcé par le nouveau régime disciplinaire introduit par la réforme du 2 avril 1996.

B - Le sentiment de marginalisation des surveillants de prison face au nouveau régime disciplinaire

« *Le nouveau régime disciplinaire est nul parce qu'on renforce les droits des détenus. Les surveillants risquent de ne plus mettre de rapport d'incident ; ce qui aboutirait au laxisme* » (Surveillant, MA). Ces propos reflètent l'état d'esprit des surveillants au regard de la réforme du régime disciplinaire introduite par le décret du 2 avril 1996 [79]. La consolidation des droits de la défense du détenu par l'instauration d'une véritable instruction préparatoire, génère des

---

79. V. P. COUVRAT, Le régime disciplinaire des détenus depuis le décret du 2 avril 1996, *Rev. sc. crim.* (3), juil.-sept. 1996, pp. 709-716.

nouvelles contraintes susceptibles de décourager les surveillants au sujet de l'établissement des rapports d'incident, tant leur relation à l'écrit reste toujours problématique.

1. La classification des infractions

Le décret du 2 avril 1996 a opéré une classification tripartite des infractions, selon leur degré de gravité. Cette réforme constitue une avancée comparativement au système antérieur caractérisé par les incertitudes des catégories générales d'infractions. Ainsi peut-il être dénombré actuellement trente six fautes disciplinaires pouvant engendrer des poursuites disciplinaires [80]. Les plus graves, celles mettant sérieusement en danger la sécurité de l'établissement, forment le premier degré. Le deuxième degré d'infractions à la discipline correspond aux atteintes à l'ordre de l'institution carcérale sans pour autant mettre en danger la sécurité de l'établissement.Le troisième degré enfin, est constitué de ce que l'on pourrait appeler de fautes légères. Il s'agit des comportements répréhensibles, mais ne mettant pas gravement en danger l'ordre de l'établissement. Cette définition des fautes disciplinaires selon leur gravité a eu pour conséquence une recomposition des règles répressives. La punition de cellule n'est plus la panacée de la répression carcérale. De nouvelles sanctions font leur apparition. Ce sont :

1°) le confinement en cellule individuelle ordinaire pour une période maximum de quarante cinq jours pour une faute du deuxième degré et quinze jours pour une faute du 3è degré [81] ;

2°) la mise à pied d'un emploi pour une durée maximum de huit jours lorsque la faute a été commise au cours ou à l'occasion du travail [82] ;

3°) le nettoyage des locaux pour une durée globale n'excédant pas quarante heures lorsque la faute disciplinaire est en relation avec le manquement aux règles de l'hygiène [83] ;

---

80. Pour plus de détails, V. P. MBANZOULOU, Thèse, *op. cit.*, pp. 262-265.

81. Art. D. 251-2 al.2 c. pr. pén.

82. Art. D. 251-1 1° c. pr. pén

83. Art. D. 251-1 5° c. pr. pén.

4°) la privation d'activités de formation culturelle, sportives et de loisir pour une période maximum d'un mois lorsque la faute disciplinaire a été commise au cours de ces activités [84] ;

5°) l'exécution de travaux de réparation lorsque la faute disciplinaire est en relation avec la commission de dommages ou de dégradations [85].

Cette réforme instaure également de nouvelles contraintes relatives à la procédure disciplinaire et à l'exécution des sanctions.

2. Les nouvelles contraintes de la procédure disciplinaire en prison

Avant l'entrée en vigueur du décret du 2 avril 1996, le surveillant témoin d'une infraction à la discipline rédigeait sur un « rapport d'incident » le compte rendu détaillé des faits. Ce rapport était ensuite remis par voie hiérarchique au directeur de l'établissement [86], avec quelques insuffisances dénoncées par les gradés : « *l'écriture administrative n'étant pas apprise par les surveillants, les rapports d'incident sont mal faits. Ils ne sont pas exploitables en règle générale* » (CSP2, CD 13 000). Actuellement, le surveillant ou l'agent assistant à un incident ou informé de sa survenue doit établir « un compte rendu d'incident » [87]. Le rapport est élaboré par un membre du personnel étranger à l'affaire, en l'occurrence un gradé. L'article D.250-1 du code de procédure pénale exige que ce gradé conduise une procédure d'enquête, afin de recueillir « tout élément d'information utile sur les circonstances des faits reprochés au détenu et à la personnalité de celui-ci ». Ce gradé a en outre la possibilité d'entendre les différents protagonistes de l'incident. Après avoir consigné les déclarations des personnes entendues, il rédige un rapport circonstancié pour le chef d'établissement, lequel a la possibilité, comme par le passé, de réclamer « tout élément d'information complémentaire ». La consolidation des droits de la

---

84. Art. D. 251-1 6°c. pr. pén.

85. Art. D. 251-1 7° c. pr. pén

86. V. B. JOUVE, Prison et sanction : le régime disciplinaire des détenus, *Rev. pénit.*, 1987, p. 21 et s.

87. V. J.P. CÉRÉ, Le contentieux disciplinaire dans les prisons françaises et le droit européen, *op. cit.*, p. 155 et s.

défense du détenu s'observe également à travers l'institutionnalisation d'un délai de comparution, au minimum de trois heures, accordé au détenu [88]. En l'espèce, l'obligation de faire figurer sur la convocation devant la commission de discipline, qui remplace le prétoire [89], l'exposé des faits qui sont reprochés au détenu et l'indication du délai dont il dispose pour préparer sa défense, obéit à cette même logique. Dorénavant, les détenus sont protégés contre un recours excessif à la punition de cellule à titre préventif, car la durée légale pour un placement de ce type passe de 5 jours à 2 jours ouvrables [90] au minimum selon la gravité de l'infraction [91]. Cette mesure exceptionnelle n'est appliquée au détenu que dans le cas où elle représente « l'unique moyen de mettre fin à l'infraction ou de préserver l'ordre interne de l'établissement » [92].

L'accroissement des garanties procédurales en faveur des détenus frustre les surveillants de prison. Une telle attitude est compréhensible car tout avantage accordé aux détenus est ressenti par les surveillants comme une atteinte à leur autorité : *« on a besoin des moyens répressifs sinon on va se faire bouffer par les détenus »* (Surveillant, MA). Ce sentiment de marginalisation ressenti par les surveillants peut paraître excessif puisqu'ils sont associés au déroulement de la procédure disciplinaire comme prévu par la réforme : conduite de l'instruction par un gradé [93], participation d'un autre gradé et d'un surveillant à la commission de discipline avec voie consultative [94], investigations complémentaires à la demande du chef d'établissement [95]. Cependant l'omniprésence des gradés (chefs de service pénitentiaire ou premier surveillant) dans la

---

88. Art. D. 250-2 c. pr. pén.

89. Institué par arrêté ministériel du 8 juin 1842, le prétoire est définitivement enterré par le décret du 2 avril 1996.

90. En vertu de l'article 801 c. pr. pén., les samedis, dimanches, jours fériés et chômés ne sont pas comptabilisés. Le delai commence à courir « à compter de la date à laquelle les faits ont été portés à la connaissance du chef d'établissement » (art. D. 250-3 al.2 c. pr. pén.).

91. Seulement si la faute reprochée est du premier ou second degré.

92. Art. D. 250-3 c. pr. pén.

93. Art. D. 250-4 c. pr. pén.

94. Art. D. 250 c. pr. pén.

95. Art. D. 250 al.2 c. pr. pén.

conduite et la maîtrise de ce processus disciplinaire réduit considérablement l'implication souhaitée du personnel de base. Les surveillants sont toujours, en effet, méfiants à l'égard de leur hiérarchie, *a fortiori* lorsque celle-ci doit établir un rapport destiné au chef d'établissement. Cette suspicion envers tout ce qui relève de l'écrit pousse les surveillants (de base) à se retrancher dans une position défensive, occultant ainsi tous les aspects positifs contenus dans cette réforme.

Comme le décret du 2 avril 1996 consacre la participation exclusive du personnel pénitentiaire dans la conduite et la maîtrise du processus disciplinaire, il aurait été intéressant d'envisager la possibilité d'une défense du détenu par un surveillant [96] choisi par le détenu lui-même. Ce surveillant aurait le statut de tuteur durant la procédure disciplinaire et éventuellement, durant l'exécution de la sanction. Une telle possibilité aurait eu l'avantage, non seulement de responsabiliser les surveillants et les détenus, mais surtout de renforcer les liens nécessaires existant déjà entre eux et le rôle éducatif des surveillants dans leurs rapports quotidiens avec les détenus. Les surveillants se seraient sentis plus impliqués dans ce processus disciplinaire et plus utiles aux détenus. Cela aurait eu un reflet positif sur leur image de soi, sur l'image qu'ils ont du détenu et sur leur image à l'extérieur. Ce sentiment de marginalisation des surveillants de prison n'est peut-être que consécutif à la nouveauté de la réforme. Si tel est le cas, des actions d'information et de formation sur les règles disciplinaires désormais applicables pourraient y apporter des remèdes. Cependant, il y avait tout à gagner à saisir l'occasion de cette réforme pour accélérer l'évolution des missions des surveillants vers un rôle dépassant les seules tâches relatives à la garde des détenus ; c'est-à-dire, un rôle de référent vis à vis de la population pénale.

---

96. Selon l'art. D. 250-4, c. pr. pén., le détenu présente en personne ses explications, sous la seule réserve de l'intervention d'un interprète. Ce décret n'envisage pas davantage la possibilité d'une défense du détenu par une tierce personne.

3

Le processus de réinsertion sociale des détenus

La réinsertion sociale des détenus se réalise par étapes successives, depuis l'incarcération, en passant par la détention, jusqu'à la libération du condamné. Ce processus implique qu'il soit proposé au sujet concerné des éléments médicaux, psychologiques, sociaux ou moraux nécessaires à sa restructuration. Une telle approche place le sujet en position d'acteur de sa propre réinsertion. L'institution pénitentiaire et la société n'ont envers lui qu'une obligation de moyens (Section 1). Le problème qui se pose en réalité est celui de la définition de différentes dimensions du processus de réinsertion sociale des condamnés à la privation de liberté, pour pouvoir par la suite moduler les différentes offres médico-socio-éducatives en fonction de l'évolution de l'individu et de l'implication de celui-ci dans ce processus de réinsertion. Cette question soulève notamment le problème de la coordination des interventions des différents acteurs pénitentiaires. Il s'agit d'élaborer une grille susceptible de permettre une lecture plus claire d'une part, du contenu même de ce processus de réinsertion sociale et, d'autre part, de la place des différents acteurs du monde carcéral dans celui-ci. C'est dans cette optique qu'est proposé le modèle d'approche dynamique de la réinsertion sociale des détenus (Section 2).

Section I : L'approche pénitentiaire du processus de réinsertion sociale

La réinsertion sociale des détenus dans le cadre pénitentiaire est conçue au travers d'actions socioculturelles. C'est la raison pour laquelle la prison s'ouvre davantage à la société pour mieux (re)intégrer les détenus à la vie de celle-ci. Cela s'apparente à terme à de véritables droits socioculturels ouverts au bénéfice des détenus (§ 1). Cette conception pénitentiaire de la réinsertion donne une place de choix aux travailleurs sociaux dans ce processus, alors même que les surveillants de prison réclament leur participation à cette mission et auraient, à juste titre, un rôle important à y jouer. La permanence de leur présence quotidienne auprès des détenus les place, en effet, dans une position de premier plan. Ils peuvent ainsi contribuer aisément à transmettre aux détenus des valeurs nécessaires à leur future réinsertion sociale. Dès lors, leur représentation de la notion même de réinsertion sociale mérite d'être explorée (§ 2).

§ I : *Les droits socioculturels des détenus*

Les droits socioculturels des détenus constituent un sujet très vaste qui ne sera pas abordé dans sa totalité. Il touche tout à la fois les droits sociaux et les droits culturels. Les premiers, qui sont les plus pertinents, concernent non seulement le droit au travail, mais aussi à la protection sociale comme la couverture des accidents du travail, du risque maladie, du risque chômage et des prestations familiales. Les seconds comprennent le droit à l'enseignement et à la culture. Nul besoin donc de s'attarder sur la question de savoir s'il existe des droits dans la prison. La tendance doctrinale actuelle est à l'affirmative. Bien que le détenu soit un travailleur d'un genre un peu particulier - puisque le travail qu'il exécute est une conséquence de sa peine - on l'assimile de plus en plus au travailleur libre en ce qui concerne l'application des lois sociales [1]. Le congrès international de Genève en 1955 avait déjà adopté une résolution stipulant que « des dispositions doivent être prises pour indemniser les détenus en cas d'accidents du travail et de maladie professionnelle, à conditions non moins favorables que celles que la loi accorde aux travailleurs libres. En outre, les détenus doivent, dans la plus large mesure possible, bénéficier du régime de sécurité sociale en vigueur dans le pays ». La question des droits socioculturels des détenus sera précisément

---

1.   V. en ce sens, B. BOULOC, Pénologie, n°250, *op. cit.*, p. 175.

abordée au travers du travail pénitentiaire. Un tel choix s'explique facilement car le travail pénitentiaire a toujours été un facteur capital d'équilibre dans les prisons et un élément essentiel pour la réinsertion sociale des condamnés à la privation de liberté [2]. D'où l'intérêt de l'examen du droit au travail des détenus (A), afin de mieux comprendre comment ce travail participe à leur réinsertion sociale (B).

A - Le droit au travail des détenus

Longtemps considéré comme une obligation, partie intégrante de la peine, le travail pénitentiaire apparaît de nos jours comme une prérogative du détenu qui ne se confond plus avec l'exécution de la condamnation [3]. Depuis la loi du 22 juin 1987, « les activités de travail et de formation professionnelle sont prises en compte pour l'appréciation des gages de réinsertion et de bonne conduite des condamnés. Au sein des établissements pénitentiaires, toutes dispositions sont prises pour assurer une activité professionnelle aux personnes incarcérées qui le souhaitent... » [4]. L'aspect rééducatif et de réinsertion sociale est privilégié actuellement. Le travail pénitentiaire, non seulement soumet le condamné à la discipline et développe chez lui des qualités d'attention et d'exactitude, mais aussi et surtout il assure sa rééducation et favorise sa réinsertion sociale. D'autant plus qu'il lui donne l'habitude de travailler, lui permet d'apprendre un métier et d'acquérir une formation professionnelle [5] dont il pourra se servir à l'extérieur pour gagner sa vie et s'insérer ou se réinsérer dans le système social [6]. Le travail est en effet, « un

---

2. V. en ce sens, S. LORVELLEC, Travail et peine, *Rev. pénit.*, n°3, 1997, pp. 207-226.

3. V. en ce sens, M. DANTI-JUAN, Les droits sociaux du détenu, *In La condition juridique du détenu*, J. Pradel (Dir.), Ed. Cujas, 1994, p. 101.

4. V. Art. 720 c.pr.pén. ; Avant la modification du 22 juin 1987, l'article 720 disposait que « les condamnés à des peines privatives de liberté pour des faits qualifiés crime ou délits de droit commun étaient astreints au travail ».

5. V. en ce sens, A. LOCHEN, Travail et réinsertion sociale, *Promovere*, n°22-23, p. 24.

6. V. B. BOULOC, *op. cit.*, n°239 ; V. ég. D. MEDA, *Le travail. Une valeur en voie de disparition*, Alto Aubier, Paris, 1997, p. 22.

élément fondamental du contrat social » [7], un ciment de l'organisation sociale [8]. Or, les raisons initiales pour lesquelles le législateur a imposé le travail aux détenus, à savoir son aspect afflictif, son aspect humanitaire, son aspect rééducatif et réadaptateur continuent d'entretenir le particularisme du travail des détenus en milieu fermé.

1. *Le particularisme déconcertant du travail pénitentiaire*

La question que soulève le travail pénitentiaire en milieu fermé est celle de savoir dans quelle mesure celui-ci serait, pour les détenus et particulièrement les condamnés à la privation de liberté, plus qu'une obligation mais un droit à l'amendement ? L'article D. 100 du code de procédure pénale consacre un véritable droit au travail des détenus. Il précise que « les dispositions nécessaires doivent être prises pour qu'un travail productif suffisant pour occuper la durée normale d'une journée de travail soit fourni aux détenus ». Mais la frontière entre le droit et l'obligation est très souple, au point d'entretenir une confusion entre ces deux aspects. En ce sens, l'article D. 493 CPP, qui vise les détenus bénéficiant d'un régime spécial, disposait encore récemment que « les détenus bénéficiaires du régime spécial sont séparés des détenus appartenant aux autres catégories et... ils ne sont pas astreints au travail mais peuvent réclamer qu'il leur en soit donné... » [9], ce qui laisserait penser que les autres y sont obligés [10]. L'article D. 98 CPP s'inscrit dans la même logique en affirmant que « les condamnés à des peines privatives de liberté pour des faits qualifiés crimes ou délits de droit commun sont dispensés du travail s'ils suivent effectivement un enseignement ou une formation professionnelle ou si, après avis d'un médecin, ils sont reconnus inaptes ». Ce qui là aussi laisse penser que, dans le cas

---

7.   V. C. CARDET, Le contrôle judiciaire socio-éducatif, Thèse, *op. cit.*, p. 197, n°199.

8.   V. D. MEDA, *op. cit.*, p. 22.

9.   L'article D. 493 a été modifié par le décret du 8 décembre 1998 modifiant le code de procédure pénale et relatif à l'organisation et au fonctionnement des établissements pénitentiaires. Ce deuxième alinéa est supprimé. V. Art. 168 du décret du 8 décembre 1998.

10.   V. sur cette question, M. DANTI-JUAN, *op. cit.*, p. 102.

contraire, on pourrait les obliger à travailler. Pour clore cette énumération d'articles renforçant la confusion entre droit à l'amendement et obligation, l'article D. 105 CPP peut être évoqué à juste titre. Il précise en effet que « dans chaque établissement, des détenus sont affectés au service général de la prison, en vue de maintenir en état de propreté les locaux de la détention et d'assurer les différents travaux ou corvées nécessaires au fonctionnement des services. Ces détenus sont choisis de préférence parmi les condamnés n'ayant pas une longue peine à subir... Si la continuité des tâches qui leur sont confiées le justifie, ils sont rémunérés suivant un tarif préétabli par l'administration centrale... ». Il convient de remarquer que non seulement cet article n'indique pas que ces détenus sont choisis parmi les volontaires, mais il précise qu'ils ne sont rémunérés que « si la continuité des tâches qui leur sont confiées le justifie ». Ce qui laisserait penser qu'ils ne sont pas en général rémunérés.

La confusion entre droit au travail et obligation de travailler conforte le scepticisme d'aucuns ne voyant dans le travail que l'aspect occupationnel des détenus en vue d'une pacification de la détention. D'autant plus que l'impact du travail pénitentiaire sur la réinsertion sociale des condamnés à la privation de liberté, à la sortie de prison, reste discutable [11]. Quoi qu'il en soit, l'oisiveté est déprimante. Le travail est alors essentiel au maintien de l'équilibre physique et psychique du condamné. Il « permet de relier l'individu au reste de la société » [12] et constitue un élément positif du traitement des détenus [13]. Le condamné peut ainsi, grâce aux fruits de son travail, améliorer son quotidien carcéral (grâce aux produits cantinés), contribuer à l'entretien de sa famille, se constituer un pécule pour le jour de sa libération, indemniser la victime, payer les frais de justice et les amendes dues au Trésor [14]. Le particularisme du travail pénitentiaire par rapport au travail libre (à l'extérieur) est

---

11. V. en ce sens, S. & E. GLUECK, *Unraveling Juvenile Delinquency*, Cambridge, Harvard University Press, 1950, 274 p.

12. V. C. CARDET, *op. cit.*, p. 197 ; V. ég. H. LABORIT, *Biologie et structure*, Folio Essais, Gallimard, 1968, 190 p.

13. V. L'art. 71-1 des Règles pénitentiaires du Conseil de l'Europe pour lequel le travail "doit être considéré comme un élément positif du traitement" ; V. en ce sens les observations de J. PRADEL, *op. cit.*, 1988, p. 218.

14. V. B. BOULOC, *op. cit.*, n°239.

renforcé par l'absence de contrat de travail et par l'indisponibilité des fruits du travail. Cette imprécision juridique renvoie à une réalité consternante : celle du niveau particulièrement bas de rémunération qui est versée aux détenus. En effet, la rémunération du travail du détenu est considérée comme une redevance et non comme un salaire. Le détenu n'a pas de contrat de travail vis-à-vis de l'Administration pénitentiaire ou du concessionnaire [15]. Il est par ailleurs nourri par l'Etat. C'est pourquoi le détenu n'a pas droit à la totalité de la rémunération, car l'Etat retient une certaine somme en déduction des dépenses communes (logement, nourriture, entretien) après avoir précompté les cotisations sociales mises à la charge des détenus [16]. Le reste de la rémunération constitue la part dont le détenu peut se servir. Celle-ci n'est pas totalement disponible, car elle figure sur un compte nominatif dans la comptabilité de l'établissement [17]. Ce particularisme du travail des détenus montre à quel point sont imbriqués les objectifs de réinsertion, de punition et de sécurité dans le travail pénitentiaire. Néanmoins, la réinsertion du condamné à sa libération reste l'objectif principal, comme l'indique l'article D. 101, al.2 : « Dans la mesure du possible, le travail de chaque détenu est choisi en fonction non seulement de ses capacités physiques et intellectuelles, mais encore de l'influence que ce travail peut exercer sur les perspectives de sa réinsertion ». Il est par conséquent regrettable que l'Administration pénitentiaire ne soit généralement pas en mesure d'occuper tous les détenus, car elle subit elle même durement le contre coup de la crise économique et le chômage qui en résulte. Ce qui apparaissait comme un droit acquis

---

15.   V. art. 720 al.3 CPP. La loi n°90-9 du 2 janvier 1990 précise qu'« il peut être dérogé à cette règle pour les activités exercées à l'extérieur des établissements pénitentiaires ».

16.   Au total, le montant du prélèvement ne doit excéder 30 % (art. D.112 CPP). En plus, 20 % de la redevance sont destinés à alimenter un pécule de sortie (art. D.113 CPP) dont 10 % sont affectés à l'indemnisation des parties civiles et aux créanciers d'aliments.

17.   La partie disponible du compte nominatif est donc toujours égale à 50% au moins des gains du détenu. Celui-ci peut en disposer au cours de son incarcération pour effectuer des achats à l'intérieur de l'établissement, pour faire un versement sur son livret de Caisse d'épargne. Les retraits éventuels par la suite sont subordonnés, pendant la détention, à l'accord du chef d'établissement (art. D.331 CPP).

au travail des détenus devient de plus en plus un « droit virtuel » [18].
Il en résulte un taux d'inoccupation des détenus anormalement élevé
et préjudiciable à la perspective de réinsertion des détenus. Ce
particularisme du droit au travail des détenus est déconcertant dans
la mesure où il crée des situations en demi-teinte, des demi-mesures.
Il crée un travailleur d'un genre nouveau, ne pouvant conclure un
contrat de travail avec l'Administration pénitentiaire ou avec un
concessionnaire, comme le ferait un travailleur libre avec son
employeur. Une telle situation engendre aussi une protection sociale
du détenu d'un genre un peu particulier.

2. Une protection sociale partielle des détenus

Il est indéniable que la protection sociale des détenus est un
moyen de favoriser leur réinsertion sociale. Elle permet aux détenus
d'être à l'abri des conséquences fâcheuses que pourrait entraîner pour
eux ou pour leur famille une maladie ou un accident de travail. C'est
sans doute l'une des raisons [19] qui a motivé l'admission des détenus
au bénéfice de cette protection sociale. Le but poursuivi était
d'aligner la situation du détenu sur celle du travailleur libre. Après
de nombreux atermoiements, les détenus bénéficient depuis la loi du
30 octobre 1946 de la couverture des risques d'accident de travail.
Le régime est quelque peu différent du régime commun dans la
mesure où le détenu, victime d'un accident du travail, ne peut pas
non plus bénéficier d'indemnités journalières pendant la détention.
Toute personne incarcérée qui exécute un travail est donc
obligatoirement affiliée au régime général de la Sécurité sociale ainsi
que tout détenu qui cesse d'avoir droit aux prestations d'un régime
obligatoire. Ce qui signifie que la famille du détenu se trouve

---

18. V. en ce sens, M. DANTI-JUAN, *op. cit.*, p. 105 ; V. aussi l'avis adopté
par le Conseil économique et social au cours de la séance du 9 décembre 1987 sur
Travail et prison ; *Rev. pénit.*, 1989, p. 71, n°1.

19. Il semble que l'admission des détenus au bénéfice de la protection
sociale obéisse à un triple objectif. Hormis l'objectif de réinsertion, cette solution
s'imposait dans le cadre de la politique générale d'extension à l'ensemble de la
population française des prestations de sécurité sociale, mais également dans un
souci de ne pas accentuer les difficultés financières et morales auxquelles sont
généralement confrontées les familles des détenus. V. M. ZAKARINE, Les droits
sociaux des détenus, *Rev. pénit.*, n°3, 1982, pp. 268-269.

également prise en charge. La loi du 2 juillet 1975 a renforcé la protection juridique du détenu en prévoyant l'assurance contre les risques de maladie et l'assurance maternité. L'Administration pénitentiaire assure la gratuité des soins des détenus et la prise en charge des frais occasionnés par les maladies, les interventions chirurgicales et par la survenance d'une grossesse [20]. Cette protection a été étendue au-delà de la période d'incarcération. Le détenu libéré et sa famille peuvent effectivement bénéficier durant douze mois, à compter de la date de libération, de prestations sociales. Au regard de ces aspects de protection sociale, il est possible d'affirmer que les détenus et leur famille bénéficient d'un régime de protection sociale assez satisfaisant. Pour favoriser la réinsertion des détenus, une allocation forfaitaire est versée au détenu libéré. Celui-ci doit s'inscrire comme demandeur d'emploi auprès de l'ANPE et avoir effectué une détention égale à trois mois. Si la durée de celle-ci est inférieure à un trimestre, il doit justifier d'une période de travail antérieure à la détention n'ayant pas permis l'ouverture du droit à un autre type de prestation chômage [21]. Enfin, l'assurance veuvage est la dernière mesure venant compléter l'arsenal juridique visant à protéger le détenu. Elle a été instituée par la loi du 17 juillet 1980. Cette aide a eu pour but d'atténuer les difficultés financières immédiates causées par la disparition du conjoint détenu qui effectuait un travail pénal ou un stage de formation professionnelle.

En dépit de ces avancées significatives qui tendent à rapprocher la condition sociale du détenu de celle du travailleur [22], il faut cependant admettre que cette protection sociale reste encore partielle. Ainsi, s'agissant du risque chômage pendant la détention, il n'existe actuellement aucun système de protection au profit des détenus

---

20. V. en ce sens les articles D.380 à D.401, c. pr. pén.

21. V. M. ZAKARINE, *op. cit.*, p. 269.

22. La doctrine contemporaine reconnaît ce mouvement progressif qui rapprocherait peu à peu la condition sociale du détenu et celle du travailleur libre. Cette tendance doctrinale est développée par J. PRADEL, B. BOULOC et W. FRANCIS-ZIWIE. (V. J. FAVARD, Le détenu citoyen, *Rev. pénit.*, n°3 juil-sept. 1989, p.258) et rejetée par M. DANTI-JUAN (*op. cit.*, p. 100) ; V. W.F. ZIWIE, *Droits des détenus et droits de la défense*, Petite collection Maspéro, 1979, 447 p. ; Ce rapprochement peut également s'observer au travers de quelques articles du code de procédure pénale (D.102, D.108, D.109, D.110).

employés directement par l'Administration pénitentiaire, en régie industrielle ou au service général. Par conséquent, en cas de chômage, aucune prestation n'est versée aux détenus [23]. Il est déplorable que la protection sociale du travailleur détenu s'arrête aux portes de la revendication sociale. En effet, en matière de revendications sociales, les détenus n'ont aucun droit. Ils ne disposent d'aucun instrument de revendication sociale pour défendre leurs droits : ils n'ont ni syndicat, ni représentants des travailleurs, ni le droit de grève ou d'expression collective. Les détenus se retrouvent sur ce point dans une « zone de non-droit du travail dont les conséquences apparaissent toutes négatives : ni contrôle, ni sanction des modalités de rupture, ni garantie de salaire, ni expression collective ni, enfin, possibilité de recours au contentieux individuel » [24]. Les contraintes liées au milieu carcéral, notamment le maintien de l'ordre et de la discipline, semblent justifier cette restriction. La reconnaissance de ces droits peut, effectivement, occasionner des troubles dans les établissements pénitentiaires. Cette méconnaissance du droit à la revendication sociale constitue une entrave à ce rapprochement opéré entre la condition sociale du travailleur libre et celle du travailleur détenu. Mais cette crainte n'est pas justifiée au regard de l'histoire récente de l'Administration pénitentiaire car l'impératif de sécurité n'a pas empêché les nouveaux progrès des droits des détenus apportés par la succession de réformes intervenues depuis 1972 et l'extraordinaire évolution des prisons qu'elles ont engendré. Comme le souligne si bien J. Favard, « force est de constater que l'argument sécuritaire, quoique constamment avancé pour y faire obstacle, s'est souvent révélé en définitive impuissant à cet égard, soit en raison de son caractère fallacieux, soit parce qu'il suffisait d'adapter la règle de sécurité

---

23. Le cas est néanmoins différent pour les détenus travaillant au service d'un concessionnaire de main d'oeuvre lié par contrat avec l'Administration pénitentiaire. Un système original a été mis en place à leur profit. Il s'agit des clauses prévoyant l'obligation pour le concessionnaire de verser une indemnité chômage partiel lorsqu'il ne parvient pas à fournir au moins six heures de travail par jour en moyenne. Si le détenu travaille moins de six heures et plus de quatre, il perçoit une indemnité égale à 50% du salaire horaire pour chaque heure de chômage. S'il a travaillé moins de quatre heures, l'indemnité est portée à 60% des heures qui n'ont pas été faites. V. B. BOULOC, *op. cit.*, n°251, p. 175

24. V. Avis du conseil économique et social, *op. cit.*, p. 88.

invoquée ou de construire un nouveau système sécuritaire » [25]. C'est pour remédier à cette situation que dans un avis du 9 décembre 1987, le Conseil économique et social suggère de donner un droit et des moyens d'expression au travailleur détenu [26]. Il a proposé la création de délégués d'atelier ainsi que diverses mesures comme l'installation de panneaux d'affichage et de boîte à réclamations dans chaque atelier, et même la mise en place d'une « institution paritaire » à laquelle seraient soumis « tout différend ou toute contestation relatifs aux conditions de travail et de rémunération » [27]. Cela constitue, selon le Conseil économique et social, un moyen utile pour réduire la différence avec le monde extérieur, apaiser les effets de l'enfermement et, tout en tenant compte de la spécificité propre à la condition carcérale, s'approcher des conditions d'une meilleure réinsertion. Malgré ce particularisme déconcertant du droit au travail des détenus, le travail pénitentiaire participe néanmoins au processus de réinsertion [28] des condamnés à la privation de liberté, dans la mesure où il permet l'apprentissage d'un métier, ou pour le moins, l'acquisition - ou la protection - de l'habitude de travailler. C'est dans ce sens que le travail des détenus peut devenir un gage de réinsertion sociale.

B - Le travail pénitentiaire comme gage de réinsertion sociale des détenus.

Selon l'article 720 al.1 du code de procédure pénale, « les activités de travail et de formation professionnelle sont prises en compte pour l'appréciation des gages de réinsertion et de bonne conduite des condamnés ». Le travail pénitentiaire apparaît dès lors

---

25.   V. J. FAVARD, *op. cit.*, p. 262.

26.   Avis du conseil économique et social, *op. cit.*, p. 88.

27.   La première tentative d'élaboration de « modes de relations nouveaux » entre surveillants et détenus, résulte d'une circulaire Lecanuet du 26 mai 1975. Il était recommandé de tenir avec les détenus des « réunions de concertation » pour que ceux-ci puissent y « exprimer leur propre point de vue, formuler leurs observations ou leurs suggestions sur tel ou tel aspect des problèmes abordés, en particulier sur l'organisation de certaines activités, qu'il s'agisse du travail, de l'enseignement, des sports, des activités de loisirs, etc. ».

28.   V. en ce sens, J. RIVERO, Insertion, droits de l'homme, liberté, *R.D.S.S.*, 1989, n°4, pp. 617-619.

comme une possibilité d'abréger la durée de la vie carcérale au travers des institutions de libération conditionnelle et de réduction de peine. Il est perçu comme le moyen pédagogique le plus sûr en milieu libre, comme en milieu carcéral [29] pour relier l'individu au reste de la société [30]. Ausssi conviendrait-il que la prison soit l'occasion d'apprendre un métier ou même de s'initier à l'exercer librement afin d'ouvrir la possibilité d'une meilleure réinsertion professionnelle [31]. Encore faut-il pour cela que les conditions dans lesquelles s'exerce le travail carcéral se rapprochent davantage des conditions de travail à l'extérieur. Malheureusement, nombre d'obstacles restent encore à franchir avant que cela ne devienne réalité.

1. Les obstacles liés aux conditions de travail des détenus en milieu pénitentiaire

L'organisation du travail en milieu carcéral se heurte à divers obstacles liés à la spécificité même de ce milieu. L'exiguïté et l'encombrement du milieu carcéral gênent effectivement la mécanisation du travail ou même simplement la recherche de productivité. La disparité entre les maisons d'arrêt, les centres de détention et les maisons centrales renforce cette difficulté. Alors que les premières accueillent les prévenus et les condamnés à de très courtes peines, les deux derniers ont vocation à recueillir ceux qui doivent subir une détention de longue durée et présentant quelques chances de réinsertion. Il en résulte la situation suivante : outre le fait que les quelques emplois disponibles sont réservés en priorité aux établissements pour peine, l'Administration pénitentiaire trouve inopportun de transférer vers ceux-ci un nombre de condamnés

---

29. V. en ce sens, S. LORVELLEC, Travail et peine, *R.ev. pénit.*, n°3, 1997, pp 207-226.

30. V. en ce sens, H. LABORIT, *Biologie et structure*, Folio Essais, Gallimard, 1968, 190 p. ; A. WEINBERG, Lien social : fracture ou fragmentation ?, *Sciences humaines*, Hors série : le social en crise ?, n°13, mai-juin 1996, pp. 5-9 ; comp. C. CARDET, Le contrôle judiciaire socio-éducatif, *op. cit.*, § n°199.

31. V. en ce sens, J. RIVERO, Insertion, droits de l'homme, libertés, *R.D.S.S.*, 1989, n°4, pp. 617-619.

supérieur à leur capacité d'hébergement [32]. Si bien que le taux d'occupation des locaux très supérieur enregistré dans les maisons d'arrêt se trouve conjugué avec le taux de détenus occupés qui est inversement très faible : 30% contre 70% dans les établissements pour peine [33]. La médiocre qualité que présentent le plus souvent les postes proposés aux détenus aggrave le constat: tâches répétitives et dénuées d'intérêt. C'est le cas du régime du service général constitué d'activités « occupationnelles » qui emploie près de 27% de détenus occupés au travail d'entretien des bâtiments, du matériel ou à diverses occupations liées à la vie quotidienne des détenus, toutes tâches ne présentant pas de valeur préparatoire à un avenir professionnel.

2. Obstacles liés aux détenus

L'observation de la population pénale permet de déceler d'autres formes d'obstacles à surmonter pour que le travail en prison favorise réellement la réinsertion des détenus. Un constat s'impose : la population pénale est constituée d'une part prépondérante de jeunes, c'est-à-dire des gens n'ayant pas souvent une habitude de travail [34]. Une telle situation, au regard du travail carcéral, est préoccupante à double titre. L'on peut tout d'abord s'interroger sur la motivation que pourraient avoir ces jeunes au travail du fait de leur manque d'habitude, mais surtout sur l'impact que l'incarcération pourrait avoir sur eux quant à leur capacité de rechercher et trouver un emploi à l'extérieur. Ensuite, cette situation exige de l'Administration qu'elle fournisse du travail ou la formation adéquate à cette masse de jeunes afin de leur ouvrir des chances de réinsertion après la libération. D'autant plus qu'il a été prouvé que « le fait d'avoir suivi et réussi une formation professionnelle permet d'éviter plus sûrement la récidive » [35]. Cette population cumule souvent de lourds

---

32.   La loi du 8 février 1995 a modifié la définition des centres de détention à vocation régionale qui peuvent désormais accueillir les détenus condamnés à des peines inférieures à 7 ans et qui ont à purger des reliquats de peine inférieur à 5 ans.

33.   V. Avis du conseil économique et social, *op. cit.*, p. 75.

34.   Cette population de jeunes âgés de 18 à 25 ans constitue avec 39% du total, le groupe d'âge le plus important de la population pénale. Lorsqu'on y ajoute les moins de 30 ans, cette population représente près des deux tiers des détenus.

35.   V. Conseil économique et social, *op. cit.*, p. 79.

handicaps sociaux qui rendent très difficile la poursuite d'objectifs de réinsertion sociale et professionnelle. Ainsi peut-on constater la faiblesse générale du taux d'instruction, plus de 70% n'ont qu'un niveau primaire - la part d'illettrés est forte, environ 13% - et le nombre sans cesse croissant des détenus réputés chômeurs lors de leur mise à l'écrou. Les conditions de détention affectées par l'inflation carcérale (courtes peines, usage abusif de la détention provisoire) ne sont pas de nature à favoriser une mise au travail adéquate de la population carcérale. Ces différentes problèmes constituent autant de difficultés que l'Administration pénitentiaire doit surmonter pour une évolution positive du travail carcéral. Ils laissent également apparaître la nécessité d'apporter des solutions adaptées pour que la prison prépare effectivement les détenus au retour à la vie libre. Une telle situation n'est pas sans influence sur la perception que les surveillants ont de la réinsertion sociale des condamnés à la privation de liberté.

§ II : *La réinsertion sociale des détenus du point de vue des surveillants de prison*

Si les surveillants sont majoritairement favorables à l'objectif de réinsertion en tant qu'idéal de leurs missions, 22 % d'entre eux pensent néanmoins que la prison n'est pas un lieu de réinsertion sociale. Pour eux, la réinsertion consiste en « *rien. C'est de la fumisterie, du bla-bla. On gaspille de l'argent pour rien, pour des fainéants qui ne veulent rien faire pour revenir dans le droit chemin. Ils préfèrent des larcins puis le confort des prisons plutôt que le travail* » (surveillant, MA). Ou « *Pour qu'il y ait réinsertion sociale il faut qu'il y ait eu déjà une insertion avant. Ce qui est faux dans bien des cas. De plus comment faire de la réinsertion pour des individus qui traînent derrière eux 20 ou 30 ans de prison ? Généralement cela les fait rire !!* » (Surveillant, CD 13 000). Mais pour la majorité des surveillants, la réinsertion sociale des détenus s'articule autour de la préparation à la sortie (A) : « *l'Administration pénitentiaire contribue à la réinsertion des détenus grâce aux parloirs (maintien des liens familiaux), aux possibilités de formation professionnelle, de remise à niveau scolaire, possibilités de travailler au sein même de la prison, de participer à des activités sportives et culturelles (bibliothèque, cinéma, concert, sculpture, dessin, etc.) et religieuses (messe le dimanche, présence d'un imam pour les musulmans, culte protestant), possibilité de rentrer en contact avec l'ANPE pour la recherche d'un emploi, etc. »* (Surveillante, MAF). Une telle définition de la réinsertion sociale par les surveillants, ne paraît pas laisser assez de place à leur apport à la mission de réinsertion sociale des détenus dévolue à l'Administration pénitentiaire. Pourtant celui-ci est bien réel. Les surveillants en sont conscients, malgré les nombreux freins à la réinsertion sociale des condamnés à la privation de liberté qu'ils déplorent (B).

A - La préparation à la sortie des détenus

38,4% des surveillants définissent la réinsertion sociale en terme de préparation à la sortie. Celle-ci renvoie plus particulièrement à l'organisation des activités socioculturelles en prison et à la présence du personnel socio-éducatif.

1. Les activités socioculturelles

Les activités socioculturelles prennent une place importante dans la conception de la réinsertion des détenus pour les surveillants : *« la réinsertion sociale commence par l'apprentissage d'un métier ou formation, puis par stage extérieur avec mise à l'épreuve et suivis réguliers, mais également par une motivation de la population pénale »* (Surveillante, CD). *« La réinsertion pour celles qui le désirent peut se faire par toutes les activités qui sont proposées et encadrées par des intervenants de l'extérieur. Il faut les soutenir ou les inciter à suivre et à persévérer dans ce qu'elles ont commencé : construction d'un gymnase, maquettiste, bureautique-informatique, peinture, musique, soutien scolaire, poursuite des études, travail en atelier, formation cuisine, yoga, coiffure »* (Surveillante, CD). *« Une préparation à la sortie, par multiple formations et par une étude psychologique de chaque détenu, mais qui n'est pas au point et pas suivie »* (Surveillant, CD 13 000). Souvent, ces surveillants de prison introduisent une nuance relativement importante entre insertion et réinsertion : *« réinsérer ceux qui étaient insérés, ne pas les désocialiser, leur donner la possibilité de retrouver une place dans la société à leur sortie. Pour les exclus, les faire rentrer dans la société où ils n'avaient pas de place »* (Première surveillante, CD). La réinsertion sociale est pour certains de ces surveillants un prétexte ayant pour but la pacification de la prison. Les activités énumérées ne sont alors que de simples occupations des détenus : *« la réinsertion sociale préconisée par le service public pénitentiaire est en fait synonyme d'améliorer le confort des détenus pour favoriser un calme certain de la détention »* (Surveillante, MAF). Dans l'ensemble, l'obligation de moyens en matière de réinsertion sociale des condamnés à la privation de liberté est bien perçue, ainsi que les différentes tâches à accomplir : *« l'Administration pénitentiaire se doit d'aider les détenus en fin de peine à préparer leur sortie définitive. Mais la réinsertion ne commence pas en fin de peine mais pendant la peine, au quotidien, par le biais de la formation professionnelle, du travail, des soins médicaux, de l'écoute, de la vie en collectivité... »* (Première surveillante, CD). Une telle conception de la réinsertion sociale, s'articulant autour des activités socio-éducatives, donne à l'action des travailleurs sociaux la primauté sur la réinsertion sociale des condamnés à la privation de liberté : *« à ne pas oublier le mot "favorise", cela implique seulement ne pas entraver l'action des travailleurs sociaux, professeurs et autres »* (Surveillant, MA). Dans cette optique, la réinsertion sociale des condamnés se réalise en milieu carcéral *« par le biais des éducateurs et assistantes sociale pénitentiaires, très peu par les surveillants, quoique un peu quand même »* (Surveillant, CD 13000). Ce « très peu » se situerait au niveau de l'apprentissage du *« respect des lois et des autres »*.

2. L'apprentissage du respect des lois et d'autrui

Près de 21% des surveillants pensent que la réinsertion en détention consisterait en l'apprentissage du respect des lois et d'autrui. Ils insistent sur l'importance que revêtent les notions de discipline, de travail, d'exemplarité, de dialogue et de compréhension : *« La réinsertion sociale en prison consiste dans l'organisation du règlement intérieur de la prison, dans le comportement du personnel de tout niveau et dans la façon d'analyser les problèmes que peuvent avoir les détenus, et enfin la façon de les résoudre »* (Surveillant, CD). Par conséquent, l'organisation de la prison doit conduire les détenus à *« apprendre le respect des lois et des autres personnes ; apprendre le travail ; apprendre à se socialiser car c'est non une réinsertion, mais une insertion qu'il est nécessaire de leur apprendre »* (Surveillant, CD 13000), car la réinsertion sociale consiste à *« remettre les détenus dans le droit chemin, les former à vivre dans la société actuelle, à leur faire comprendre ce qui est bien et ce qui est mal »* (Surveillant, CD 13 000). Surtout que *« la prison est une société dans la société, donc montrer aux détenus qu'ils ont des contraintes à respecter à l'intérieur mais aussi à l'extérieur »* (Surveillante, CD 13 000).

« Tout d'abord, il faut se dire qu'un détenu se comporte en prison comme dehors, pour cette raison la prison ne doit pas être comme dehors. Il doit y avoir de la discipline, de l'ordre et après ça on pourra parler de réinsertion sociale du moins essayer, car la société actuelle fabrique et consolide la délinquance » (Surveillant, CD). Ce qui signifie que *« cette réinsertion sociale consiste à faire prendre conscience aux détenues que l'incarcération n'est qu'une étape et qu'il faut préparer l'après incarcération pour sortir avec de bonnes bases et continuer une vie sans problème pour ne pas revenir en prison »* (Surveillante, MAF).

« Il faut préparer les détenus à la sortie et pour cela le surveillant doit cerner les capacités de chaque détenu à se réinsérer dans la société dans la mesure où le détenu était déjà inséré dans celle-ci avant d'être incarcéré. L'Administration pénitentiaire prend toutes les mesures destinées à faciliter leur réintégration dans la société. Cette réinsertion sociale porte sur le comportement général, sur l'assiduité et l'application au travail et aux études ou la formation professionnelle » (Surveillante, CD).

Or, divers obstacles se dressent sur le chemin de la réinsertion des détenus, et les surveillants ne tarissent pas de mots pour le déplorer.

B - Les freins à la réinsertion sociale des détenus du point de vue des surveillants de prison

Les surveillants de prison dénoncent pêle-mêle de nombreux freins à la réinsertion sociale liés aux détenus eux-mêmes, au fonctionnement de l'Administration pénitentiaire et au monde extérieur. Ces différents aspects peuvent être réunis en deux ensembles : les obstacles à l'intérieur de la prison et les obstacles à l'extérieur de la prison.

1. Les obstacles à l'intérieur de la prison

S'agissant des freins à la réinsertion sociale des détenus à l'intérieur de la prison, les surveillants évoquent de façon presque récurrente la mauvaise éducation et le manque de volonté de la part des détenus (12,3%), le laxisme de l'Administration pénitentiaire et l'infantilisation des détenus (15,9%), le manque de moyens dans l'Administration pénitentiaire et la surpopulation pénale (9,6%), l'âge et le passé pénal trop lourd (4,2%), la démotivation du personnel (5,1%) et le manque de prise en charge par du personnel qualifié des problèmes et de l'histoire des détenus (5,3%). Ces différents points soulevés représentent 52,4% des réponses émises par les surveillants au cours de la recherche. Le taux de non-réponse à cette question est de 11,5%. Les différents obstacles peuvent eux-mêmes être groupés en deux catégories : les freins liés au fonctionnement de l'Administration pénitentiaire et ceux liés aux détenus.

a) Les freins liés au fonctionnement de l'Administration pénitentiaire

Concernant les freins relatifs au fonctionnement de l'Administration pénitentiaire, les surveillants dénoncent le manque de moyens - en personnel notamment - et le laxisme de l'Administration pénitentiaire envers les détenus, comme source de démotivation du personnel. D'où une implication insuffisante dans le processus de réinsertion des détenus : *« le poids de l'histoire pénitentiaire ; la formation inadéquate au moins dans ce domaine ; le rôle du surveillant mal défini dans ce processus (le surveillant n'a pas le statut d'éducateur) ; la jeunesse des personnels de surveillance ; des textes qui tendent une fois vers la resocialisation, une fois vers la discipline »* (CSP2, CD 13000). *« En prison, on infantilise. Chaque jour on respecte les mêmes choses (horaire de promenade, de cours...). Elles sont complètement prises en charge par l'A.P. Quand elles sont libérées, elles se retrouvent seules, parfois sans accueil, sans travail. Il faudrait une structure d'accueil. La prison ne sert à rien parfois. Si on ne veut plus de récidive, il faudrait étendre le travail à l'extérieur. Plus d'éducateur en milieu ouvert. Il faudrait que l'on arrête de faire des grandes prisons. Faire plutôt des petits quartiers, je pense que là le surveillant pourrait apporter davantage aux détenues. Fleury c'est un peu une usine, on y rentre, on y sort, parfois on y revient. Il n'y a aucun suivi car trop de mouvements »* (Première surveillante, MAF). En effet, l'une des caractéristiques de la vie carcérale du détenu c'est l'absence de choix. L'Administration décide dans la plupart des cas à la place des détenus. Ainsi, ils ne peuvent choisir ni la composition de leur repas, ni les personnes dont ils partagent la cellule, ni leur travail ni les marques de produits qu'ils « cantinent ». Cette absence de choix concerne aussi des domaines où le relationnel occupe une place centrale. C'est le cas des relations avec le médecin, les psychologues, les psychiatres, les éducateurs, qui sont des relations subies puisque les détenus n'ont pas la possibilité de choisir le médecin ou le psychologue auxquels ils sont pourtant appelés à se confier. Cette absence de choix conduit à la « déresponsabilisation » [36] des détenus. Tout est décidé à leur place et ils doivent toujours passer par le personnel pour la moindre démarche ou pour une commande à la cantine [37]. Aussi les détenus ne disposent d'aucun moyen de paiement, leur argent (mandats ou salaires gagnés par le travail en détention) est géré par un comptable

---

36.   V. C. ROSTAING, *La relation carcérale, op. cit.*, p. 133 et s.

37.   La cantine est un système de ventes par fiches. Ces fiches contiennent le nom du produit et parfois une marque et le détenu coche sur cette liste le produit qu'il désire. Il remet ce bon au surveillant le jour convenu. Chaque jour correspond en effet à la commande d'un type de produit ou à sa livraison. Tous les biens ne sont pas disponibles. Certains sont interdits comme le vin et l'alcool. Mais selon les établissements, une bière par repas ou par jour peut être cantinée. Elle est versée dans un verre afin d'éviter le stockage et une consommation excessive différée.

de l'établissement, qui effectue le décompte des achats effectués. Cette déresponsabilisation des détenus réduit déplorablement le personnel de surveillance en un « personnel d'entretien » des détenus. Une situation que les surveillants dénoncent très fréquemment : « *Actuellement nous sommes progressivement devenus leurs employés à qui ils font appel pour leur régler tous les problèmes quotidiens et leur faciliter la vie. Si nous pouvions passer ce temps en dialogue, formation, encouragement au travail* » (Surveillante, CD).

La tendance actuelle à l'allongement des peines [38] occasionne de sérieuses difficultés à l'Administration pénitentiaire dans « la gestion du comportement des détenus » [39]. Comme en même temps le taux d'encadrement des détenus par le personnel d'insertion et de probation est faible [40], les détenus sombrent dans la consommation de psychotropes [41], dans le « repli sur soi » [42] ou dans d'autres attitudes déstructurantes [43]. Une telle situation ne peut qu'influencer négativement la perception que les surveillants ont de la réinsertion sociale des condamnés à la privation de liberté. La nécessité de prise en charge des détenus leur paraît alors impérieuse : « *Le détenu doit être suivi et pris en charge dès son arrivée dans l'établissement pénitentiaire. A l'heure actuelle, les longues peines ne sont pas gérées, alors qu'il faut élaborer des pistes en terme de resocialisation des condamnés ou d'exécution de la peine notamment. La population pénale ne bénéficie pas d'un suivi*

---

38. V. en ce sens, H. TUBEX & S. SNACKEN, L'évolution des longues peines, *Dév. et soc.*, 1995, vol. 19, n°2, p. 103 et s.

39. V. M. HERZOG-EVANS, *La gestion du comportement du détenu. Essai de droit pénitentiaire*, Ed. L'Harmattan, Coll. Logiques juridiques, 1998, 632 p.

40. « Un conseiller d'insertion et de probation s'occupe en moyenne d'une cinquantaine de détenus tandis que les les assistants sont débordés : chacun en charge de plus de cent prisonniers ». V. J.P. CÉRÉ, Le contentieux disciplinaire dans les prisons françaises et le droit européen, *op. cit.*, p. 90 ; V. *RAAP*, 1996, p. 269 et s.

41. V. R. CARIO, *Les femmes résistent au crime*, L'Harmattan, Coll. Transdisciplines, 1997, p. 139 et s.

42. V. E. GOFFMAN, *Asiles*, Les éditions du minuit, 1975, p. 106.

43. V. M. NIAUSSAT, *Les prisons de la honte*, Ed. Desclée de Brouwer, 1998, 141 p. ; D. GONIN, *La santé incarcérée*, Ed. de l'archipel, 1991, p. 85 et s.

individuel axé sur le comportement, la personnalité... La détenue est privée d'autonomie, elle n'a d'autre choix que l'acceptation passive. Pour certaines, cette passivité est ressentie comme un confort, un retour à l'état d'enfant. On fait de la détenue un être non responsable. Cela peut surtout l'empêcher de devenir une femme consciente d'avoir à se construire elle-même. Le détenu est obligé de devenir un autre que lui-même. Si la peine ne dure pas longtemps, sans doute peut-il retrouver en lui à la sortie la personne qu'il était avant, si elle s'étend sur longue période la transformation est définitive. Il n'est plus à même de se réinsérer dans un milieu notamment familial qui de son côté a évolué. Il doit réapprendre à vivre, effectuer l'effort énorme de repartir de zéro dans un monde qui a évolué sans lui et en cas d'échec rester un exclu hors de la prison des murs » (Surveillante, CD). *« Le fait qu'actuellement dans les prisons les détenues deviennent des assistés. C'est le système qui les conduit progressivement à l'état végétatif »* (Surveillante, CD).

Le manque de moyens est souvent synonyme de manque de temps pour se consacrer plus sérieusement aux détenus. Par conséquent, le manque de temps apparaît comme le frein principal, pour les surveillants de prison, à l'investissement dans le processus de réinsertion des détenus : *« J'ai 40 détenus à mon étage. Je n'ai pas le temps de discuter avec chacun d'eux. Je ne peux pas faire de la réinsertion »* (Surveillant, CD 13 000). *« L'Administration s'est fixée cet objectif alors qu'elle n'est pas à même d'y parvenir avec les moyens actuels (manque de personnel, motivation du personnel) »* (Surveillant, CD 13 000). Le manque de moyens peut également renvoyer à l'effritement de l'autorité des surveillants du fait de l'accroissement des droits des détenus : *« Un détenu qui s'inscrit à un stage et qui dès le premier jour est en retard, mal habillé, sale, ne dit pas bonjour, et malgré les remarques des surveillants ne change pas, puisqu'il a toujours raison et soutenu. Ne croyez-vous pas qu'un patron à l'extérieur ne va pas accepter cela très longtemps ? Si dès son incarcération celui-ci avait appris la ponctualité, la politesse, il aurait bien plus de chances de s'en sortir. Mais, on en revient toujours au même point, il ne faut rien leur dire et ne pas les vexer. Par conséquent, quand on me parle de réinsertion, moi j'en ris d'avance »* (Surveillante, CD 13 000). *« Le manque de fermeté, la crainte des complications, des scandales, le refus de la part de l'administration centrale de reconnaître les difficultés et le peu de moyens qu'on nous offre sur le terrain »* (Première surveillante, CD).

« La prison ne fait plus peur. C'est l'équivalent du club méd. » (Surveillant, MA). Ou *« Le manque d'autorité, le laxisme. La prison ne fait plus peur aux détenus et est devenue un véritable camp de vacances. Après un séjour, le détenu récidiviste a presque envie d'y revenir, surtout le toxicomane qui s'y refait une santé. On est passé d'une prison trop sécuritaire à une prison camp de vacances »* (Surveillante, MAF).

Mais il peut s'agir aussi d'une question plus structurelle : *« 1°) Le manque de prise en charge par du personnel qualifié des problèmes et de l'histoire du détenu ; 2°) le manque de responsabilisation de ces derniers durant leur incarcération ; 3°) le manque de formation »* (Surveillante, CD).

« Dans la population pénale beaucoup de détenus essayent de s'en sortir par les études en passant de nombreux examens. Ils veulent recommencer une nouvelle vie, mais : peines trop longues, peu de libérations conditionnelles » (Surveillante, CD).

Le problème soulevé par les surveillants de prison concerne l'individualisation de la réponse pénale aux comportements criminels. En effet, comme le souligne R. Cario, une triple ambition doit être poursuivie en ce sens : adapter la sanction au dommage social réellement causé ; ne pas désocialiser davantage en évitant les courtes peines privatives de liberté (inférieur à un an), aux conséquences toujours graves ; impliquer autant que faire se peut le public dans la prévention mais aussi dans la répression de la criminalité [44].

b) Les obstacles liés aux détenus eux-mêmes

Certains surveillants font allusion au comportement des détenus eux-mêmes comme frein à leur réinsertion sociale : *« Le frein majeur quant à la resocialisation des détenus (hommes et femmes)*

---

44. V. pour plus de détails, R. CARIO, *Pour une approche globale et intégrée du phénomène criminel*, 2è éd., 1997, p.119 et s.

c'est eux-mêmes, à savoir s'ils désirent vraiment se réinsérer ou non » (Surveillante, CD 13 000).

« *Le refus du détenu (par paresse, par manque de courage) ; le manque d'éducation du détenu depuis son enfance ; - le niveau scolaire du détenu qui est très bas ; la faiblesse des moyens mis en oeuvre pour y parvenir* » (Surveillante, CD).

« *Très souvent l'éducation de base du condamné, également le manque d'instruction évident. Enfin, certains sont des malades psychiatriques irrécupérables* » (Surveillant, CD).

« *Il faudrait d'abord que ces personnes le veuillent vraiment et que les structures en place les aident vraiment* » (Surveillante, CD).

« *Je pense que beaucoup de moyens sont déjà mis en oeuvre pour la resocialisation des condamnés, et que seul le manque de volonté du détenu est le frein à sa réinsertion* » (Surveillante, MAF).

« *Le principal c'est qu'ils le veulent vraiment et qu'ils en aient envie. On ne peut pas réinsérer quelqu'un qui ne veut pas parce qu'il prend plaisir à ce qu'il fait. Exemple : une fois je discutais avec une détenue qui me disait qu'elle en était à sa 7è ou 8è incarcération et moi de lui répondre qu'il fallait bien qu'elle s'arrête, qu'elle ne devait pas gâcher sa vie et sa jeunesse derrière les barreaux. Il fallait qu'elle pense à l'avenir. Elle me répond, "non madame j'aime trop l'argent"* » (Surveillante, MAF).

« *La plupart des détenus ne profitent pas de leur incarcération pour se remettre en cause quand ils ressortent ils sont au même point qu'au début. Exemple : les toxicos, les sans domiciles* » (Surveillante, MAF)

« *Pour les drogués, la prison est loin d'être une cure de désintoxication (cumul des médicaments + drogues)* » (Surveillante, MAF)

« *Le détenu est trop assisté et quand il y a liberté de vivre seul il n'est pas assez suivi, c'est la loi du plus fort et de la jungle : vol, racket, bagarre. Il n'y a pas de notion de respect d'autrui et manque de civisme* » (Surveillant, CD)

« *Les détenus sont trop proches les uns des autres, petits délinquants et grands criminels ne devraient pas se côtoyer. Certains sont "réinsérables", les autres non, il y a une "mentalité détenus" que les primaires risquent d'acquérir* » (Surveillante, CD 13 000). En somme « *il peut s'agir matériellement de manque de moyens pour mettre en place certains projets (activités, formation professionnelle, cours, travail...). A côté de cela, il est malheureusement des personnes incarcérées qui ne souhaitent pas s'améliorer et ne le feront jamais. D'autres pour lesquelles c'est le travail de longue haleine car leur vie a été jalonnée par la misère, la violence, le manque d'éducation, et qu'à un certain stade, il est difficile d'y remédier, car leur pessimisme est plus fort que tout. Enfin, le problème des personnes à grosses carences psychologiques pour lesquelles la prison n'est peut-être pas toujours la meilleure solution. Ceci dit et heureusement, les perspectives de réinsertion sont assurées pour certaines personnes qui parfois ne sont même pas désinsérées* » (Surveillante, CD).

2. Les obstacles à l'extérieur de la prison

35,2% des réponses des surveillants évoquent comme freins à la réinsertion sociale des détenus des obstacles liés au milieu extérieur. Il s'agit notamment *du manque de travail à l'extérieur* (18,5%), *du manque de suivi des détenus à l'extérieur* (10,6%) et *de l'influence du milieu social* (6,1%).

a) Le manque de travail à l'extérieur

« *La conjoncture extérieure. Actuellement, un détenu qui sort de prison aura beaucoup de difficultés à retrouver un emploi, d'où risque de rechute même si à la sortie de prison il voulait rentrer dans une existence respectant la loi. Ensuite, il y a aussi les valeurs morales qui ont été beaucoup perdues, d'où un déséquilibre psychique important des détenus* » (Surveillant, CD 13 000). A cela s'ajoute « *le casier judiciaire. Il est déjà difficile pour un individu dit "honnête" de trouver un emploi aujourd'hui. Que va faire un individu avec un casier judiciaire* » (Surveillant, CD 13 000). Le casier judiciaire constitue, en effet, un obstacle à la réinsertion sociale des condamnés à la privation de liberté. La loi du 4 janvier 1980 instituant le casier judiciaire national a prévu que certaines administrations et organes habilités ont la possibilité de se faire communiquer le bulletin n°3 d'une personne en raison de certains motifs tels qu'une demande d'emploi. Or, la fonction du casier judiciaire s'est largement amplifiée. Dès lors, la divulgation du passé pénal entraîne pour le condamné des obstacles réels à sa réinsertion sociale et une stigmatisation durable [45]. *« En fait, le problème se trouve à l'extérieur de la prison : le chômage, la paupérisation de la population, le pouvoir de l'argent, etc. Tout cela constitue des freins à la resocialisation. En ce qui concerne la petite délinquance, on ne peut pas réinsérer les détenus car en commettant des vols ou du trafic de drogue, ils gagnent facilement l'équivalent d'un salaire mensuel d'un employé. Ils préfèrent aller de temps en temps en prison plutôt que de travailler pour gagner 5000 F par mois. Tous les efforts faits au sein de la prison ne serviront à rien tant qu'il y aura autant de chômage à l'extérieur. La petite délinquance composant la plus grande partie de la population pénale »* (Surveillante, MAF).

« Le monde extérieur avec le chômage croissant et le fait aussi que la prison est un monde à part où les détenues sont quelque peu infantilisées. Dehors elles devront être responsables et pour certaines ce sera très dur » (Surveillante, CD).

« La peur des gens à côtoyer d'anciens détenus ; le chômage qui augmente régulièrement, l'argent facile fait grâce aux délits pour lesquels il a été déjà condamné » (Surveillant, CD 13 000).

Les études relatives au suivi, à leur sortie de prison, des personnes ayant travaillé en milieu carcéral sont rares [46]. Il est par conséquent difficile de mesurer l'impact du travail carcéral sur la réinsertion sociale des détenus à l'extérieur, une fois la peine purgée. D'autant plus qu'en prison, seulement la moitié de la population carcérale travaille [47]. Le manque de travail à l'extérieur est souvent associé à l'influence du milieu social du sortant de prison :

---

45.   V. C. DESDEVISES & S. LORVELLEC, Les obstacles à l'insertion professionnelle des condamnés, *In Sociologie et Justice, Bulletin,* Pub. trim., C.L.C.J., 3è trim., n°1, 1989, p. 71 ; C. PAUCHET, Les prisons de l'insécurité, *op. cit.,* p. 155. L'auteur énumère quatre obstacles à la réinsertion : l'interdiction de séjour, la contrainte par corps, le casier judiciaire, la pression de l'opinion publique.

46.   V. V. TARDY, Le travail en milieu carcéral : Essai d'un bilan, *Rev. pénit.,* n°3, juillet-septembre, 1997, p. 231 et s.

47.   *Eod. loc.*

« *Beaucoup de choses : manque de moyens extérieurs, la conjoncture actuelle (chômage, augmentation des prix, etc.) Que l'on évite de parquer des familles étrangères dans des cités, nous fabriquons des voyous en puissance* » (Surveillant, CD 13 000).

« *La réponse la plus évidente est qu'à leur sortie les détenues rejoignent le même milieu que celui qui les a conduit en prison et qui les reconduit infailliblement en prison* » (Surveillante, MAF).

« *Le milieu dans lequel ils vivent en sortant, mais également celui dans lequel ils vivaient (milieu souvent défavorisé ; nombreuses sont celles qui ne savent ni lire ni écrire). Milieu touché par la drogue, le Sida* » (Surveillante, MAF).

« *Lorsque le libéré retourne dans son quartier, l'engrenage infernal continue. Beaucoup trop d'activités ou de possibilités sont offertes en milieu carcéral et à la minute où la porte s'ouvre sur la liberté, plus rien, la valise sur le quai de la gare et débrouille-toi* » (CSP2, MAF). Ces derniers propos font allusion au *manque de suivi des libérés à l'extérieur*. Celui-ci constitue, selon eux, un frein majeur à la réinsertion des condamnés.

b) L'absence de suivi des libérés à l'extérieur

Lorsque les surveillants dénoncent l'absence de suivi des libérés à l'extérieur, ils font souvent allusion à « *l'inexistence de structures d'aide aux détenus libérés* », mais aussi à l'insuffisance « *de suivi à l'extérieur en ce qui concerne les éducateurs* » (Surveillante, MAF).

« *A mon avis, le détenu doit avoir un suivi à la libération. Bien souvent l'ex-détenu se retrouve seul devant le monde extérieur sans aucune aide. Alors difficile de se réinsérer...* » (Surveillante, MAF).

« *Leur passé trop pesant ; une incapacité de vivre à l'extérieur sans soutien ; manque de suivi à leur libération pour les détenus sans famille, sans amis* » (Surveillante, CD).

« *Il n'y a presque plus de suivi à l'extérieur. Insuffisance de service après incarcération. Pas de souci de ce qui peut survenir à la libération (foyer, famille, travail, etc.)* » (Surveillant, CD).

« *Peut-être ne sont-ils pas assez suivis à l'extérieur par du personnel socio-éducatif* » (Surveillante, MAF).

Mais le problème est souvent plus large : « *La surpopulation des prisons et le manque de coordination des services éducatifs, tribunaux et préfecture de police* » (Surveillant, MA).

« *La politique actuelle : manque d'emplois, manque de suivi du détenu par des personnels en plus à l'extérieur, retour en milieu défavorisé* » (Surveillant, CD 13000).

Les arguments ainsi avancés par les surveillants de prison vont être à présent organisés afin de parvenir à l'élaboration d'une approche dynamique de la réinsertion sociale des détenus, intégrant les différents aspects soulevés par les professionnels pénitentiaires.

Section II : L'approche dynamique de la réinsertion sociale des détenus

Proposer une approche dynamique de la réinsertion sociale des détenus revient à la concevoir comme un processus évolutif, constitué de plusieurs étapes s'enchaînant les unes après les autres, ou les unes avec les autres. L'élaboration du modèle d'approche dynamique de la réinsertion sociale part du postulat suivant : la réinsertion sociale des détenus comporte deux versants intimement liés, le versant pénal et le versant social. Les surveillants de prison travaillent sur le versant pénal alors que les travailleurs sociaux travaillent sur le versant social (§ 1). Chaque versant comporte un élément important de la réinsertion sociale. Ainsi, l'amendement des détenus est l'élément constitutif du versant pénal, alors que le versant social vise leur ancrage dans la société. La réinsertion sociale apparaît dès lors comme l'aboutissement d'un long processus d'amendement et d'ancrage social des détenus. La réinsertion sociale est sans doute un processus dynamique. Elle est une résultante et non une essence. Ce processus qui commence avec l'incarcération du détenu, se poursuit tout au long de l'exécution de la peine et au-delà. La description du modèle d'approche dynamique de la réinsertion sociale s'articule autour de trois phases caractéristiques suivantes : la phase criminologique ; la phase pénitentiaire et la phase affective et sociale (§ 2).

§ I : L'élaboration du modèle d'approche dynamique de la réinsertion sociale des détenus

Le modèle d'approche dynamique de la réinsertion sociale des détenus a été inspiré par les verbalisations des surveillants de prison et des autres professionnels pénitentiaires rencontrés au cours de la recherche. Celles-ci ont été par la suite confrontées à une observation critique de l'action pénale en France. Le besoin d'une prise en charge pertinente des détenus pendant et après l'incarcération, ainsi que la nécessité d'utiliser de façon optimale le personnel pénitentiaire à chaque étape de l'exécution de la peine privative de liberté, constituent les bases de ce modèle.

A - L'organisation des verbalisations des surveillants de prison

Il convient de rappeler, à ce niveau de l'analyse, les différentes attitudes des surveillants de prison face à la notion de réinsertion sociale des détenus, pour mieux préciser la réflexion. En l'absence d'une définition officielle de la notion de réinsertion sociale des détenus, les surveillants de prison ont des acceptions très variées, même si, par ailleurs, elles peuvent se recouper assez nettement. C'est ainsi que 26% des surveillants interrogés au cours de la recherche pensent que la réinsertion *c'est la préparation à la sortie* (allusion faite aux questions classiques d'hébergement, de formation et de recherche d'emploi) ; 15% des surveillants pensent que la réinsertion c'est plutôt *l'apprentissage du respect des lois et des autres* ; 6% la définissent en terme de *dialogue, compréhension et discipline* et 12% font allusion à la présence du personnel socio-éducatif, des activités en prison et des parloirs [48]. L'énumération, par les surveillants de prison, des freins à la réinsertion sociale des détenus est particulièrement judicieuse. Ils évoquent principalement à ce propos, l'absence de prise en charge des détenus à l'intérieur comme à l'extérieur de la prison et la déresponsabilisation des détenus.

---

48. Le taux de non-réponse à cette question est de 13%, alors que 4% des surveillants affirment ignorer ce que c'est que la réinsertion des détenus.

1. *Le besoin d'une prise en charge des détenus à l'intérieur de la prison*

Les surveillants ressentent au quotidien le besoin d'une prise en charge des détenus, notamment « *la prise en charge par du personnel qualifié des problèmes et de l'histoire des détenus* ». Ce besoin s'exprime aussi en termes de suivi des détenus à l'intérieur de la prison, mais également à l'extérieur de celle-ci, après la libération. Le besoin de prise en charge des détenus à l'intérieur de la prison se ressent plus particulièrement à l'égard des toxicomanes, des violeurs d'enfants [49] et des multirécidivistes. Ce souci des surveillants nous renvoie aux typologies criminelles, notamment les typologies de délinquants [50].

A ce besoin de prise en charge des détenus exprimé par les surveillants, s'ajoute le besoin de responsabilisation des détenus. Ils comprennent bien la nécessité de tirer profit de la détention pour favoriser la réinsertion des détenus, ou pour le moins, de faire en sorte que la période d'incarcération n'aggrave pas les facteurs de récidive par la déresponsabilisation des détenus. Les conséquences d'une telle situation serait la perte de repères nécessaires à une réinsertion dans la vie sociale. Il est possible d'envisager en ce sens la création d'espaces à l'intérieur des établissements où les détenus pourraient librement accomplir leurs démarches administratives et/ou commerciales (cantine, blanchisserie, entretien d'embauche). Dans cette hypothèse, l'Administration pénitentiaire veillerait à ce que les détenus y soient encadrés par du personnel compétent pour éviter toute difficulté. L'infantilisation des détenus, souvent décriée par les surveillants de prison, constitue un obstacle à l'objectif de réinsertion, dans la mesure où elle ne favorise point l'autonomie nécessaire aux détenus pour une insertion sociale normale, c'est-à-dire, prendre leurs responsabilités dans la vie sociale et civique. La régression psychologique générée par cette absence d'autonomie est en outre préjudiciable à la (re)structuration de la personnalité de ces individus. Au sujet du suivi à l'intérieur de la prison, il ressort des

---

49.   V. R. CARIO & J.C. HERAUT (Dir.), *Les abuseurs sexuels : quel(s) traitement(s) ?*, L'Harmattan, 1998, 128 p.

50.   V. sur ce point, P. MBANZOULOU, Thèse, *op. cit.*,pp. 303-306.

verbalisations des surveillants que l'aménagement des établissements pénitentiaires, en vue de la réinsertion des détenus, devrait prendre en compte plusieurs aspects : faire en sorte que le régime de détention permette une responsabilisation des détenus par une prise d'autonomie encadrée ; accroître le pouvoir disciplinaire des surveillants et leur disponibilité vis-à-vis des détenus ; permettre un suivi individualisé des détenus par tout le personnel pénitentiaire, enfin, permettre le traitement des délinquants atteints de troubles nécessitant un suivi médico-psychologique [51]. Ce suivi suffisamment organisé à l'intérieur de la prison devrait se poursuivre à l'extérieur, après la libération.

2. Le besoin d'une prise en charge des détenus à l'extérieur de la prison

Le suivi post-pénal des libérés [52] est l'une des conditions évoquées par les surveillants à leur réinsertion sociale. En effet, il n'est pas concevable que des individus maintenus plus ou moins longtemps en dehors de la société, sans réelle prise en charge durant l'incarcération, soient libérés, au terme ou non de leur peine, sans surveillance aucune et sans avoir à rendre des comptes à quiconque sous prétexte qu'ils auraient « payer leur dette ». Comme l'a si bien fait remarquer la commission d'étude pour la prévention de la récidive [53], en comparaison avec les libérés conditionnels, « il y a donc quelque illogisme à mettre en liberté sous surveillance les condamnés qui présentent des gages de réadaptation sociale, et à "lâcher dans la nature", avant terme et sans la moindre tutelle, les condamnés les plus dangereux » [54]. Le système actuel des réductions

---

51. V. J. PINATEL, L'examen médico-psychologique et social de l'inculpé suivant la loi française, *Ann. Intern. Crim.*, 1981-14, pp. 107-114 ; R. CARIO, *Les femmes résistent au crime*, Ed. L'Harmattan, 1997, p. 130 et s.

52. Cette question sera développée au chapitre 5 consacré à la phase affective et sociale.

53. Cette commission d'étude, mise en place par le Ministre de la justice le 1er décembre 1993, s'est vue confier la mission de rechercher les moyens propres à prévenir la récidive des criminels notamment des délinquants sexuels.

54. V. M.E. CARTIER, Les propositions de la commission d'étude pour la prévention de la récidive, *In Prison : sortir avant terme*, J. PRADEL (Dir.), p. 117, Ed. Cujas, 1996, 182 p.

de peines et les grâces conduisent en effet de nombreux condamnés à la privation de liberté présentant encore les signes d'un état dangereux , à quitter la prison avant terme. Une telle réalité rend impérieuse la généralisation du suivi post-pénal à tous les libérés, contrairement à la pratique actuelle qui le limite aux libérés conditionnels [55].

Outre les questions d'ordre matériel, le principal obstacle à l'instauration d'un suivi post-pénal obligatoire pour le libéré en France est d'ordre juridique. Effectivement, la France ne connaît pas les sentences indéterminées, de sorte qu'il n'est pas possible au jour de la libération d'imposer au condamné libéré des obligations qui n'avaient pas été prévues au moment de la condamnation [56], notamment des obligations de surveillance et d'assistance. La commission d'étude pour la prévention de la récidive a exploré deux solutions pour concilier la nécessité de suivi post-pénal des libérés avec les principes régissant le droit français. Elle a suggéré, soit de créer une peine complémentaire de suivi post-pénal, soit de transformer les réductions de peines ordinaires en réductions ou en crédit de peine assorti d'un suivi post-pénal. S'agissant de la création d'une peine complémentaire de suivi post-pénal, la commission a dégagé deux positions quant à la force de la mesure de suivi post-pénal : obligatoire ou facultative. Pour les uns, la peine doit être obligatoire car il est difficile de demander à une Cour d'assises de décider au jour de la condamnation de l'opportunité d'une mesure qui ne s'appliquera que de nombreuses années plus tard. Pour les autres, le risque de récidive d'un condamné à la privation de liberté peut être apprécié au jour de la condamnation, à partir du type de criminalité qu'il a développé ou des conclusions des experts dont il a fait l'objet. La première position paraît plus réaliste dans la mesure où la peine complémentaire pourrait être supprimée au moment de la libération, lorsque le condamné ne présente pas de risques de récidive. La Commission Cartier a proposé comme autorité compétente, pour définir la mesure de suivi post-pénal et pour dire si cette peine est nécessaire, une juridiction de même nature que celle qui a prononcé

---

55. V. en ce sens, R. CARIO & J.C. HERAUT (Dir.), Les abuseurs sexuels : quel(s) traitements ?, *op. cit.*, p. 8 et s.

56. V. en ce sens, M.E. CARTIER, *op. cit.*, p. 117.

la condamnation. Puis, si la peine de suivi n'a pas été levée, de soumettre au juge de l'application des peines statuant en commission de l'application de peine le choix des modalités de contrôle et d'assistance et les moyens de leur mise en œuvre [57]. Il est cependant possible d'apporter des aménagements utiles au suivi des libérés sans être obligé de créer une peine complémentaire. Une réorganisation de la prise en charge des condamnés pourrait conduire à la maîtrise du dispositif de préparation à la sortie et du suivi post-pénal. L'observation critique de la pratique actuelle [58] peut permettre l'amélioration de cette prise en charge des condamnés privés de liberté ou des libérés.

B - L'observation critique de la pratique pénale

Il ressort de l'observation de la pratique pénale française deux faits marquants :

1°) **L'insuffisance de prise en charge des condamnés et la méconnaissance de la personnalité des détenus.** Les détenus vivent pourtant au quotidien avec les surveillants de prison, mais les avis de ces derniers ne sont pas suffisamment pris en compte dans l'examen de la situation pénale des premiers. Le personnel socio-éducatif, dont les avis sont déterminants dans cet examen en Commission d'application de peine, ne dispose pas de plus d'informations sur les détenus que le personnel de surveillance. En effet, les détenus ne rencontrent les travailleurs sociaux que lorsqu'ils ont des problèmes, ou pour l'élaboration du projet de sortie. C'est toujours pour leur « *tirer quelque chose* ». Ce qui signifie que les travailleurs sociaux n'ont pas une connaissance réelle de la personnalité des détenus, puisque ces derniers adoptent plus souvent des attitudes adéquates pour parvenir à la satisfaction de leurs demandes. Or, la connaissance du détenu est indispensable dans la préparation à la sortie, sur la base d'un projet d'exécution de peine. Certes, existent en prison des cahiers d'observation dans lesquels les surveillants sont censés consigner des éléments d'observation des détenus. Mais leur

---

57. V. M.E. CARTIER, *op. cit.*, p. 119.

58. V. L. BARBE, C. COQUELLE, V. PERSUY, *Prévention de la délinquance. Politique et pratiques*, E.S.F. éditeur, 1998, 126 p.

utilisation ainsi que leur exploitation laissent à désirer. Le projet d'exécution de peine [59] vise à combler cette lacune. L'observation des détenus doit concerner tout le personnel pénitentiaire. Elle doit s'opérer dans une perspective pluridisciplinaire pour parvenir à une meilleure connaissance la personnalité et des aptitudes du détenu, afin de mieux « apparier » [60] les intervenants, le détenu et les différentes catégories de mesures disponibles. C'est également dans ce sens qu'il faut comprendre la nécessité de suivi des détenus à l'intérieur de la prison souvent évoquée par les surveillants.

2°) **La confusion dans les principes et dans les faits.**

La décision du Conseil constitutionnel du 20 janvier 1994 alimente également cette réflexion dans la mesure où elle précise le but de la peine [61]. Elle est particulièrement intéressante car elle distingue de façon précise l'amendement du détenu de la réinsertion sociale de celui-ci : « la peine privative de liberté a été conçue non seulement pour protéger la société, assurer la punition du condamné, mais aussi pour favoriser l'amendement de celui-ci et préparer son éventuelle réinsertion sociale ». L'amendement c'est la rupture avec son acte délinquant. Ce qui suppose que le condamné ait pris conscience de sa culpabilité, accepté sa peine et soit décidé à respecter les lois et les règles de vie en société. Pour y parvenir, un travail psycho-éducatif est nécessaire durant l'incarcération. Tout le personnel pénitentiaire est concerné par celui-ci. Il y participe à des niveaux précis du processus de réinsertion sociale qui sera développé plus bas. Ce travail éducatif est une action de socialisation pour certains condamnés et de resocialisation pour les autres. La réinsertion sociale, quant à elle, ne se réalise qu'à l'extérieur de la prison, à la libération. La prison a dès lors la mission de préparer la sortie des condamnés à la privation de liberté afin de les aider à trouver une place dans la société à l'issue de leur peine. Cette

---

59. L'évaluation du PEP sur les dix sites pilotes a eu lieu en 1997. V. *Rapport du Comité national d'évaluation du Projet d'exécution de peine*, remis à Monsieur le Directeur de l'Administration pénitentiaire le 21 novembre 1997, 100 p. plus annexes.

60. V. M. LE BLANC, J. DIONNE, J. PROULX, J.C. GREGOIRE & P. TRUDEAU-LE BLANC, *Intervenir autrement. Un modèle différentiel pour les adolescents en difficulté*, P.U.M. 1992, p. 13 et s.

61. V. B. BOULOC, Pénologie, *op. cit.*, p. 27.

préparation passe par le maintien des liens familiaux et affectifs, le travail pénitentiaire, l'instruction, l'apprentissage des règles de vie en société et le respect des lois. En somme, il s'agit d'obtenir l'amendement des détenus pendant l'incarcération et de sauvegarder ou créer les acquis sociaux des détenus au cours de cette même période, qu'ils pourront utiliser à l'extérieur en vue de leur réinsertion sociale, d'autant plus facilement qu'ils se seraient au préalable amendés.

Par conséquent, c'est en termes d'apport qu'il convient d'aborder la participation des différentes catégories des personnels pénitentiaires à ce travail de préparation à la réinsertion sociale, dans la perspective de « l'amélioration de l'individu »[62]. Pour être pertinente, cette participation doit se situer au niveau qu'il faut du processus de réinsertion sociale. Ainsi, il ne sert à rien aux surveillants de prison de rechercher leur apport à la réinsertion des condamnés à la privation de liberté au niveau social et culturel, car celui-ci ne peut s'observer qu'au niveau du versant pénal et concerne principalement l'amendement des détenus. C'est justement là que se situe tout le problème. Les surveillants s'y méprennent. Ils recherchent leur participation à la réinsertion sociale des détenus à un niveau où celui-ci ne peut pas s'observer. L'opinion publique et les autres personnels pénitentiaires font également la même confusion. Ils arrivent tous à la conclusion que le personnel de surveillance n'apporte rien ou presque à la réinsertion sociale des détenus, puisque le rôle disciplinaire des surveillants de prison est limité au seul maintien de l'ordre. D'où la dévalorisation de la profession de surveillant de prison, car occultée de la part active de sa vocation à participer à la réinsertion sociale des condamnés à la privation de liberté. Or, les surveillants participent effectivement à la réinsertion sociale des détenus. Leur apport est pénitentiaire et non social ou criminologique. Il se situe à un niveau précis du processus de réinsertion sociale des détenus, comme l'illustre le modèle d'approche dynamique développé ci-dessous. Il y a finalement confusion dans les principes et dans les faits. La prison doit rechercher et peut obtenir l'amendement des détenus. Leur réinsertion

---

62. V. J. PINATEL, Philosophie carcérale, technologie politique et criminologie clinique, *Rev. sc. crim.*, 1975, p. 757.

sociale dépasse son cadre et sa compétence. C'est l'amendement qui peut efficacement lutter contre la récidive [63]. Il représente un élément capital de la réinsertion des détenus : l'élément pénitentiaire.

§ II : La description du modèle d'approche dynamique de la réinsertion sociale des détenus

Le modèle d'approche dynamique de la réinsertion sociale des détenus est de conception triphasique. Il s'agit d'un processus qui commence dès la mise en examen du prévenu - ou au moment de l'incarcération -, se poursuit durant la période de détention et à l'extérieur, après la libération. La conception dynamique permet d'appréhender la réinsertion sociale comme un processus à plusieurs étapes (A) qui se chevauchent et se succèdent, dont la réalisation exige que soient réunies quelques conditions précises (B).

A - Les étapes de la réinsertion sociale des détenus

La réinsertion sociale des condamnés se présente comme l'aboutissement du processus commencé depuis l'incarcération jusqu'à la libération. Ce processus concerne la prise en charge du détenu sur les plans criminologique, légal et social.

1. La phase criminologique

La phase criminologique de la réinsertion sociale des condamnés commence dès la mise en examen du prévenu - cela peut correspondre également à son incarcération - et se poursuit durant la détention ou après la sortie, sous la forme d'un « suivi socio-judiciaire » [64], en fonction de la persistance ou non de l'état dangereux du condamné au moment de sa libération [65]. La phase criminologique de la réinsertion sociale commence notamment pendant l'instruction, lorsque le juge ordonne des expertises

---

63.   V. en ce sens la théorie de l'emprisonnement de C. LUCAS, *op. cit.* ; V. ég. B. SCHNAPPER, La récidive, une obsession créatrice au XIXè siècle, *In* Le récidivisme, *op. cit.*, pp. 25-64.

64.   V. en ce sens, R. CARIO & J.C. HERAUT (Dir.), *op. cit.*, pp. 29-34.

65.   Comp. R. CARIO, Les femmes résistent au crime, *op. cit.*, p. 115 et s.

criminologiques, psychologiques ou psychiatriques, dans le cadre de « l'enquête de personnalité » [66]. Celle-ci est ordonnée par le juge d'instruction afin de mieux connaître la personnalité du délinquant. Elle doit également fournir des informations sur la situation familiale et sociale du mis en examen [67]. Au cours de la procédure, le juge fait appel à l'enquêteur de personnalité de façon systématique en matière criminelle (art. 81 al.5 du CCP) et de façon occasionnelle en matière délictuelle. Dans la pratique, le juge d'instruction ordonne des enquêtes de personnalité pour les délinquants primaires, pour les mineurs et les jeunes adultes de moins de 25 ans s'il les juge nécessaire [68]. Il met en oeuvre une coopération polydisciplinaire de spécialistes, travailleurs sociaux, médecins, psychologues, psychiatres, les uns habilités, les autres experts, mais qui tous oeuvrent sur et autour de la personne du délinquant [69]. L'absence du criminologue, en tant que professionnel du « phénomène criminel » [70], est à souligner. Celle-ci se fait d'autant plus sentir que l'enquêteur désigné par le juge d'instruction a pour mission d'analyser la dynamique de la conduite délinquante, afin de reconstituer le processus criminologique du délinquant. L'objectif d'une telle analyse étant de mettre en évidence des indications utiles à

---

66. V. C. DE BECHILLON, L'enquête de personnalité, *In Profession criminologue*, R. CARIO, A.M. FAVARD, R. OTTENHOF (Dir.), Ed. Erès, 1994, pp. 181-183 ; F. BAILLEAU, *Les mesures d'enquêtes sociales*, Pub. Min. Justice, C.N.F.E.-P.J.J., 1998-2, p. 14 et s.

67. V. Y. DELORD-RAYNAL, La formation en criminologie : le point de vue d'un docteur en psycho-sociologie, *In* Profession criminologue, *op. cit.*, pp. 175-180.

68. Sur le caractère facultatif de la plupart de ces investigations, V. J. PINATEL, L'examen médico-psychologique et social de l'inculpé suivant la loi française, *In Ann. Intern. Crim.*, 1981-14, pp. 107-114 ; C. DEBUYST, L'observation psychosociale avant jugement, *In Les interventions psychosociales dans le système de justice pénale*, 20è Conférence de recherches criminologiques, Pub. Conseil de l'Europe, 1995, pp. 23-49.

69. V. C. MIRANDE, Le point de vue d'un juge d'instruction, *In* Profession criminologue, *op. cit.*, p. 171. V. ég. L.M. VILLERBU, J.L. VIAUX, *Ethique et pratiques psychologiques dans l'expertise*, Ed. L'Hamattan, Coll. Psychologiques, 1998, 298 p.

70. V. J. PINATEL, *Le phénomène criminel*, MA Editions, Coll. Le monde de..., Paris, 1987, 254 p.

l'organisation ultérieure d'une prise en charge propre à réduire les risques de récidive et à assurer la réinsertion sociale [71].

Il convient de souligner, en effet, que tout délinquant ou individu condamné à une peine privative de liberté, a posé un acte ayant une signification criminologique. Comme le souligne J.P. Laborde « les personnes prises en charge par les services pénitentiaires ne sont pas seulement des personnes sans emploi, ou désinsérées, ou sujettes à des difficultés d'ordre psychologiques, mais aussi, c'est même la principale raison de cette prise en charge, des personnes qui ont cette particularité d'avoir franchi l'interdit pénal, ce qui est loin d'être le cas de tous les sans emplois » [72]. L'acte et l'individu appartiennent à une typologie criminelle bien précise. Il est par conséquent nécessaire, au cours de cette phase criminologique, de procéder à l'évaluation clinique du condamné. Cela dans le but de proposer un diagnostic tenant compte des caractéristiques propres de l'individu concerné : sa typologie criminelle, son état de dangerosité et son milieu social. Cette connaissance spécifique du condamné devrait guider les décisions à son égard. Il s'agit notamment de fournir un pronostic sur les chances de réinsertion sociale de ce condamné et de proposer ainsi des voies de prise en charge sous forme d'un traitement de resocialisation. Cette charge incombe essentiellement aux criminologues, dont la compétence dans l'examen des délinquants individuels, des configurations criminelles, des politiques et de populations pénales [73], devrait être reconnue officiellement et dans les formes légales [74]. Même si, comme le précise M. Cusson, les criminologues sont les seuls professionnels à connaître et, surtout, à avoir une vue d'ensemble du phénomène criminel [75] (le crime et tout ce qui s'y rapporte : les réactions qu'il provoque, le

---

71. V. J.L. BERNAUD, *Les méthodes d'évaluation de la personnalité*, Ed. Dunod, Les topos, 1998, 126 p. ; R. CARIO, Jeunes délinquants, *op. cit.*, 2è éd., p. 112 et s.

72. V. J.P. LABORDE, Les besoins en criminologie de l'Administration pénitentiaire, *In* R. CARIO & al., Profession criminologue, *op. cit.*, p. 125.

73. V. M. CUSSON, Le modèle québécois, *In* R. CARIO, A.M. FAVARD, R. OTTENHOF (Dir.), Profession criminologue, *op. cit.*, p. 35.

74. V. en ce sens, R. CARIO (Co-Dir.), Profession criminologue, *op. cit.*, 227 p.

75. V. M. CUSSON, *op. cit.*, p. 34.

criminel, l'action policière contre le crime, les mesures pénale, la prévention et les institutions sociales impliquées dans le traitement de la délinquance), il n'est pas question qu'ils soient les seuls à intervenir au cours de cette phase. Ils doivent travailler en équipes pluridisciplinaires avec les psychologues, les psychiatres, les psychanalystes, les sociologues, en somme avec tous les professionnels concernés par le fonctionnement de la personnalité et l'acte criminel et qui ont compétence à proposer un diagnostic, un pronostic et des voies de prise en charge [76].

2. La phase pénitentiaire

La phase pénitentiaire commence à l'incarcération du condamné et se termine à sa libération. Elle est essentiellement pénale et légale, en ce sens qu'elle a pour objectif l'amendement des détenus. C'est au cours de cette phase que le détenu va acquérir « la probité légale » [77], c'est-à-dire, le respect des normes sociales [78]. Cette acquisition se réalise au travers d'activités aussi diverses que le travail pénitentiaire et le sport, ainsi que par l'apprentissage des règles de vie en commun, le respect de l'ordre et de la discipline et la reconquête de la dignité par le respect d'autrui.. C'est à ce niveau que l'apport des surveillants à la réinsertion sociale des détenus est perceptible. Il passe à la fois par le respect de la dignité humaine des détenus, l'accompagnement pénitentiaire, le rappel à la règle et par un rapport d'autorité maîtrisé et explicatif. La phase pénitentiaire est essentielle à la réinsertion sociale des libérés. Elle en constitue l'étape

---

76. V. pour plus de détails Y. TYRODE, T. ALBERNHE, *Psychiatrie légale, sociale, hospitalière, expertale*, Ed. Ellipses, 1995, 1150 p. et not. p. 925 et s. ; C. BALIER, *Psychanalyse des comportements violents*, P.U.F., Coll. Le fil rouge, 2è éd. 1993, 288 p. ; C. DUFLOT-FAVORI, *Le psychologue expert en justice*, P.U.F., Coll. Le psychologue, 1988, p. 65 et s. ; D. ANZIEU, L. BARBEY, J. BERNARD-NEY, S. DAYNAS, *Le travail du dessin en psychothérapie de l'enfant*, Ed. Dunod, 1996, 245 p.

77. Comp. C. LUCAS, De la théorie de l'emprisonnement, *op. cit*, tome I, p. 278.

78. V. R. J. VALLERAND & C.B. SENECAL, Le comportement d'aide : perspectives classiques et contemporaine, *In* R. J. VALLERAND (Dir.), *Les fondements de la psychologie sociale*, Ed. Gaëtan Morin, 1994, p. 571 et s. ; E. MINARIK, *Les 50 mots-clés de la psychosociologie*, Ed. Privat, 1971, pp. 133-136.

primordiale sans laquelle aucune réinsertion sociale durable ne peut être escomptée. La phase pénitentiaire de la réinsertion sociale vise à inculquer aux détenus le respect des règles de la vie en société, notamment, le respect de la loi. Ainsi, la phase pénitentiaire de la réinsertion sociale est une phase légale. Elle concerne le versant pénal de la réinsertion sociale des détenus et l'amendement obtenu à l'issue de cette phase est une « probité légale » qui réduit les risques de récidive. La phase pénitentiaire de la réinsertion sociale des condamnés à la privation de liberté intéresse essentiellement les surveillants de prison. Leur rôle est capital dans la lutte contre la récidive et leur apport à la réinsertion des détenus réel.

3. La phase affective et sociale

La phase affective et sociale commence dès l'incarcération, se poursuit durant la détention et à l'extérieur, après la libération. Durant l'incarcération, cette phase est essentiellement du ressort des travailleurs sociaux. Mais elle concerne également les instituteurs, les formateurs et différents intervenants extérieurs. La phase affective et sociale de la réinsertion sociale des condamnés a pour objet le maintien des liens familiaux et sociaux, les contacts avec les employeurs et la préparation - matérielle - du détenu à la sortie. L'importance de la phase affective et sociale de la réinsertion sociale est indéniable car, à l'extérieur, les amours, les amitiés, les loisirs, le travail et l'hébergement constituent le socle de la réinsertion sociale. Il est par conséquent impératif de maintenir pendant l'incarcération de tels liens sociaux et de préparer les détenus à les conquérir à leur libération. C'est en ce sens que cette phase de la réinsertion sociale est affective et sociale. Elle a pour but de préparer l'ancrage social du libéré dans la société. A cet effet, la phase affective et sociale prend un relief particulier à la libération du condamné, puisqu'elle doit se poursuivre à l'extérieur, dans le cadre d'un suivi post-pénal des libérés, pour consolider ainsi la réinsertion sociale du libéré.

Si l'amendement du détenu constitue une condition *sine-qua-non* à sa réinsertion sociale, celle-ci ne peut se limiter à ce seul aspect légal, car un condamné amendé et qui n'aura pas réussi son ancrage social, s'exposera au risque de récidive. Les différentes phases de la réinsertion sociale sont indispensables. Or, dans la pratique pénitentiaire, elles sont souvent bâclées. La phase criminologique n'est pas systématisée et continue. La pratique d'observation des détenus telle qu'elle se déroule au CNO (Centre national d'observation) ne concerne que quelques condamnés à de longues peines et se limite au début de l'incarcération. Il faudrait, d'une part, étendre ces observations criminologiques à tous les détenus (pour le moins à tous les détenus des centres de détention et des maisons centrales) et, d'autre part, prévoir des bilans réguliers tout au long de la détention et au-delà, si la dangerosité du libéré l'exige. La phase pénitentiaire est tout simplement refoulée. L'aspect répressif qu'elle incarne n'est pas bien assumé par les surveillants eux-mêmes et par l'Administration pénitentiaire. L'explication est peut-être à chercher du côté de l'attrait qu'exerce la mission sociale en prison, puisqu'il apparaît aux yeux de l'opinion publique que la réinsertion ne se prépare qu'en s'occupant de l'aspect social de la vie des détenus. Or l'autorité que les surveillants exercent sur les détenus est un élément structurant et permet l'intériorisation de la norme sociale. Dès lors, il apparaît nécessaire de valoriser cet apport des surveillants de prison pour leur permettre de s'épanouir dans ce qu'ils font le mieux, plutôt que de les disperser sur tous les fronts de la réinsertion sociale des détenus. La phase affective et sociale, enfin, est souvent amputée de l'un de ses aspects importants : le suivi des libérés à l'extérieur. La réinsertion sociale se confond dans la pratique avec cette phase affective et sociale. Ce qui pourrait expliquer le malaise ressenti par les personnels pénitentiaires face à la mission de réinsertion sociale des détenus. Les surveillants ont ainsi le sentiment de ne rien apporter aux détenus dans la perspective de leur réinsertion sociale, car la phase affective et sociale à laquelle est réduite la réinsertion sociale est caractérisée par la gestion des questions classiques d'élaboration d'un projet de sortie, d'hébergement, de maintien des liens familiaux, de recherche de promesse d'embauche et des contacts avec les (anciens) employeurs. Il est clair qu'à ce niveau l'apport des surveillants de prison n'est pas du tout pertinent.

Ce malentendu est également partagé par les travailleurs sociaux lorsqu'ils pensent que les surveillants n'apportent rien à la réinsertion sociale des détenus, car n'ayant pas la possibilité d'élaborer avec les détenus des projets de sortie. L'opinion publique est également habitée par un tel malentendu, car elle recherche l'apport des surveillants à la réinsertion sociale des condamnés non au niveau « pénitentiaire » (amendement par l'intériorisation de la norme sociale), mais au niveau « affectif et social » (élaboration d'un projet de sortie, pilotage d'activités socioculturelles et formation professionnelle). Si ces différentes phases de la réinsertion étaient exploitées de façon optimale en replaçant chaque acteur à sa place et dans son rôle, avec toutes les articulations nécessaires entre eux, les chances de réinsertion sociale des libérés augmenteraient de façon sensible. Encore faut-il pour cela que soient respectées deux conditions essentielles.

B - Les conditions d'application du modèle d'approche dynamique de la réinsertion sociale

La préparation à la réinsertion sociale requiert une meilleure connaissance du condamné, car d'elle dépend à la fois l'affectation du condamné dans l'établissement pénitentiaire adéquat, la prise en charge durant l'incarcération, la préparation à la libération et la réinsertion sociale du condamné. A cette fin, deux principaux aménagements s'avèrent nécessaires : la réduction de la surpopulation pénale et la création d'équipes pluridisciplinaires régionales en matière de prise en charge des détenus.

1. La réduction de la surpopulation pénale

La surpopulation pénale est l'un des freins à la réinsertion sociale des détenus souvent évoqué par les surveillants. Au 1er juillet 1999, la France compte 57 844 détenus pour 49 593 places [79]. Le déficit est alors de 8 251 places. La surpopulation pénale constitue effectivement un obstacle majeur à la mise en place d'un suivi personnalisé des détenus. Ainsi que l'a bien indiqué la Commission d'étude pour la prévention de la récidive, la promiscuité qui en résulte favorise « la contamination et la corruption des détenus » et contrarie pour ne pas dire stérilise tous les efforts de prévention de la

---

79.   V. *Les chiffres-clés de la justice*, Octobre 1999, p. 21.

récidive [80]. La réduction de la surpopulation pénale devrait s'inscrire dans le cadre d'une politique criminelle moderne tendant à appliquer la loi en termes de proportionnalité, à la fois au dommage social réellement causé [81] - car les infractions commises relèvent souvent de la petite délinquance - et aux caractéristiques de la personnalité des intéressés [82]. Les nombreuses mesures non privatives de liberté disponibles dans l'arsenal pénal [83] peuvent rendre possible une telle application de la sanction pénale. Cela pourrait aboutir à la disparition des courtes peines privatives de liberté (inférieures à un an), dont l'efficacité, au regard de la fonction avouée de la peine, la réinsertion sociale du délinquant, reste à prouver [84]. Dans ces conditions, la peine privative de liberté redeviendrait l'*ultima ratio* qu'elle aurait dû être toujours : « pas plus qu'il n'est juste, pas plus qu'il n'est utile » [85]. En ce sens, l'objectif de réinsertion sociale des condamnés à la privation de liberté exige également que soient proscrites les peines perpétuelles incompatibles avec un programme

---

80. V. M.E. CARTIER, *op. cit.*, p. 104 ; V. ég. Observatoire International des Prisons (O.I.P.), *Les conditions de détention des personnes incarcérées*, Rapport 1997, 291 p.

81. V. pour les motifs d'incarcération de la population pénale, P. TOURNIER, *Démographie des prisons, toujours plus ?*, CESDIP, Etudes et données pénales, n°64, 1992, 115 p. ; J.P. CÉRÉ, *Le contentieux disciplinaire dans les prisons françaises et le droit européen*, L'Harmattan, 1999, p. 72 et s. ; J.P. JEAN, L'inflation carcérale, *Rev. Esprit*, oct. 1995, p. 124 et s.

82. V.en ce sens la *Circulaire* du 2 oct. 1992 du Ministre de la Justice rappelant qu'une « meilleure adaptation de la sanction à l'acte commis ainsi qu'à la personne de son auteur, grâce à une diversification accrue des mesures et des peines, contribuera à l'efficacité des réponses judiciaires », p. 2 ; R. CARIO, Pour une approche globale et intégrée du phénomène criminel, *op. cit.*, p. 119 et s.

83. V. C. CARDET, Le contrôle judiciaire socio-éducatif : 1970-1993, Chronique d'une expérience qui dure, *Rev.sc. crim.*, 1994/3, p. 503 et s. ; C. LAZERGES, Essai de classification des procédures de médiation, *Arch. pol. crim.*, 1992/14, p. 17 et s. ; R. CARIO, Le travail d'intérêt général après dix ans d'application en France, *op. cit.*, p. 41 et s. ; P. COUVRAT, Les trois visages du T.I.G., *Rev. sc. crim.*, 1989/1, pp. 158-162 ; R. GASSIN, Les fondements juridiques de la réinsertion des délinquants en droit positif français, chron. pénitentiaire, *Rev. sc. crim.*, 1996, pp. 155-182 et pp. 443-460.

84. V. en ce sens, L. HUSMAN & J. BERNAT de CELIS, *Peines perdues. Le système pénal en question*, Ed. Le Centurion, 1982, p. 63 et s.

85. V. C. BECCARIA, *Traité des délits et des peines*, 1764, Ed. Flammarion, Rééd. 1991, 187 p.

sérieux d'individualisation de la peine [86]. Quand « l'horizon d'attente » est trop éloigné, il devient en effet difficile de se projeter dans l'avenir, surtout pour des individus habitués, comme les détenus, à vivre dans l'instant présent. La nécessité de réduire la surpopulation pénale [87] devrait conduire à limiter le recours excessif à la détention provisoire dont le caractère inflationniste en France a été maintes fois dénoncé [88]. De même, il s'avère nécessaire de réactiver et d'élargir les conditions d'octroi de la libération conditionnelle des détenus, étant donné qu'elle est bénéfique à la prévention de la récidive [89]. La libération conditionnelle constitue, en outre, un excellent moyen de lutte contre l'augmentation de la population carcérale [90].

La nécessité de lutter contre la surpopulation carcérale a été partiellement prise en compte dans la loi de programme du 6 janvier 1995 relative à la justice, dont l'objectif est d'améliorer le fonctionnement des services relevant de ce ministère par l'attribution de moyens supplémentaires de 1995 à 1999. Elle prévoit d'accroître les capacités de détention de l'Administration pénitentiaire de plus de 4000 places. Deux maisons centrales à petits effectifs seront construites pour accueillir les condamnés qu'il convient d'isoler d'autres détenus. 2200 places de semi-liberté seront également ouvertes afin de permettre une surveillance légère de certains condamnés et ainsi de prévenir les effets désocialisants de

---

86. V. T. PAPATHEODOROU, De l'individualisation des peines à la personnalisation des sanctions, *R.I.C.P.T.*, 1993/1, pp. 107-117.

87. Pour plus de détails sur les remèdes à l'inflation carcérale, V. J.P. CÉRÉ, *op. cit.*, pp. 77-82.

88. Avec un taux de détention provisoire de plus de 40%, la France détient, parmi les pays européens, l'un des plus forts taux de détention provisoire avant jugement. Seule la Russie et la Pologne font moins bien. V. *Bull. info. pén.*, 1995, n°20, p. 74 ; Comp. les solutions proposées par J.P. JEAN, *op. cit.*, p. 126 et s.

89. Comp. J. BORRICAND, La libération conditionnelle, quel avenir, *Rev. sc. crim.*, 1989, p. 589 et s. ; Libérations conditionnelles, semi-liberté, placement à l'extérieur... Les aménagements de la peine ou le choix de l'insertion *In Dedans/dehors*, OIP, n°14, juillet-août 1999, not. p. 13 et s. ; La chute des libérations conditionnelles accroît la désespérance des détenus *In Le Monde* du 20 juillet 1999, p. 8.

90. V. J. PRADEL (Dir.), *Prison : sortir avant terme*, Ed. Cujas, 1996, p. 68 et s.

l'incarcération. A cette fin, la loi prévoit un doublement du nombre d'agents du milieu ouvert. Or, si la prison était vidée des prévenus non exceptionnels et des condamnés à des courtes peines privatives de liberté, elle ouvrirait de nombreuses possibilités de prise en charge des détenus, au travers notamment d'une meilleure individualisation des projets de réinsertion et d'une utilisation pertinente des surveillants de prison. Ainsi pourrait-on réunir l'argent nécessaire pour financer des équipes pluridisciplinaires régionales.

2. La création d'équipes pluridisciplinaires régionales

La préparation à la réinsertion sociale des détenus n'est pas une mission exclusive d'une catégorie des personnels pénitentiaires. Il s'agit d'une mission partagée. Pour cette raison, l'observation devant permettre la connaissance des détenus devrait être menée part tous les acteurs du monde carcéral : les surveillants, les travailleurs sociaux, les personnels médical et paramédical, le personnel administratif et juges de l'application de peines. Elle pourrait en outre s'effectuer en équipes pluridisciplinaires régionales dans le cadre de la décentralisation du CNO. Ainsi, au niveau de la phase criminologique de la réinsertion sociale des condamnés à la privation de liberté, le criminologue travaillerait dans un esprit d'équipe avec des psychologues, psychiatres, psychanalystes, en vue de proposer une prise en charge du condamné durant son incarcération. Ils seraient par ailleurs responsables du suivi de celle-ci durant l'incarcération (examens périodiques du condamnés) et au-delà si l'état de dangerosité du libéré l'exige. Les surveillants de prison pourraient servir de relais d'information auprès des différents intervenants, car leur proximité quotidienne avec les détenus est une source inestimable d'informations. Or, l'échange d'informations est nécessaire à la connaissance du détenu. Le secret professionnel derrière lequel se retranchent souvent les intervenants sociaux ne devrait pas constituer un obstacle majeur, car celui-ci n'épuise pas le domaine de leur action [91]. Il faudrait par conséquent que chacun des

---

91. V. J.P. ROSENCZVEIG & P. VERDIER, *Le secret professionnel en travail social*, Ed. Jeunesse et droit, Dunod, Coll. Cent questions sur..., Paris, 1996, 139 p. ; M. HERZOG-EVANS, La gestion du comportement des détenus, *op. cit.*, p. 195 et s.

intervenants ne garde jamais pour lui des confidences importantes à la prise en charge du condamné. Le problème que pose tout partenariat est celui de la coordination des apports de chaque groupe d'intervenants. Ainsi, le manque de coordination en milieu carcéral est l'une des raisons des dysfonctionnements constatés. Mais le rôle de coordonateur ne s'improvise pas. Par son approche pluridisciplinaire du phénomène criminel, le criminologue est le professionnel le mieux indiqué pour assurer une telle coordination : orienter tous les éléments de prise en charge du détenu dans le sens de la réinsertion sociale. Il pourrait en ce sens être un interface entre le détenu et les acteurs de sa prise en charge, voire même entre les délinquants, la justice et la société. Une telle position lui permettrait de valoriser les apports des autres professionnels, en rappelant à chacun son rôle. La présence du criminologue dans le dispositif de prise en charge des détenus en France s'affirme de plus en plus comme une priorité pour réduire les dysfonctionnements de ce dispositif, dont les détenus sont souvent les victimes. D'autant plus que « l'existence d'un criminologue professionnel n'est pas fondamentalement en contradiction avec la présence dans les services traditionnellement chargés de lutte contre la délinquance de professionnels spécialisés chargés, de par leur formation, d'animer ou de mettre en œuvre les politiques déterminées aux différents niveaux [régional, départemental et communal] » [92]. Le criminologue pourrait, en toute hypothèse, orienter utilement les surveillants de prison dans leur rapport avec les détenus au cours de la phase pénitentiaire de la réinsertion sociale.

---

92. V. O. DAMIEN, La criminologie, science pluridisciplinaire, *In* Profession criminologue, *op. cit.*, p. 222.

4

La phase pénitentiaire
de la réinsertion sociale des détenus

Traiter du travail des surveillants de prison exige de le situer par rapport aux détenus et à la hiérarchie [1], car les surveillants de prison se trouvent pris au piège des stratégies des deux groupes face auxquels ils doivent dégager des marges de manœuvre pour pouvoir élaborer leur « zone d'incertitude » [2] au sein de laquelle s'exercera leur pouvoir à l'égard des détenus et leur résistance à l'égard de la hiérarchie. La relation carcérale [3] unissant surveillants et détenus occupe une place essentielle dans la phase pénitentiaire de la réinsertion sociale des condamnés à la privation de liberté. En effet, les surveillants et les détenus constituent les deux éléments numériquement les plus importants du monde carcéral et les plus proches. Ils forment le binôme pénitentiaire dont l'équation pourrait être représentée par la formule : *se lier et se méfier.* Cette relation s'inscrit dans le cadre d'une « institution totale » [4], au sens où l'entend E. Goffman, notamment comme lieu de résidence et de travail où un grand nombre d'individus, placés dans la même

---

1. Comp. J.C. FROMENT, La République des surveillants de prison, *op. cit.*, p. 109 et s.

2. « Dans la société pénitentiaire, la zone d'incertitude consiste dans la marge de manœuvre et de négociation du surveillant avec le détenu ». V. J.C. FROMENT, *op. cit.*, p. 118.

3. V. C. ROSTAING, *La relation carcérale. Identités et rapports sociaux dans les prisons de femmes*, P.U.F., Col. Le Lien social, 1997, 331 p.

4. V. E. GOFFMAN, *Asiles*, Les éditions de minuit, 1975, 447 p.

situation, coupés du monde extérieur pour une période relativement longue, mènent ensemble une vie recluse dont les modalités sont explicitement et minutieusement réglées [5] (section 1).

Ce cadre engendre auprès des détenus une attitude visant à obtenir des surveillants plus qu'ils ne doivent accorder et, aux surveillants une méfiance envers les détenus. D'où les formules très récurrentes : « *les détenus veulent toujours plus* », « *il ne faut pas se laisser bouffer* » ou « *les détenus cherchent la moindre faille* ». En dépit de cela, les surveillants sont obligés de coopérer avec les détenus pour établir une relation professionnelle adéquate, car durant l'incarcération de ces deniers leur devoir sera d'établir les conditions nécessaires à « l'existence d'un emploi du temps strict et imperturbable, l'obéissance à une discipline réglementaire, l'assujettissement à une vie communautaire organisée... bref, les idées de régularité, d'autorité, de progression, de prise en compte de la présence d'autrui, de planification de ses actes, de prévision des résultats » [6]. Ainsi parviendront-ils à développer chez les condamnés à la privation de liberté des qualités nécessaires à leur amendement (section 2).

Section I : La relation surveillant-détenu ou le binôme pénitentiaire

Si numériquement les surveillants et les détenus forment chacun de leur côté les groupes les plus importants de l'univers carcéral, mis ensemble au quotidien, ce rapport est en défaveur des surveillants. Il donne à l'équation *se lier et se méfier* un relief particulier. Cette situation influence sensiblement la relation surveillant-détenu. C'est la raison pour laquelle les surveillants s'efforcent à maintenir une distance nécessaire envers les détenus pour se faire respecter [7], alors

---

5.   V. D. WELZER-LANG, L. MATHIEU, M. FAURE, *Sexualités et violences en prison*, OIP, éd. Aléas, 1996, p. 41.

6.   V. C. PAUCHET, *Les prisons de l'insécurité*, Ed. Ouvrières, Paris, 1982, p. 20.

7.   V. en ce sens, C. ROSTAING, *op. cit.*, p. 209 et s.

qu'existe au même moment une dépendance mutuelle : le détenu a besoin du surveillant pour ses déplacements ou des services, comme le surveillant a besoin d'un minimum de collaboration de la part des détenus pour mener à bien ses missions. Les relations entre surveillants de prison et détenus sont complexes : « Les personnels de surveillance sont à la fois ceux qui gardent, qui contrôlent, qui fouillent, qui sanctionnent et les premiers interlocuteurs avec qui les détenus peuvent échanger, parler de leurs problèmes. Dans le déroulement des événements quotidiens, l'opposition se mue en une dépendance réciproque » [8]. De telle sorte que de la contrainte, cette relation débouche sur la coopération (§ 1). D'où le regard mitigé des surveillants de prison sur leur relation avec les détenus (§ 2).

§ I : De la contrainte à la coopération

La relation surveillant-détenu est une relation par essence antagoniste : le premier maintenant enfermé le second et ce dernier ne rêvant que de sa liberté. De surcroît, celle-ci s'organise à l'intérieur d'un cadre carcéral qui est en lui-même générateur de tensions, puisque contraignant pour les détenus comme pour les surveillants. Les détenus doivent en effet vivre vingt quatre heures sur vingt quatre dans la promiscuité, respecter des horaires, des obligations prescrites par le règlement intérieur et être soumis au personnel [9]. Ils souffrent également de nombreuses pertes de droits, d'autonomie, de privations matérielles et affectives et de diverses frustrations. Les surveillants de prison doivent travailler dans ce cadre sécuritaire sous la pression de la hiérarchie et des détenus. Ils subissent également l'enferment pendant leurs heures de travail [10] et doivent faire à tout moment preuve d'autorité et de respect envers la population pénale. La subordination permanente des détenus envers le personnel pénitentiaire et particulièrement envers le personnel de surveillance apparaît comme l'idéal pénitentiaire : le personnel leur dit ce qu'ils doivent faire et les détenus obéissent sous peine de

---

8.   *Ibid.*, p. 194.

9.   V. C. ROSTAING, *Prisons de femmes, les échanges et les marges de manoeuvre dans une institution contraignante*, Thèse, Paris, 1994, p. 69.

10.   Comp. G. SLIWOWSKI, La « sociologie du temps » et la peine privative de liberté, *Rev. sc. crim.*, 1974, not. p. 302.

sanctions. Un tel comportement de la part des détenus serait une manifestation d'une disposition à s'amender [11]. Cette subordination est un parfait moyen de maîtrise de la population pénale et de la sécurité en prison. Elle renforcerait l'autorité des surveillants (A) et la dépendance des détenus envers eux, dans une relation conçue comme uniquement professionnelle (B).

A - L'affirmation de l'autorité des surveillants de prison

Le surveillant doit à tout moment avoir de l'ascendant sur la population pénale. C'est l'un des critères d'évaluation [12] et de « survie » (« *il ne faut pas se faire bouffer par les détenus* ») du personnel de surveillance en milieu carcéral. A cette fin, la privation d'autonomie des personnes incarcérées sert de base au pouvoir du surveillant et favorise son contrôle sur elles [13], dans la mesure où elles sont maintenues dans une position de dépendance vis à vis des surveillants.

1. La dépendance structurelle de la population carcérale

Tout système carcéral est essentiellement conçu pour placer les détenus dans une situation de dépendance envers le personnel pénitentiaire. Cette dépendance s'organise autour de nombreuses contraintes, synonymes de frustrations, d'humiliations et qui aboutissent à terme à une véritable « dépossession » de l'individu. En effet, en détention, la personne incarcérée perd la maîtrise des éléments fondamentaux que sont le temps et l'espace. Elle ignore au moment de l'entrée en prison quand elle va précisément en sortir. La gestion du temps lui échappe totalement : soit parce qu'elle n'est pas encore jugée, soit parce qu'avec le calcul des remises de peines et

---

11. V. en ce sens, A. CHAUVENET, G. BENGUIGUI & F. ORLIC, Le personnel de surveillance des prisons, *op. cit.*, p. 26.

12. Circ. 92-05 du 27 octobre 1992.

13. V. en ce sens, D. LHUILIER et N. AYMARD, *op. cit.*, 1997, p. 152.

éventuellement des sursis qui tombent ou d'autres pénalités, elle ne connaît pas sa date exacte de sortie [14].

Pour des raisons de sécurité, mais aussi d'amendement, les détenus subissent un horaire imposé. Ils ne peuvent décider de la gestion de leur temps [15] même en dehors des heures de cours ou de travail. C'est ainsi que le lever, le repas, le travail, les activités, les visites, le retour en cellule sont toujours à heures fixes. Le but étant d'amener les détenus, par ces obligations, à intérioriser des habitudes et le respect d'un horaire, dont ils pourront se servir à l'extérieur pour s'insérer dans la société. Or cette synchronisation du temps carcéral a pour effet de nier le temps individuel au profit du temps collectif. Elle ne permet malheureusement pas un apprentissage « positif » de la gestion du temps, mais simplement la subordination permanente des détenus envers l'organisation pénitentiaire. Ainsi que l'indique C. Rostaing « l'organisation bureaucratique de la prison impose de subir le même horaire durant des mois ou des années. Le temps est prévu, réglementé, haché par de nombreuses obligations. La journée est rythmée selon des horaires minutieusement réglés. Les mêmes gestes se répètent chaque jour. La détenue se lève toujours à la même heure, 7 heures le plus souvent, part au travail ou aux cours une heure plus tard, mange à 11 heures et demie. Cette pesanteur temporelle donne une impression de monotonie et de journée interminable » [16].

Pas plus que le temps, le détenu n'a pas de prise sur son espace, puisque la prison est avant tout une privation de la liberté d'aller et de venir. Dans ces conditions, l'espace carcéral [17] revêt un aspect coercitif [18]. Il limite les possibilités de mouvement au strict nécessaire et sert sans cesse l'idéal pénitentiaire : la contention de la population pénale par leur subordination permanente [19]. En plus des

---

14. V. dans ce sens, C. ROSTAING, *op. cit.*, p. 72.

15. V. C. LUCAS, De la réforme des prisons, T. 2, *op. cit.*, p. 123 et s.

16. V. C. ROSTAING, *op. cit.*, p. 73 ; V. G. SLIWOWSKI, La « sociologie du temps » et la peine privative de liberté, *op. cit.*, p. 295 et s.

17. V. C. PAUCHET, L'espace en milieu carcéral, *Rev. pénit.*, n°3, 1984, p. 151 et s.

18. V. en ce sens, E. GOFFMAN, *op. cit.*, p. 283 et s.

19. V. en ce sens, M. FOUCAULT, *Surveiller et punir*, Ed. Gallimard, 1975, p. 238.

murs, l'obligation pour les surveillants de répondre, à tout instant, de leur effectif limite sensiblement l'autonomie de mouvement des détenus. Ainsi, les mouvements de détenus s'effectuent souvent accompagnés des surveillants. Lorsque le détenu circule librement, il doit à tout moment demander au surveillant de lui ouvrir la grille et indiquer sa destination. Sa circulation reste ainsi sous contrôle. Celui-ci s'étend également à la cellule, censée être le « territoire intime » du détenu. En réalité, l'intimité en prison n'existe pas [20]. Le surveillant peut à tout moment faire irruption dans cet espace de vie du détenu et procéder à une fouille. De même que le détenu peut être transféré dans une autre cellule ou une autre unité de vie sans le choisir, pas plus qu'il ne choisit sa cellule.

Sur le plan symbolique, les surveillants disposent de plusieurs moyens de domination des détenus. Ils incarnent la loi à l'intérieur des établissements pénitentiaires [21], portent un uniforme et contrôlent les clefs dont la force symbolique n'est plus à démontrer : la clef de la liberté. En outre, les surveillants bénéficient de la légitimité conférée au principe de l'incarcération par le droit [22], dont la clef est le symbole. Par conséquent, les surveillants sont placés en position de force, puisque cette légitimité leur permet la mobilisation des moyens de coercition [23], tel le « mitard ». Ces éléments leur permettent d'avoir de l'ascendant sur la population pénale. Celui-ci se traduit par l'obéissance des détenus et une tranquillité en

---

20. V. en ce sens, D. WELZER-LANG, L. MATHIEU, M. FAURE, *op. cit.*, p. 41.

21. Comp. J.C. FROMENT, La République des surveillants de prison, *op. cit.*, p. 119 et s. Comp. ég. M. HERZOG-EVANS, *La gestion du comportement du détenu. L'apparence légaliste du droit pénitentiaire*, Thèse de doctorat de droit, Poitiers, 1994, p. 333 et s. ; E. PECHILLON, Sécurité et droit du services public pénitentiaire, *op. cit.*, p. 330 et s. ; J.P. CÉRÉ, *op. cit.*, p. 162 et s. ; G. BENGUIGUI, A. CHAUVENET, F. ORLIC, « Les surveillants et la règle », *Déviance et Société*, n°3, pp. 275-295.

22. V. J.C. FROMENT, Vers une prison de droit ?, *Rev. sc. crim.*, 1997, p. 555 et s.

23. V. G. BENGUIGUI, Contrainte, négociation et don en prison, *Sociologie du travail*, n°1/97, p. 3 et s. ; E. PECHILLON, *op. cit.*, p. 132 et s.

détention. Généralement, le surveillant n'a pas besoin de rappeler le sens du rapport de force parce que celui-ci a été suffisamment intériorisé par les détenus ou, plus probablement, « parce que ceux-ci ne sont disposés à payer les coûts d'une résistance aux conséquences à terme inévitablement défavorables » [24]. Cependant, cette force symbolique ne suffit pas à elle seule au maintien de cette domination. Les surveillants sont obligés d'utiliser d'autres moyens pour entretenir cet ascendant, au risque de voir leur autorité contestée par la population pénale. La recherche de la coopération des détenus [25], par des rapports personnalisés [26] notamment, contribue indéniablement au maintien de l'autorité des surveillants de prison. Cela rend nécessaire la proximité relationnelle entre le personnel de surveillance et la population carcérale.

2. La relation surveillant-détenu : une proximité dissonante

La relation surveillant-détenu est une relation complexe [27] et ambivalente. Elle est souhaitée autant qu'elle est redoutée par l'un et l'autre membre du binôme pénitentiaire. Pour les surveillants, cette relation peut s'avérer dangereuse car elle les expose à la faute professionnelle. Pour autant, elle reste une nécessité professionnelle. Quant au détenu, il a quelque intérêt à se rapprocher davantage du surveillant, mais il craint d'être mal perçu par ses codétenus ou de trop se dévoiler. La méfiance apparaît dès lors comme l'élément fondateur de cette relation surveillant-détenu.

a) Se lier et se méfier

Il ne fait l'ombre d'aucun doute que la connaissance des détenus est la première démarche indispensable à la prévention et la gestion des crises et conflits en détention. Cette connaissance permet au

---

24. V. D. WELZER-LANG et col., *op. cit.*, p. 80.
25. V. J.P. CÉRÉ, *op. cit.*, p. 102 et s.
26. V. C. ROSTAING, *op. cit.*, p. 235 et s.
27. V. C. ROSTAING, *op. cit.*, p. 194 et not. p. 202 et s. ; G. BENGUIGUI, Contrainte, négociation et don en prison, *op. cit.*, p. 2 et s.

surveillant de mieux ajuster sa conduite face aux détenus [28]. Si cette connaissance passe essentiellement par l'observation du détenu, celle-ci ne remplacera jamais la relation que le surveillant peut établir avec ce dernier par le biais de la communication, qu'elle soit verbale ou non. D'autant plus que le dialogue avec les détenus contribue à apaiser la détention. Ainsi que le font remarquer D. Lhuilier et N. Aymard, « se parler est déjà le premier signe d'un rapprochement possible, la manifestation d'une disposition favorable à la construction d'un code de coexistence pacifique » [29]. Le surveillant peut alors compléter utilement, grâce à cette relation interpersonnelle, ses observations sur le détenu. Mais ce face à face surveillant-détenu reste marqué par un rapport de force. Dans la mesure où le rapport numérique est en défaveur du surveillant à l'étage, ce dernier subit une grande pression de la part des détenus avec lesquels il doit toujours composer. Il privilégie la relation interpersonnelle pour bien gérer son étage, mais sans toutefois se laisser déborder. Le surveillant doit sans cesse refléter une bonne image de lui. La qualité de sa tenue et de son expression sont alors des éléments indispensables. Il doit être un exemple et avoir un maintien exempt de toute critique. L'ascendant sur la population pénale exige une capacité de réponse. Le surveillant doit être capable d'apporter aux détenus des informations et des explications sollicitées. Cela requiert de leur part un véritable professionnalisme, intégrant la connaissance des détenus, des relations humaines et la maîtrise du règlement intérieur. Car les détenus *« poussent les choses »* jusqu'à l'incident dès qu'ils aperçoivent une faille, notamment chez les jeunes surveillants [30]. Mais surtout, le surveillant doit être constant dans la parole donnée. Il doit tenir ses engagements s'il veut voir son autorité et son rôle légitimés, car les

---

28. V. en ce sens, G. BENGUIGUI, A. CHAUVENET, F. ORLIC, Le monde des surveillants de prison, *op. cit.*, 113 et s. ; M. HERZOG-EVANS, La gestion du comportement du détenu, *op. cit.*, p. 106 et s.

29. V. D. LHUILIER et col., *op. cit.*, 1997, p. 136.

30. V. A. CHAUVENET & al., *op. cit.*, p. 113 et s. ; Comp. J.P. CÉRÉ, *op. cit.*, p. 162 et s.

détenus ont besoin de savoir s'ils peuvent compter sur les surveillants à certains moments. Cette situation illustre bien la complexité de la relation surveillant-détenu, puisque malgré l'antagonisme structurel qui la caractérise, l'un et l'autre ont besoin d'un minimum de confiance réciproque pour asseoir une relation « apaisée ». A la pression des détenus, le surveillant doit opposer l'équité et la fiabilité. Il doit apparaître auprès des détenus comme un « homme de parole » [31]. Il doit établir au quotidien des relations de respect mutuel s'étendant à tous et veiller au respect de la discipline [32] qui est, en quelque sorte, la traduction des règles de vie qu'il faut s'imposer à l'extérieur. A cette condition, le surveillant deviendra un interlocuteur fiable pour les détenus et sera enfin ce qu'il aurait dû être toujours : un référent pour les détenus, un « rond point » d'informations.

b) La nécessaire coopération entre surveillant et détenu

La vie en prison était gouvernée jadis par la règle du silence [33]. On ne parlait pas en détention. Le surveillant qui était pris à parler avec un détenu était aussitôt soupçonné de complicité. Aujourd'hui, il est demandé aux surveillants d'entrer en relation avec les détenus pour mieux les connaître. Ainsi, le principe de base de la profession de surveillant de prison est devenu : « connaissance du détenu et adaptation à chacun » [34]. Le surveillant est désormais amené à négocier la coopération des détenus pour obtenir leur obéissance. Il doit être à leur écoute, se renseigner, faire preuve de disponibilité pour obtenir leur adhésion et être reconnu comme l'interlocuteur obligé. Dans un système comme celui de la prison, qui vise l'uniformisation des comportements des surveillants comme des

---

31. V. en ce sens, E. BOURGEOIS, *op. cit.*, p. 44.

32. V. M. FOUCAULT, Surveiller et punir, *op. cit.*, p. 238 ; J.P. CÉRÉ, *op. cit.*, p. 19 et s.

33. « Même l'assistance à la messe pouvait être organisée dans certaines prisons sans même que les détenus ne se voient. Dans les années trente encore, les détenus encellulés seuls ne sortaient de leur cellule que cagoulés avec ce qu'on appelait le "capuchon belge". L'usage de la cagoule ne sera définitivement supprimée qu'en 1950 ». V. G. BENGUIGUI, *op. cit.*, p. 2 ; Comp. J.C. FROMENT, La république des surveillants de prison, *op. cit.*, p. 134 et s.

34. V. D. LHUILIER et col., *op. cit.*, p. 149.

surveillés [35], la nécessité d'établir des relations confiantes met en mal cette homogénéité recherchée de chacun des deux groupes en présence. D'autant plus aisément que la personnalisation de la relation implique des adaptations et des attitudes différentes d'un surveillant à l'autre et d'un détenu à l'autre ; chaque surveillant cherchant à être reconnu comme différent de ses collègues. En outre, le surveillant cherche sans cesse à s'aménager une marge relationnelle pour renforcer sa distinction. Ce qui aboutit actuellement à l'effritement de la « ligne dichotomique » [36] qui sépare les surveillants des détenus, souvent présentée comme la garantie de la préservation de l'autorité. Cette marge relationnelle s'observe précisément dans l'atténuation ou l'accentuation des privations dont les détenus sont l'objet. Le surveillant peut ainsi, suivant le cas, fermer ou non les yeux face aux différents échanges de services, de cigarettes, de médicaments, de denrées comme le sucre, entre détenus. Il peut également rendre ou non divers services aux détenus sans forcément tomber dans la compromission, ou fragiliser sa position [37]. Ces services rendus aux détenus permettent aux surveillants d'asseoir leur autorité envers les détenus, puisque ces derniers se sentent à leur tour redevables envers les surveillants. Ils peuvent alors s'engager plus facilement dans une « relation de non agression » bénéfique au climat en détention.

Le surveillant prend assurément un grand risque dans une telle relation, car s'il manque de maîtrise, il peut être débordé et mettre ainsi en péril le fragile équilibre de la détention. D'autant plus que ce « troc relationnel » [38], quoique bénéfique au fonctionnement de l'établissement, est mal perçu par l'Administration pénitentiaire qui redoute toujours une compromission des surveillants de prison. Ces

---

35. V. en ce sens, M. FOUCAULT, *op. cit.*, p. 238 et s. ; E. GOFFMAN, Asiles, *op. cit.*,

36. V. G. CASADAMONT, Sociologie du rapport surveillant-détenu, *Rev. sc. crim.*, 1991, p. 57.

37. Sur l'ensemble de ces points, V. not. D. LHUILIER & N. AYMARD, *op. cit.*, p. 152 et s.

38. *Ibid.*, p. 152.

derniers en sont bien conscients : « *le surveillant favorisant le dialogue avec les détenus est en principe objet d'une certaine suspicion de la part de la hiérarchie* » (Surveillant, CD). Ainsi, le surveillant doit toujours trouver le juste milieu nécessaire à l'établissement d'une relation « *aux risques limités* ». S'il est trop sécuritaire [39], il n'obtiendra ni l'adhésion des détenus, ni leur respect et cela ne fera qu'exacerber le sentiment de rejet mutuel. S'il est à l'inverse trop laxiste, il perdra son autorité au profit du détenu. Ce dernier pourra alors exercer une pression sur lui et obtenir encore plus de concessions, pouvant aller jusqu'à la compromission. La proximité relationnelle avec les détenus est très dissonante pour les surveillants. Elle implique l'entretien d'un lien social (avec les détenus), dans une institution qui le dénie et la reconnaissance des détenus comme semblables [40], dans une institution qui cultive la dichotomie. Or, la relation surveillant-détenu reste nécessaire à l'équilibre de la détention et surtout à la perspective d'amendement des détenus. Le surveillant, par cette proximité relationnelle et professionnelle, est un référent pour les détenus. Son comportement doit être empreint de professionnalisme pour « susciter chez les personnes incarcérées le sens des responsabilités, les amenant à une réflexion sur les comportements et une confrontation aux exigences de la vie en collectivité » [41].

B - *Le binôme pénitentiaire : une relation professionnelle.*

Tout ce qui se passe durant le travail du surveillant est un acte professionnel, même le bonjour adressé au détenu. La relation surveillant-détenu est avant tout une relation professionnelle. Elle est encadrée par une série de prescriptions réglementaires et juridiques,

---

39. L'article D.242 du Code de procédure pénale pose comme principe : « L'ordre et la discipline doivent être maintenus avec fermeté, mais sans apporter plus de contrainte qu'il n'est nécessaire pour le maintien de la sécurité et d'une bonne organisation de la vie en collectivité » ; V. G. PICCA, « Faut-il démocratiser la prison ? », *Rev. sc. crim.*, 1973, p. 926. V. ég. J.P. CÉRÉ, *op. cit.*, p. 162.

40. V. F. LE CORRE, *L'épreuve carcérale*, Rapport DEA, Université de Haute Bretagne, 1993.

41. Circulaire GA3 du 2 avril 1996 JUSE9640025C relative au regime disciplinaire des détenus.

notamment provenant des exigences européennes protectrices des droits de l'homme du détenu.

1. La relation surveillant-détenu : une relation surveillée

La relation surveillant-détenu est une relation très surveillée par l'Administration pénitentiaire. De nombreuses prescriptions recommandent une certaine distance avec les détenus. Il est demandé, par exemple, aux surveillants de ne pas serrer les mains des détenus et de ne pas user du tutoiement ou de langage familier, afin d'observer la contrainte de distance entre les deux groupes. Les articles D. 219 et D. 220 du code de procédure pénale explicitent ces recommandations : « Les membres du personnel doivent, en toute circonstance, se conduire et accomplir leur tâche de telle manière que leur exemple ait une bonne influence sur les détenus et suscite leur respect » ; «... il est interdit aux agents des services extérieurs de l'Administration pénitentiaire et aux personnes ayant accès à la détention :

- de se livrer à des actes de violence sur les détenus...

- d'user, à leur égard, soit de dénominations injurieuses, soit de tutoiement, soit de langage grossier ou familier... »

Le contrôle de cette relation est exercé en détention par la hiérarchie au moyen de diverses audiences accordées aux détenus, de l'observation ou de l'entretien avec le personnel. Les diverses intrusions des premiers surveillants et chefs de services pénitentiaires dans les étages, censés être territoires des surveillants, sont mal perçues par ces derniers. Ils les vivent comme une preuve de manque de confiance à leur égard, de suspicion et de contrôle de leur travail. Effectivement, ces différentes « *promenades* » [42] des gradés en détention leur permettent d'observer les interactions du personnel avec les détenus, les compétences techniques des surveillants (fouille, ouverture des portes, intervention). En discutant de manière

---

42.   G. CASADAMONT reprend l'expression d'un surveillant pour désigner cette situation : « les galons se promènent en détention ». V. G. CASADAMONT, *La détention et ses surveillants*, Thèse, *op. cit.*, p. 272.

informelle avec les surveillants, « ils perçoivent leur état d'esprit, analysent les problèmes professionnels qu'ils rencontrent, donnent des conseils ou formulent de recommandations »[43], bref, ils contrôlent leur travail. La hiérarchie utilise d'autres moyens de contrôle des surveillants. Il s'agit notamment de multiples supports écrits disponibles en détention : le cahier de fouille des cellules, le cahier de consignes entre gradés et surveillants et entre surveillants, le cahier d'observation des détenus. Ces différents supports permettent aux gradés de prendre le « pouls de la détention » dont la relation surveillant-détenu en est le fondement. Par conséquent, le surveillant est aussi exposé à la méfiance qui imprègne tous les rapports sociaux en prison (« *l'hypocrisie salit tout ce qu'elle touche* » Surveillante, MAF). S'il est là pour surveiller, observer, il est aussi lui-même pris dans le collimateur, évalué et exposé au risque de la dénonciation. Cette situation se reflète dans les relations avec la hiérarchie teintée de méfiance et de suspicion : « *Les relations sont bonnes, mais il y a beaucoup de surprises à l'appréciation. Tous les gradés sont en bonne convivialité avec nous, mais c'est pour mieux nous trahir* » (Surveillant, MA).

La relation surveillant-détenu est donc une relation de deux dominés : le surveillant dominé par une autorité hiérarchique et ses supérieurs et le détenu dominé par l'autorité disciplinaire des surveillants[44]. Cette position d'interface des surveillants s'est davantage compliquée avec l'avènement des droits de l'homme, applicables aux personnes privées de liberté, tels qu'ils émergent du droit européen.

2. La protection juridique des détenus

Comme une personne libre, le détenu peut désormais saisir la Cour européenne des droits de l'homme pour la défense de ses droits. Celle-ci a estimé, en effet, que si la Convention n'ouvrait pas de droits spécifiques aux personnes privées de liberté, celles-ci pouvaient se prévaloir de ses dispositions et bénéficier du droit de

---

43. V. C. ROSTAING, *op. cit.*, p. 93.

44. C'est pour cette raison que G. CASADAMONT affirme dans sa thèse (p. 273) que « le personnel de surveillance est un personnel dominé/dominant ».

recours individuel [45]. La jurisprudence de la Cour européenne comme celle de la Commission européenne des droits de l'homme applicable aux détenus indiquent bien que de plus en plus la justice ne saurait s'arrêter à la porte des prisons [46]. Les détenus peuvent alors se prévaloir de la protection offerte par l'article 8 (garantissant le droit au respect de la vie privée et familiale), l'article 9 (liberté de religion) et l'article 10 (liberté d'expression), sous réserve des restrictions prévues par la loi et « nécessaires dans une société démocratique ». Pour être conformes à la jurisprudence européenne, ces restrictions doivent être clairement énoncées dans le droit interne de sorte que les détenus et les autorités pénitentiaires puissent s'en référer.

La consistance des droits reconnus aux détenus s'est affirmée au travers de nombreux instruments internationaux que sont : la Convention européenne de Sauvegarde des Droits de l'Homme et des libertés fondamentales (C.S.D.H) ratifiée par la France en décembre 1973 et publiée par décret du 3 mai 1974, la Convention Européenne pour la prévention de la torture et des peines ou traitements inhumains ou dégradants (C.P.T.), entrée en vigueur en France le 1er mai 1989, la Recommandation n° R87 du comité des ministres du Conseil de l'Europe aux Etats membres sur les règles pénitentiaires européennes. Plus récemment en France, par un arrêt Marie devenu célèbre [47], rendu en assemblée le 17 février 1995, le Conseil d'Etat a consacré la possibilité pour les détenus d'exercer un recours

---

45. V. E. FITZGERALD, La jurisprudence découlant de la convention européenne des droits de l'homme, *In Les droits de l'homme dans les prisons : la formation professionnelle du personnel pénitentiaire,* Actes Séminaire, Strasbourg, 7-9 juillet 1993, p. 9 ; V. aussi, D. BIBAL-SERY, *Prison et droits de l'homme,* SCERI, 1995, p. 6.

46. V. J.P. CÉRÉ, Le nécessaire contrôle du pouvoir disciplinaire dans les prisons françaises, *Rev. sc. crim.,* 1994, p. 597 et s. ; J.P. CÉRÉ, Réflexions sur l'isolement disciplinaire en milieu carcéral au regard des droits de l'homme, *Rev. pénit.,* 1994, p. 109 et s.

47. Les surveillants l'évoquent souvent pour exprimer leur crainte de voir s'éffriter la discipline dans les établissements pénitentiaires.

contentieux [48]. Cet arrêt Marie, du nom du détenu concerné, a été rendu au sujet d'une contestation par lui, devant la Haute juridiction, de la décision le sanctionnant d'une peine de cellule de punition avec sursis pour s'être plaint auprès d'une autorité extérieure du fonctionnement du service médical de l'établissement où il était incarcéré. Une telle évolution, poursuivie modestement par le décret n°96-287 du 2 avril 1996 [49], consacre au plan national les progrès déjà constatés au niveau régional et international [50] dans les domaines de la protection des détenus contre l'arbitraire et du respect de la dignité humaine des détenus.

a) La protection contre l'arbitraire

La protection des personnes incarcérées contre l'arbitraire se traduit tout au long de la privation de liberté par l'énoncé de droits, les formalités initiales d'écrou, le dispositif d'information des détenus, le droit à la requête qui leur est ouvert ainsi que les mécanismes disciplinaires. Cette protection se réalise dans la mesure où le détenu est objectivement informé des droits et devoirs découlant de son incarcération et la possibilité qui lui est donnée de pouvoir contester une décision ou toute mesure intéressant sa situation. L'article 5 de la Convention de Sauvegarde des droits de l'Homme et des libertés fondamentales (C.S.D.H) entend protéger l'individu contre toute privation de liberté arbitraire. Il énonce que « toute personne a droit à la liberté et à la sûreté. Nul ne peut être privé de sa liberté, sauf dans les cas suivants et selon les voies

---

48. V. E. PECHILLON, *op. cit.*, p. 357 et s. ; Concl. P. FRYDMAN, *RFD adm.*, 1995, p. 353 et s. ; Note N. BELLOUBET-FRIER, *D.*, 1995, p. 381 et s. ; F. MODERNE & J.P. CÉRÉ, *RFD adm.*, 1995, p. 822 et s. ; L. TOUBET & J.H. STAHL, *AJDA*, 1995, p. 379 et s. ; P. COUVRAT, *Rev. sc. crim.*, 1995, p. 381 et s.

49. « Le décret du 2 avril 1996 a sérieusement réduit l'intérêt d'un recours juridictionnel en instaurant un recours administratif préalable devant le directeur régional des services pénitentiaires. La plupart des sanctions disciplinaires seront définitivement purgées avant que le juge administratif soit éventuellement amené à censurer la décision litigieuse ». V. J.P. CÉRÉ, Le contentieux disciplinaire dans les prisons françaises et le droit européen, *op. cit.*, p. 272 ; E. PECHILLON, *op. cit.*, p. 356 et s.

50. V. C. ELIARTS, Considérations sur la protection des droits fondamentaux des détenus, *RDP crim.*, 1975/1976, p. 91 et s.

légales » [51]. Par conséquent, la Convention européenne de Sauvegarde des droits de l'Homme ouvre à l'individu incarcéré le droit d'introduire un recours sur la légalité de sa détention [52]. Le droit de plainte est consacré par diverses dispositions du code de procédure pénale. Ainsi, les articles D. 178, D. 232 et D. 259.2 du CPP autorisent le détenu à recevoir tout magistrat ou inspecteur dans sa cellule. Il peut également recevoir le Procureur de la République ou le Procureur Général, un fonctionnaire de l'administration centrale ou toute autorité compétente. Cette possibilité a été étendue par une note du 19 avril 1993 au président de la Commission européenne des droits de l'homme et au président du Comité européen pour la prévention de la torture et des peines ou traitements inhumains ou dégradants [53].

La protection contre l'arbitraire recouvre également les abus dont les personnes incarcérées pourraient avoir à souffrir de la part des personnels. L'article 725 du CPP prévoit la reconnaissance de la responsabilité personnelle du fonctionnaire qui « à peine d'être poursuivi et puni comme coupable de détention arbitraire » aurait méconnu le principe de légalité de la détention des individus incarcérés. La protection contre l'utilisation des moyens de contrainte est plus pertinente. Cette question alimente de nombreux fantasmes auprès de l'opinion publique, relatifs à la relation surveillant-détenu. Des actes de violence existent certes, mais ils sont exceptionnels. Le Directeur de l'Administration pénitentiaire rappelait en 1993,

---

51. Cinq hypothèses de privation de liberté ont été précisées par la jurisprudence .V. D. BIBAL-SERY, *op. cit.*, pp. 44-46 ; P. PEDRON, *op. cit.*, p. 33.

52. Ce droit est établi par l'art.5 § 4 en ces termes : « Toute personne privée de sa liberté par arrestation ou détention a le droit d'introduire un recours devant un tribunal, afin qu'il statue à bref délai sur la légalité de sa détention et ordonne sa libération si la détention est illégale ». Ce droit peut exister même si la décision initiale d'incarcération a été prise par une juridiction. Dans certaines hypothèses, le détenu a droit à ce qu'un tribunal apprécie la légalité d'un refus ou d'une révocation de libération conditionnelle. Comp. J.P. CÉRÉ, *op. cit.*, p. 47 et s.

53. V. P. PEDRON, *op. cit.*, p. 34.

conformément aux directives du Garde des sceaux, que « les actes de violence qui pourraient être commis exceptionnellement par des fonctionnaires feront systématiquement l'objet d'une enquête administrative et devront être portés à la connaissance des parquets afin que des réquisitions empreintes de fermeté contre les auteurs de ces "voies de fait" puissent être prises » [54]. La Recommandation R(87) reconnaît l'usage de la contrainte au sein de la détention, mais uniquement comme ultime moyen. Celle-ci peut être nécessaire pour protéger le détenu de lui-même, pour protéger autrui, pour éviter toute violence ou se prémunir d'une évasion. Les menottes, le camisole de force et autres entraves sont les moyens coercitifs autorisés dans ce cas. Elle prescrit formellement l'utilisation de chaînes et de fers. Dans la pratique quotidienne en détention, l'usage de la coercition se traduit par la mise en prévention de l'intéressé (D. 249 du CPP) pour une durée extrêmement brève avant sa comparution dans le cadre d'une audience disciplinaire [55]. Elle débouche parfois au placement de l'intéressé au quartier d'isolement sur la base de l'article D. 170 du code de procédure pénale.

b) Le respect de la dignité humaine des détenus

Les détenus pour être privés de liberté n'en sont pas pour autant moins des êtres humains [56]. L'Administration pénitentiaire doit par conséquent respecter leur dignité par la mise en place de conditions matérielles de détention décentes. La Recommandation R(87) traite de cet aspect aux articles 14 à 25. Elle recommande en principe le placement en cellule individuelle la nuit. Ce principe est respecté en

---

54. V. P. PEDRON, *op. cit.*, p. 34. On peut rappeler, non sans intérêt, la décision Tomasi contre France du 27 août 1992, qui a été une des dernières condamnations importantes de la France, même si celle-ci ne concerne pas directement l'Administration pénitentiaire (puisqu'elle est relative au déroulement d'une garde à vue). V. D. BIBAL-SERY, *op. cit.*, pp. 27-28.

55. V. supra la réforme du régime disciplinaire du 2 avril 1996 ; V. B. JOUVE, Prison et sanction : le régime disciplinaire des détenus, *Rév. pénit.*, 1987, p.121 et s. ; P. COUVRAT, Le régime disciplinaire des détenus depuis le décret du 2 avril 1996, *Rev. sc. crim.*, p. 709 ; J.P CÉRÉ, Le décret du 2 avril 1996 et le nouveau régime applicable aux détenus, *RFD adm.*, 1997, p. 614 et s. ; P. PELISSIER, Le régime disciplinaire des détenus, *R.A.P.*, 1996, p. 4.

56. V. en ce sens, B. BOULOC, Pénologie, *op. cit.*, p. 171, not. L'humanisation des de la privation de liberté.

France en ce qui concerne les établissements pour peines, mais il est bafoué en maisons d'arrêt. Pourtant l'article 716 du code de procédure pénale affirme que « les personnes mises en examen, prévenus et accusés soumis à la détention provisoire sont placés au régime de l'emprisonnement individuel de jour et de nuit ». L'article D. 83 CPP réaffirme ce principe de l'encellulement individuel en maison d'arrêt, auquel il ne peut être dérogé, sauf contre-indication médicale motivée. La dérogation à ce principe n'est prévue qu'en « raison de la distribution interne des maisons d'arrêt ou de leur encombrement temporaire ou, si les intéressés ont demandé à travailler, en raison des nécessités d'organisation du travail ».

Le respect de la dignité humaine des détenus implique également que l'Administration pénitentiaire prenne des dispositions concernant le respect de l'hygiène, la vie privée, la liberté de conscience. S'agissant de l'hygiène personnelle des détenus, l'Administration pénitentiaire remet une trousse de toilette à chaque « entrant en prison » [57]. La construction de nouveaux établissements du programme 13 000 lancé depuis 1988 et le programme 4000 prévu par la loi de programmation du 6 janvier 1995, répond également à ce souci d'hygiène, par l'amélioration des conditions d'hébergement [58]. Le respect de la vie privée du détenu est le sujet qui soulève le plus de problèmes à l'Administration pénitentiaire, surtout à cause de l'encombrement endémique des établissements

---

57. V. M. FIZE, L'accueil des entrants à la Maison d'Arrêt de Fleury-Mérogis. Une structure originale : le Centre d'accueil. Description et première analyse, *Rev. sc. crim.*, 1978, pp. 679-685.

58. L'Administration pénitentiaire a présenté le 27 juillet 1999, dans le cadre de la première tranche du « programme 4000 », ses prisons du XXIè siècle : six établissements de six cents places chacun, dont les premiers seront opérationnels à partir de 2001. Ces nouvelles prisons seront dotées de cellules de 10 m2 avec douche et W-C par cellule, des cellules pour mère-enfants, d'autres pour handicapés, un lieu œcuménique et un centre scolaire. Si les tests effectués bientôt dans trois établissements s'avèrent concluants, des « unités de visite familiale » seront généralisées pour les condamnés de longue peine, avec un ratio d'une UVF pour cent détenus. Cf. *Libération* du 28 juillet 1999, p. 2 et s.

pénitentiaires [59]. L'article 8 de la Convention européenne des droits de l'homme précise que « Toute personne a droit au respect de sa vie privée et familiale, de son domicile et de sa correspondance. Il ne peut y avoir ingérence d'une autorité publique dans l'exercice de ce droit que pour autant que cette ingérence est prévue par la loi et qu'elle constitue une mesure qui, dans une société démocratique, est nécessaire à la sécurité nationale, à la sûreté publique, au bien-être économique du pays, à la défense de l'ordre et à la prévention des infractions pénales, à la protection de la santé ou de la morale, ou à la protection des droits et libertés d'autrui ».

C'est le droit au respect de la correspondance qui donne lieu à de nombreuses requêtes de la part des détenus, car la correspondance est généralement objet d'un contrôle de la part des autorités pénitentiaires. Ainsi que le souligne D. Bibal-Séry, « à l'origine, la commission estimait que de semblables contrôles étaient inhérents à l'état de détention et ne se traduisaient par aucune ingérence dans le secret de la correspondance. Cette doctrine dispensait les autorités de l'obligation de se justifier au regard du paragraphe 2 de l'article 8. Cette conception fut rejetée par la Cour qui estime que toute interférence dans la correspondance des détenus constituait une ingérence appelant un contrôle sous l'angle de l'article 8 § 2. La commission s'est raliée à cette jurisprudence » [60]. Cependant, dans l'affaire Pfeifer et Plankl contre Autriche du 25 février 1992 portant sur le contrôle de la correspondance, la Cour reconnaît qu'« un certain contrôle de la correspondance des détenus ne se heurte pas en soi à la Convention mais l'ingérence ne doit pas aller au-delà des exigences du but légitime poursuivi » [61]. La position de la Commission sur la correspondance des détenus avec des organisations indépendantes ou privées, la correspondance avec la Commission européenne, la correspondance entre détenus et avec le défenseur, peut se résumée ainsi :

---

59. V. en ce sens, J.P. CÉRÉ, *Le contentieux disciplinaire dans les prisons françaises et le droit européen*, *op. cit.*, p. 71 et s. ; J.C. FROMENT, *La République des surveillants de prison*, *op. cit.*, p. 80 et s.

60. V. D. BIBAL-SERY, *op. cit.*, p. 79.

61. V. Affaire Pfeifer et Plankl contre Autriche 1992, *In* D. BIBAL-SERY, *op. cit.*, pp. 85-86.

« 1°) S'agissant des correspondances avec des organisations indépendantes ou privées, une interdiction générale faite aux détenus d'écrire aux organisations indépendantes ou privées, constitue une ingérence.

2°) S'agissant des correspondances avec la Commission européenne des droits de l'homme, le respect de la confidentialité est quasi absolu.

3°) Pour la correspondance entre détenus, un contrôle est admis. L'effacement du courrier constitue une ingérence.

4°) Pour la correspondance avec le défenseur : la confidentialité s'impose avec force spécialement quand le courrier a trait à des plaintes dirigées contre les autorités pénitentiaires ; les autorités pénitentiaires peuvent ouvrir la lettre d'un avocat à un détenu si elles ont des motifs plausibles de penser qu'il y figure un élément illicite non révélé par les moyens normaux de détection :

- elles ne doivent que la décacheter,
- l'ouverture se réalise en présence du détenu.

La lecture ne doit se faire que dans des cas exceptionnels si l'on a lieu de croire que le contenu de la lettre menace la sécurité de l'établissement ou revêt un caractère délictueux » [62].

Si comme indiqué, la relation surveillant-détenu est à la fois une relation des deux dominés du monde pénitentiaire et du « dominant-dominé » [63], force est de constater que de nombreux gardes-fou existent pour délimiter l'usage de la coercition, de l'abus de pouvoir de la part du personnel pénitentiaire et notamment du personnel de surveillance. D'aucuns pensent que « le rapport surveillant-détenu n'est pas contrôlé en soi, il n'est l'objet d'un contrôle que lorsqu'il ne produit pas les résultats attendus, à savoir lorsque l'ordre est défaillant » [64]. En ce sens, l'équation du pouvoir du surveillant se résout dans un contrôle de l'agent public et une liberté de l'agent

---

62. V. D. BIBAL-SERY, *op. cit.*, pp. 78-106.

63. V. G. CASADAMONT, Sociologie du rapport surveillant-détenu, *op. cit.* ; J.C. FROMENT, *op. cit.*, p. 113 et s.

64. V. J.C. FROMENT, La République des surveillants de prison, *op. cit.*, p. 117.

pénal. L'agent est contrôlé dans l'ensemble de ses actes susceptibles de porter atteinte à la sécurité ou à l'honneur du groupe. En revanche, il dispose d'un pouvoir discrétionnaire dans l'exercice de sa fonction de surveillance [65]. Dès lors, il convient à d'examiner la façon dont les surveillants vivent cette relation complexe et dissonante avec les détenus, au travers de la tonalité de leur discours.

§ II : La relation carcérale du point de vue des surveillants de prison

Les surveillants n'ont pas une représentation homogène du détenu. Pour les uns « *c'est un voyou, un fainéant qui ne veut rien faire pour s'en sortir* », pour les autres c'est un homme comme les autres qui se retrouve du « mauvais côté de la barrière ». Cette différence d'appréciation se répercute sur l'état de leurs relations. Ainsi, 71,3% des surveillants affirment « entretenir de bonnes relations fondées sur le respect mutuel », alors que 15,7% disent entretenir de « mauvaises relations, surtout tendues avec les récidivistes » et 7,9 % pensent entretenir des « relations variables en fonction de l'individu, de son délit et de sa peine ». Le taux de non réponse est de 4,4%. Les surveillants sont néanmoins conscients du caractère professionnel de leur relation avec les détenus. Leur comportement doit par conséquent rester de l'ordre du professionnel, sans jamais entrer dans le passionnel. Ce qui n'est pas évident, surtout lorsque les relations sont mauvaises. Comment ne pas être tenté, en effet, de répondre aux insultes, à la violence par la violence ? Pour pouvoir mener à bien leur mission, les surveillants perçoivent bien la nécessité d'entretenir des relations « *correctes* » avec les détenus et de s'investir dans une relation de « *réinsertion* ». Or, au quotidien, la relation avec les détenus est jugée « insuffisante » par les surveillants (A). Ils s'y investissent beaucoup plus par souci d'améliorer leur quotidien professionnel, que par motivation éducative. Cela correspond davantage à une démarche d'auto-protection face à une relation souvent stressante (B).

---

65. *Eod. Loc.*

A - Le binôme pénitentiaire : une relation "insuffisante"

« En MA, les relations avec les détenues sont courtes, les temps de communication sont insuffisants. De plus les temps de peine sont également, dans la plupart des cas (surtout pour les récidivistes ou multirécidivistes), courts. On n'a donc pas le temps de créer quelque chose, de déclencher chez elle l'envie de s'en sortir (sur les 300 détenues environ 1/3 va récidiver) » (Surveillante, MAF). Ces propos résument bien les sentiments des surveillants de prison au sujet de leur relation avec les détenus. Ils veulent s'investir plus utilement dans cette relation, mais la surpopulation pénale avec son corollaire, le manque d'effectif en personnel de surveillance, l'insuffisance de leur formation initiale au regard des besoins d'écoute, des enjeux d'échanges (attentes réciproques) et le manque de soutien de la hiérarchie, limitent cet investissement au strict minimum. Par conséquent, la mission éducative dont ils seraient investis leur paraît totalement utopique.

1. Une relation peu éducative

Les surveillants de prison dénient souvent à leurs relations quotidiennes avec les détenus toute fonction éducative. A la question relative à leur mission éducative en vue de favoriser l'insertion future des détenus, leurs réponses sont très éloquentes : Elle est inexistante ou presque (35,1%) ; Importante, mais nous manquons de moyens (24,6%) ; Utopique, nous n'en avons pas les moyens (18,4%) ; Incompatible avec notre métier (7,8%) ; C'est notre mission de tous les jours (apprendre aux détenus à se responsabiliser) (5%). Le taux de non réponse étant de 7,9%. La relation avec les détenus apparaît finalement comme une simple relation de façade : *« Nous avons le sentiment de faire notre travail, c'est tout. Quand un surveillant s'investit dans la réinsertion, c'est pour améliorer son quotidien. Il sait d'avance qu'il ne fera rien de ce détenu »* (Surveillante, CD 13 000). Ce pessimisme peut s'expliquer par la dépendance structurelle des détenus envers les surveillants conjuguée à la régression entretenue par le système carcéral qui conduit ces derniers à faire face aux multiples sollicitations des détenus. Celles-ci peuvent concerner des domaines aussi variés que l'hygiène (douche supplémentaire), les relations avec l'extérieur (parloirs), les divers rendez-vous (avec l'avocat, une audience), les mesures d'individualisation de peine (permission de sortir) ou tout simplement l'heure. Ces demandes sont d'autant plus variées que les surveillants n'ont pas toujours le temps et la possibilité de les satisfaire totalement. Quand cela est ramené à l'échelle d'un étage et que l'étage en question est surpeuplé (50 à 100 détenus), le surveillant a le sentiment d'être envahi et dépassé [66] : « *le temps. On a pas assez de temps pour se consacrer individuellement au cas de chacune. On est trop pris par des tâches matérielles (distribution de cantines, cahiers à tenir, répondre au téléphone, mouvement à faire)* » (Surveillante, CD). Cette surcharge de travail cristallise les revendications des surveillants autour de la question d'augmentation d'effectifs du personnel de surveillance, question qui est toujours à la base de tous les mouvements sociaux que l'Administration pénitentiaire a connus au cours de ces dernières années [67]. Les surveillants ont le sentiment de ne pouvoir répondre adéquatement aux demandes des détenus et de construire par ce biais une relation interpersonnelle favorisant la fonction sociale de leur métier. C'est en raison de cette insatisfaction qu'ils jugent à 69% insuffisante leur participation à leur mission éducative. Cette situation leur paraît d'autant plus frustrante qu'ils reconnaissent nettement l'importance d'une telle mission et le fait qu'ils sont également appréciés par leur hiérarchie au travers de celle-ci [68] (42%). C'est en ce sens qu'il faudrait comprendre les rengaines suivantes : « *Elle* (mission éducative) *est nécessaire, mais malheureusement pas toujours possible du fait du manque de personnel et du nombre en*

---

66. V. D. PERIER DAVILLE, Le problème de la sécurité dans les prisons, *Gaz. Pal.*, 17 nov. 1992, p. 864 et s.

67. V. J.C. FROMENT, *op. cit.*, p. 279 et s. ; G. BONNEMAISON, *La modernisation du service public pénitentiaire*, Rapport au 1er Ministre et au Garde des sceaux, 1989, 106 p.

68. A la question suivante : "Etes-vous apprécié par votre hiérarchie au travers de cette mission ? Les réponses des surveillants se distribuent de la façon suivante : Non-réponse 7% ; Oui 42% ; Non ou rarement 33,5% ; Je ne sais pas 17,5%.

surcharge des détenus » (Surveillante, MAF) ; *«Utopie pure. Nous n'avons ni les moyens, ni le temps. Seulement notre volonté pour certains. Et là, il conviendrait de mieux utiliser les hommes »* (Surveillante, CD). Les rares surveillants qui s'investissent pleinement dans une telle relation avec les détenus y voient même une sorte de privilège : *« Il existe un travail relationnel très important, considérable à Rennes et dans de très bonnes conditions : une surveillante pour 20 détenues. Je pense que nous sommes privilégiées dans ce sens et qu'il est nécessaire de développer le potentiel de chaque membre du personnel afin d'aider à l'accompagnement »* (Surveillante, CD). Pour les autres surveillants, leur sentiment à ce sujet peut se résumer ainsi : *« En l'état actuel des choses, absolument rien. Le surveillant n'a pas lui même les moyens de s'insérer professionnellement, à quel moment pensez-vous qu'il puisse apporter du positif à des gens qui ne sont pas insérés socialement ? Il a une clé pas une baguette magique »* (Surveillante, MAF).

2. La primauté sécuritaire dans la relation avec les détenus

Lorsque les surveillants évoquent la primauté de la fonction sécuritaire de leurs missions, c'est en général pour dire qu'ils n'apportent rien à la réinsertion des détenus : *« Peu de choses, notre travail consiste à garder des personnes qui ont commis un délit, à ouvrir, fermer des portes, servir les repas, surveiller »* (Surveillante, MAF). Cette conception de la relation avec les détenus est génératrice de souffrances et de malaise dans la profession. Or, pour réduire ce malaise, il suffirait d'enseigner aux surveillants qu'ils apportent des éléments essentiels à la réinsertion sociale des détenus à savoir : l'apprentissage d'une discipline personnelle dont ils sont pour la plupart dépourvus, l'apprentissage du respect des autres, le développement du sens des responsabilités et de devoirs. Il s'avère alors nécessaire d'instituer et de valoriser cet apport des surveillants à la réinsertion sociale des détenu, car il est notoire que « la discipline peut jouer un rôle dans la resocialisation du détenu » [69]. Une telle appréciation de la relation surveillant-détenu devrait être envisagée dès la formation des surveillants à l'Ecole Nationale d'Administration Pénitentiaire [70]. Dans cette hypothèse, les surveillants de prison seraient moins désemparés face à leur mission éducative. La relation avec les détenus serait plus positive et par conséquent, moins stressante.

B - Le binôme pénitentiaire : une relation stressante

Pour les surveillants de prison, la relation avec les détenus est une relation stressante. Elle les expose à la faute professionnelle. Dans ces conditions, ils doivent être sans cesse sur leur garde et résister à la pression continuelle des détenus. La précarité du climat en détention associée au poids de l'enfermement et à la promiscuité des détenus, contribuent à l'épuisement professionnel [71] souvent évoqué par les surveillants. C'est ainsi que le stress arrive en tête des aspects relatifs à la pénibilité de leur travail [72], suivi de leur « vie familiale sacrifiée ».

---

69. V. J.P. CÉRÉ, Le contentieux disciplinaire dans les prisons françaises et le droit européen, *op. cit.*, p. 16.

70. Comp. « En fait, je suis en train de vous former à un métier qui n'existe pas... Le malaise, c'est que le surveillant ne veut plus être surveillant et le détenu ne veut plus être détenu. Manque de bol, ils sont face à face dans un lieu clos. Vous n'êtes ni Zoro ni justicier masqué. Louvoyez, faites votre boulot, le mieux que vous pourrez. L'école est là pour vous ouvrir des pistes. Je ne vous mentirai pas : si vous vous intéressez à votre travail, ça va être très dur ». V. P. TARTAKOWSKY, La prison, *op. cit.*, p. 235.

71. V. J.P. NEVEU, *L'épuisement professionnel du personnel surveillant de maison d'arrêt*, Rapport pour le Ministère de la Justice, multigraph., févr. 1997, 32 p.

72. Dans une étude réalisée par D. ROBINSON sur "L'engagement, les attitudes, les aspirations et le stress professionnel : l'expérience du personnel correction" *In Forum*, pp.18-27, il est intéressant de constater que les causes de stress les plus fréquemment citées touchaient des questions de sécurité en milieu correctionnel. Environ 27% des participants ont rapporté être la proie d'un stress dû à la crainte que leur inspiraient les délinquants ou l'insuffisance de mesures de sécurité.

1. Le stress et l'épuisement professionnel

Le stress peut être défini comme la réaction du corps à une contrainte physique ou psychologique. Ce mot est utilisé pour désigner « l'état dans lequel se trouve un organisme menacé de déséquilibre sous l'action d'agents ou conditions qui mettent en danger ses mécanismes homéostatiques » [73]. Quoique l'être humain ait besoin d'un certain degré de stress dans la vie, un excès de stress ou une réaction déplacée au stress peut avoir des conséquences négatives [74]. Or, le stress est très répandu chez ceux qui ont pour profession de venir en aide aux autres. De même que *« la relation surveillant-détenu est toujours une question de personnalité ; dans les deux groupes il y a des bons et des mauvais »* (CSP2, CD 13 000), de même la capacité à supporter le même stress dépend des traits intrinsèques ou individuels de chaque surveillant. Cette capacité dépend également de ses expériences passées, son état de santé général, son degré de stress résiduel, ses valeurs et attitudes personnelles. De façon générale et particulièrement chez les surveillants, le stress se manifeste par les traits suivants : l'anxiété, l'irritabilité, les sautes d'humeur et le manque d'estime de soi. Tous ces éléments contribuent à l'épuisement professionnel, à l'usure au travail. Cet épuisement peut se manifester sur les deux plans psychologique et physique par l'épuisement émotif, la baisse de rendement au travail, la démotivation et l'éreintement. Ce qui pourrait expliquer les fréquents arrêts-maladie « posés » par les surveillants, signe de cette souffrance (psychique surtout) générée par leur travail [75].

---

73. V. N. SILLAMY, *Dictionnaire de la psychologie*, Larousse, 1993, p. 247.

74. V. *Forum*, Recherche sur l'actualité correctionnelle, *op. cit.*, pp. 11-12.

75. V. J.P NEVEU, *op. cit.*

2. Le stress : fruit du malentendu pénitentiaire

Les facteurs organisationnels responsables du stress des surveillants sont décrits de la manière suivante par les intéressés : « *Notre vie familiale est sacrifiée, les congés ne correspondent pas aux congés scolaires (par exemple un mois d'août tous les 8 ans). Les dimanches comme les jours fériés nous travaillons. Le rythme est trop irrégulier (repos, nuit), l'organisme n'arrive pas à s'adapter même au bout de 20 ans de travail* » (Entretien collectif, Surveillants CD). Nonobstant ces facteurs réels, leur stress apparaît davantage exacerbé par le malentendu pénitentiaire. En effet, parmi les facteurs externes suivants pouvant expliquer également le stress des surveillants, nombre d'entre eux relèvent du malentendu pénitentiaire. Il s'agit notamment de l'ambiguïté ou le conflit de rôles entre la mission sécuritaire et la mission de réinsertion, l'insuffisance de moyens, la formation professionnelle inadéquate, le conflit avec le personnel socio-éducatif, le conflit avec l'opinion publique. Si les surveillants étaient conscients de la portée réelle de leur métier, notamment son impact sur l'amendement des condamnés à la privation de liberté et, surtout, si celui-ci était valorisé et reconnu par l'opinion publique, ce stress baisserait sensiblement. Il se limiterait alors aux facteurs objectifs suivants, que les surveillants évoquent fréquemment : la surcharge de travail, le conflit familial, le conflit avec la hiérarchie, l'absence d'autonomie, le chamboulement de l'organisme et la pression des détenus.

Section II : L'amendement des détenus comme préalable à la réinsertion sociale.

L'amendement des détenus est le but de la phase pénitentiaire de la réinsertion sociale des détenus. Il constitue l'un des objectifs de « l'exécution des peines privatives de liberté en matière correctionnelle et criminelle » [76]. Il vise l'intériorisation des normes sociales et leur respect. Les surveillants sont essentiellement concernés par cet objectif. Ils y parviennent grâce à

---

76. V. Déc. n° 93-334 du C.C. du 20 jan. 1994, *JO* du 26 janv. 1994, p. 1380 ; V. J. FAVARD, *Le labyrinthe pénitentiaire*, Ed. Le centurion, 1981, p. 18.

l'accompagnement pénitentiaire des détenus (§ 1) et à la gestion rigoureuse de la détention (§ 2).

§ I : L'accompagnement pénitentiaire des détenus

L'enfermement et la dépendance structurelle des détenus envers les surveillants de prison constituent « l'abscisse » et « l'ordonnée » du binôme pénitentiaire. Les surveillants de prison et les détenus sont en effet contraints à la cohabitation dans un milieu fermé. Dès lors, les stratégies des uns et des autres se développeront dans le sens d'un évitement [77] de la confrontation entre les deux groupes. A cette fin, les surveillants ont tout à gagner à s'investir dans une relation « personnalisée » [78] avec les détenus au moyen de l'écoute, du dialogue, de la discipline et du respect de l'autre. Cela non seulement pour améliorer leur quotidien professionnel, mais surtout pour participer à la (ré)construction des détenus (A), au travers d'une relation éducative, quoique souvent sous-estimée par les surveillants de prison et qu'ils qualifient de « travail éducatif limité » (B).

A - La « construction de la digue » ou la (re)structuration des détenus

L'exemple de la digue est évoqué ici pour illustrer l'intériorisation des valeurs sociales. Avant de parvenir à l'amendement des condamnés à la privation, il faut au préalable chercher à savoir si « *le bocal n'est pas agité* » [79]. Telle une digue, qui ne peut être construite lorsque la mer est haute, les détenus arrivant nouvellement en prison sont souvent dans un tel état d'agitation consécutif au choc

---

77. Pour en savoir plus sur les relations d'évitement, V. E. GOFFMAN, *Les rites d'interaction*, Coll. Le Sens commun, Les éditions de minuit, 1974, p. 17 et s.

78. V. C. ROSTAING, *op. cit.*, p. 235.

79. Expression empruntée à M. Vincent DAUSSY, Directeur-adjoint de la MAF, avec lequel nous avons eu d'intéressants échanges sur "la prison, matrice pétrifiée toxique".

carcéral, qu'il est difficile d'entreprendre quoi que ce soit avec eux. La mission des personnels pénitentiaires et particulièrement des surveillants de prison est de travailler à remettre dans le circuit ces « itinérants », ces « blessés ou accidentés de la vie » que sont les détenus. La relation à l'autre, enrichie par les dispositions à la communication de chaque surveillant, sert de base à ce travail. La confiance réciproque y est déterminante. Il convient de souligner à cet égard que l'objectif minimal dans la relation surveillant-détenu serait *« une aide à vivre la détention »* au travers d'une communication *positive* avec eux.

1. L'aide à « vivre la détention » des surveillants de prison aux détenus

S'agissant de leur apport à la réinsertion sociale des détenus, 14% de surveillants évoquent « l'aide à vivre la détention » grâce à l'écoute et le soutien moral des détenus. Il s'agit le plus souvent d'une vision minimaliste de leur apport, tant le sentiment le mieux partagé chez les surveillants reste la conviction que *« la réinsertion sociale n'appartient pas au personnel de surveillance. C'est une phase qui nous échappe totalement puisqu'elle concerne le retour à la vie civile »* (Surveillante, CD).

a) L'écoute des détenus

Il faut bien reconnaître que cette conviction est le résultat de la confusion existant entre les versants pénal et social. Les surveillants comme les autres personnels sont persuadés que la réinsertion ne se fait que par l'intervention au niveau social. Par conséquent, *« l'aide à vivre la détention"* apparaît pour eux comme le moins qu'ils puissent apporter aux détenus : *"les écouter, être disponible, répondre à leurs questions, considérer les détenues comme des êtres humains et non des numéros, de la marchandise...les aider à vivre leur détention »* (Surveillante, MAF) ; *« Déjà de communiquer utilement et d'informer dans la bonne direction »* (CSP2, MA) ; *« Le contact journalier, l'écoute et le dialogue favorisent la resocialisation des condamnés »* (Surveillant, CD). Un tel apport n'est pas mince. En tant qu'êtres humains, nous avons tous quelque chose à dire et nous sommes toujours en quête d'une personne qui veuille bien nous écouter. C'est une vérité banale, mais fondamentale. Quand l'individu est en détention, ce besoin d'écoute et de communication augmente. Comme les surveillants sont les seuls à partager la quotidienneté de l'enfermement avec les détenus, l'importance que peut revêtir pour ces derniers la communication avec eux est dès lors compréhensible. C'est d'ailleurs la signification à donner à la plupart des demandes des détenus en détention. Lorsque ces derniers demandent l'heure, un renseignement quelconque (information sur sa conditionnelle ou sur sa permission de sortir), une douche supplémentaire ou un cachet d'aspirine, il s'agit souvent de la manifestation d'un besoin d'écoute [80], d'un regard personnalisé ou d'un lien social, d'un besoin de reconnaissance par l'autre comme sujet social distinct des autres détenus.

L'écoute des détenus est par conséquent un acte professionnel. Elle contribue à leur (re)structuration, dans la mesure où elle les fait exister comme sujet, car l'on ne sauraitt faire plus grand honneur à quelqu'un qu'en écoutant ce qu'il a à dire [81]. Ecouter c'est déjà reconnaître : « *Les détenus même quand ils n'ont pas trouvé la solution sont contents après une bonne écoute* » (CSP2, CD 13 000). C'est la raison pour laquelle la nécessité de former davantage les surveillants de prison à l'écoute des détenus est impérieuse. Moult surveillants perçoivent bien l'importance que peut avoir la communication avec les détenus dans le cadre d'une mission éducative : « *En discutant avec les détenus, on peut les encourager, les motiver pour qu'ils agissent en vue de la réinsertion dans la société. Mais cela n'est pas facile, en plus on n'a pas le temps et si le détenu ne veut pas se réinsérer on ne peut le forcer. De son côté, le surveillant peut exiger du détenu qu'il ait un tenue correcte au moment des repas, qu'il ne crie pas, ne fume pas dans les couloirs, qu'il fasse son lit, qu'il tienne sa cellule propre, etc. Un peu comme un "pion" dans un pensionnat. Je pense que le surveillant, pour*

---

80.   V. D. LHUILIER & col., *op. cit.*, p. 163
81.   V. P. CROSBY, *op. cit.*, p. 151

accomplir sa tâche de réinsertion sociale du détenu doit donner une bonne image de lui par son comportement, sa tenue et ses propos et doit essayer de rendre la peine du détenu le plus supportable possible » (Surveillante, MAF). Ce « troc relationnel » [82] décrit ci-dessus permet au surveillant de se faire accepter comme interlocuteur auprès de détenu [83]. Ainsi, il *« pourrait inciter un détenu condamné à apprendre un métier ou à suivre des cours si cela pouvait lui servir à sa sortie »* (Surveillante, MAF). Et par *« l'écoute, donner l'impulsion afin que la détenue puisse peut-être avoir un déclic positif pour prendre conscience que la prison doit lui donner le temps de se faire »* (Surveillante, MAF).

Comme on peut le constater, *« la part des surveillants à la réinsertion sociale des détenus se fait inconsciemment. Le détenu va voir le travailleur social s'il a un problème. Le surveillant est toujours en contact avec le détenu. Si celui-ci a un problème, c'est toujours le surveillant qui est là. Le fait d'écouter c'est déjà de la réinsertion »* (Premier surveillant, CD). Les surveillants y participent depuis longtemps dans la mesure où ils sont tous les jours avec les détenus, discutent avec eux, font le rappel à la norme et tout cela s'apparente à un « dispositif » destiné à faire évoluer l'individu. Comme le soulignent régulièrement les surveillants de prison, *« quand on connaît les détenus pendant des années, ils vous parlent. Par la réaction ou la discussion qu'on peut avoir, on fait comprendre aux détenus certaines choses. C'est à travers ça que ça passe »* (Surveillant, CD). Que l'on ne s'y méprenne pas. La démarche suivie ici ne consiste pas à transformer les surveillants de prison en psychologues à même de conduire des entretiens d'aide et des psychothérapies. Il s'agit de souligner simplement la nécessité de donner aux surveillants de prison la possibilité de puiser dans l'histoire personnelle du détenu des éléments de discussion ou de communication avec lui. Cela constituerait un atout supplémentaire

---

82. V. en ce sens, C. ROSTAING, La relation carcérale, *op. cit.*, pp. 222-227 ; J.P. CÉRÉ, *op. cit.*, p. 102 et s. ; A. CHAUVENET, F. ORLIC, G. BENGUIGUI, Le monde des surveillants de prison, *op. cit.*, p. 141 et s. ; G. HOUCHON, La problèmatique du surveillant de prison et la pénologie, *Cahiers de criminologie et de pathologie sociale*, Louvain, 1980, p. 1.

83. Comp. C. MONTANDON, B. CRETTAZ, *op. cit.*, p. 31.

à leur participation à la réinsertion sociale des condamnés à la privation de liberté. Cet aspect a une telle importance pour les surveillants que lorsqu'ils n'ont pas le sentiment de communiquer avec les détenus, ils en déduisent une non-participation à la mission réinsertion : « *Surveillant et réinsertion, c'est incompatible... C'est le travail de l'éducateur, il connaît mieux l'individu. Nous sommes des porte-clés. Ici quand un détenu a besoin de quelque chose, il demande au gradé et non au surveillant. Dans d'autres établissements le détenu doit d'abord passer par le surveillant. Ici c'est pas nous qui renseignons les détenus, on oublie ce qu'on a appris à l'école... Il y a trop d'audiences parce que nous n'avons pas la possibilité de discuter avec eux. La réinsertion nous écarte des détenus* » (Entretien collectif, Surveillants CD 13 000).

b) Le soutien moral des détenus

Aussi paradoxal que cela puisse paraître, les surveillants s'estiment investis d'un devoir de soutien moral envers les détenus, pour les aider à vivre la détention. Les effets destructeurs de l'enfermement sur les détenus sont notoires : la dégradation physique et psychique progressive, les crises d'angoisse, la désocialisation et la chronicisation de certains détenus incapables de vivre ailleurs qu'en prison [84]. Les surveillants sont bien placés pour en être témoins alors même qu'ils sont chargés par la société de maintenir cette violence sourde, mais réelle, de l'emprisonnement [85]. Cela constitue l'illustration parfaite de la dissonance cognitive qui caractérise ce métier. Malgré le sentiment diffus de culpabilité des surveillants lié à la reconnaissance de cette souffrance infligée aux détenus et au rôle qui est le leur, le soutien moral aux détenus leur apparaît de plus en plus comme indispensable à leur réinsertion sociale. Certains surveillants réduisent leur apport à la réinsertion

---

84. V. A.E. MOLINA, *L'enfermement,* éd. Klincksieck, Paris, 1989, 369 p.

85. V. en ce sens, J.P. DELMAS SAINT-HILAIRE, La prison, pourquoi faire ?, *In Problèmes Actuels de Science Criminelle,* Tome VII, P.U.A.M., 1994, pp. 37-38.

sociale des détenus à cette aide, tant il est vrai que par leur proximité physique et matérielle, ils peuvent les aider à se prendre en charge. En effet, aider un détenu à éviter l'inhibition, à être accepté par les autres, participe d'une démarche d'insertion ou de réinsertion. C'est pourquoi certains surveillants définissent leur apport à la réinsertion sociale des condamnés à la privation de liberté par cette aide : « *Aide morale de tous les instants* » (Surveillante, MAF), « *Un soutien moral, des encouragements, des conseils, de la stimulation* » (Surveillante, CD), « *Le soutien moral, la persévérance, la reconnaissance et l'acceptation d'elles-mêmes* » (Surveillante, CD).

Quoique nécessaire, voire inéluctable dans une relation devenue de plus en plus sociale [86], le soutien moral aux détenus apparaît néanmoins comme un danger pour les surveillants susceptible de ruiner leur autorité. Il peut être le signe d'une trop grande identification aux détenus, une perte de distance [87]. Cette identification aux détenus comporte le risque de perte d'identité avec la confusion des statuts et des rôles dans un univers où l'asymétrie de la relation est une condition sine-qua-non à son équilibre et sa pérennité. C'est le fameux « *numéro d'équilibriste* » à trouver tout le temps. Ce danger a déjà été souligné par E. Gofmann en ces termes : « il existe un danger permanent que le reclus prenne une apparence humaine. Le personnel compatissant souffrira lorsqu'il lui faudra le soumettre à un traitement rigoureux... L'aptitude des reclus à devenir objets de sollicitude de la part du personnel s'intègre parfois dans une sorte de système de réactions en chaîne. Au départ, l'employé se retire à une telle distance des reclus qu'il lui est impossible de prendre conscience des privations massives et des perturbations dont ils peuvent souffrir du fait de leur présence dans l'institution, puis il ne voit pas de contre-indication à se rapprocher affectivement de certains d'entre eux. Ce rapprochement cependant le rend vulnérable : s'il peut dès lors souffrir de ce que fait le détenu ou des peines qu'il éprouve, il en vient à constituer une menace pour l'équilibre des rapports fondés sur le maintien d'une certaine distance

---

86. V. A. LAZARUS, *Les surveillants : un corporatisme sans issue ?*, *Déviance et société*, vol. 2, n°1, 1977, p. 209.

87. V. B. CRETTAZ, MONTANDON, *Paroles de gardiens, paroles de détenus*, *op. cit.*, p. 61.

entre ses collègues et les reclus » [88]. Nul besoin d'insister sur ce danger que les surveillants connaissent bien. Il faudrait au contraire les encourager dans cet investissement relationnel avec les détenus, dans le double but d'établir un climat de confiance favorable à la gestion de la détention et à l'accompagnement pénitentiaire des détenus. Encore faut-il pour cela que les surveillants disposent d'éléments nécessaires à la connaissance du détenu, pour entretenir la communication.

2. Les bases de la communication

Le problème que pose toute communication et *a fortiori* toute cohabitation, est celui de la connaissance de l'autre. Dans sa relation avec le détenu, le surveillant de prison est celui qui a le plus besoin d'éléments biographiques pour mieux connaître le détenu : son profil pénal, son histoire, ses possibilités et aspirations. L'histoire du détenu apparaît ainsi comme un bon support de communication avec lui. Or en règle générale, le surveillant n'a pas à connaître, ou bien sûr à chercher à connaître, les délits commis par les détenus. Cette règle se justifie par la nécessité de protéger les détenus contre des réactions émotionnelles que pourraient entraîner chez les surveillants la connaissance de leurs délits. Le souci d'uniformité de traitement à l'égard de tous les détenus explique cette position de principe. Or, l'univers carcéral est réputé être ce monde où « tout se sait mais rien ne peut se dire » [89]. Cela signifie que les surveillants connaissent ou ont les moyens de connaître la nature des délits commis par les détenus. Cette règle entretient non seulement l'hypocrisie du milieu carcéral, mais aussi et surtout l'infantilisation des surveillants. Tout se passe comme si les surveillants n'étaient pas capables d'adopter une attitude professionnelle dans leur relation avec les détenus.

---

88.   V. E. GOFFMAN, Asiles, *op. cit.* ; D. LHUILLIER & N. AYMARD, *op. cit.*, p. 172.

89.   V. D. LHUILIER & col. (1997), *op. cit.*, p. 131.

Les initiateurs du projet d'exécution de peine (PEP) ont eu à coeur le changement d'une telle situation. Désormais le surveillant peut prendre connaissance du parcours pénal du détenu grâce au « livret du détenu » dont l'une des pièces constitutives est la « synthèse du dossier pénal ». Ce dossier pénal contient des éléments biographiques du détenu (Nom, prénom, âge, nationalité), ainsi que l'infraction commise et la condamnation. Il convient d'encourager les surveillants à utiliser désormais ces éléments pour alimenter la communication avec les détenus. D'autant plus que la « synthèse du dossier pénal » précise la date de fin de peine, la date légale d'accès à la libération conditionnelle, la date légale des mesures d'individualisation de peine et les antécédents pénitentiaires. Tous les éléments du versant pénal sont réunis pour permettre aux surveillants de jouer pleinement leur rôle de référent dans le cadre de leur mission éducative.

B - Le « travail éducatif limité » des surveillants de prison dans la relation avec les détenus

Pour 29% de surveillants, leur apport à la réinsertion sociale des détenus se réalise au travers d'un travail éducatif limité. Celui-ci concerne à la fois l'apprentissage des règles de vie en société, le respect des règles d'hygiène et la discipline. Il s'agit en somme de « *participer à une vie proche de la vie extérieure. Imposer, appliquer les mêmes règles de vie qu'à l'extérieur. Inciter le sens de responsabilité, le respect des autres, développer les obligations de devoir* » (Surveillante, CD).

1. « Participer à une vie proche de la vie extérieure »

Participer à une vie proche de la vie extérieure est devenu le *leitmotiv* de l'institution pénitentiaire [90]. Il s'agit en réalité d'éviter ou pour le moins, de réduire les effets désocialisants de l'univers

---

90.   V. en ce sens, P. COMBESSIE, L'ouverture des prisons et l'écosystème social environnant, *Droit et société*, n°28, 1994, pp. 629-636 ; J.H. SYR, Surveillant de prison : une profession en devenir, *Rev. sc. crim.*, 1992, p. 287 et s.

carcéral [91]. Les surveillants s'inscrivent bien dans cette démarche et pensent, à juste titre, par leur présence, participer à la réinsertion sociale des détenus en évitant de les désinsérer encore un peu plus : « *Le surveillant est l'interlocuteur privilégié. Dans sa relation quotidienne avec le détenu, le surveillant peut apporter les éléments de base de la société qui tendent à disparaître du fait même de l'incarcération (microcosme)* » (CSP2, CD 13 000). En ce sens, tous les « petits rien » que les surveillants peuvent apporter quotidiennement aux détenus prennent un relief particulier. Ils contribuent à la réinsertion sociale des détenus, ainsi que l'expriment certains d'entre eux : « *Apprendre à se lever le matin, se doucher, faire son lit, son ménage, être poli, respecter autrui. Voilà ce que le surveillant peut apprendre au détenu. Tout ceci afin qu'à la sortie il vive comme un citoyen normal* » (Surveillante, CD 13 000) ; « *On peut leur donner goût au travail, leur permettre de ne pas "sombrer" car cela est facile en prison. Obtenir des diplômes...* » (Surveillante, MAF) ; « *L'obliger à respecter les horaires, le pousser à gérer son compte nominatif seul. Pour certains, leur réapprendre le respect de soi et des autres* » (Surveillante, CD 13 000).

Ce travail éducatif est certes limité. « *D'abord à cause de la conjoncture économique. Ensuite on a une faible marge de manœuvre. Beaucoup de détenus ne sont pas réceptifs à nos propos, soit qu'ils viennent d'un surveillant (méfiance), soit que la réinsertion n'est pas leur idée principale* » (Surveillant, CD 13 000). Mais l'incitation à se prendre en main, à se responsabiliser, se former, apporte au détenu un souffle nécessaire à son évolution,

---

91. G. LEMIRE parle de prisonniérisation des personnes incarcérées. Ce terme emprunté à CLEMMER (The prison community, New-York, Helt, 1940) sert à décrire l'assimilation du détenu par le milieu carcéral. Pour Clemmer, les personnes incarcérées ont peu de chances d'être réhabilitées lorsqu'elles sont prisonniérisées et, s'il y a réhabilitation, c'est en dépit des influences nocives de la prison ; V. G. LEMIRE, *Anatomie de la prison*, PUM, Economica, 1990, pp. 16-18. Certains auteurs utilisent le concept de « socialisation secondaire ». Il s'agit du processus par lequel l'institution pénitentiaire va façonner plus ou moins durablement le détenu ; V. WELZER-LANG & col., *op. cit.*, p. 41.

« *une envie d'apprendre, de respecter, d'endurer des contraintes, la politesse et se prendre en charge sur les points où c'est possible* » (Surveillant, CD 13 000). C'est la raison pour laquelle certains surveillants pensent que le mot «*socialisation convient plus à la majorité des détenus que resocialisation. Quant à l'apport possible, il ne réside que dans la tentative d'éviter d'aggraver ce déficit* ». (Surveillant, CD 13 000). Ainsi, le surveillant « *doit faire prendre conscience au détenu qu'il doit continuer d'être comme au dehors (discipline avec lui-même, se laver, hygiène alimentaire, respect autrui...). Le surveillant doit essayer de rectifier et remettre en place tout ce que le détenu a oublié, de la socialisation* » (Surveillante, MAF).

2. L'apprentissage du respect des lois et des autres

Le rôle éducatif des surveillants de prison envers la population pénale est indéniable. Le rappel des règles est essentiel dans l'éducation. Or, le métier de surveillant de prison consiste également à apprendre aux détenus le respect des règles de vie et à se respecter les uns les autres. De petites choses qui paraissent anodines, mais qui sont importantes dans la réinsertion sociale car elles participent à l'amendement des personnes incarcérées. Dès lors, la principale argumentation des surveillants de prison qui consiste à dire : « *Nous n'avons pas le temps de faire de la réinsertion , notre métier est incompatible avec la réinsertion* » [92], est prise à contre-pied. Dans la réalité quotidienne de la détention, « *le surveillant doit avant tout rééquilibrer le détenu dans les normes de la société : se lever, dire bonjour, avoir une certaine obéissance au règlement, pour pouvoir respecter les lois* » (Premier surveillant, CD). Par conséquent, la tâche des surveillants de prison envers les détenus consiste à « *leur inculquer certaines valeurs, leur faire comprendre que l'on obtient pas les choses par la force, mais par le respect et l'honnêteté. Quand les détenus ne respectent rien en prison, pourquoi*

---

92. Cette argumentation des surveillants de prison a une double explication : la réduction de la notion de réinsertion des détenus à sa seule dimension sociale et l'évolution de la société vers la valorisation des professions sociales, source de dévalorisation de l'uniforme.

respecteraient-ils quelque chose à l'extérieur ? » (Surveillant, CD 13 000).

L'amendement des détenus est bien compris par les surveillants de prison comme préalable à leur réinsertion sociale. Celui-ci exige « *une rigueur dans le mode de vie et dans l'éducation des détenus* » (Surveillant, CD 13 000), que les surveillants leur apportent sous des aspects multiformes : « *Apprentissage de l'hygiène, Respect des autres et de soi-même, Sens du partage et de la vie en collectivité, Acceptation des règles et de la discipline* » (Surveillante, CD). Sans conteste, « *le surveillant apporte beaucoup à la réinsertion sociale, mais cela reste très limité à cause de la hiérarchie tout d'abord et surtout afin de ne pas se compromettre. Les relations ne doivent pas devenir trop familières et porter à confusion, d'où la fragilité des relations* » (Surveillante, CD). Cette fragilité des relations relativise pour certains surveillants de prison leur apport à la réinsertion sociale des détenus. Ils le définissent alors en terme optatif : « *éventuellement apprendre à respecter les règles de la vie en société, mais uniquement s'ils ont des dispositions et nous manquons de moyens* » (Surveillant, CD 13 000). La fragilité des relations avec les détenus est d'autant plus ressentie que les surveillants ne se sentent pas soutenus par leur hiérarchie, ni pour plus d'investissement dans la « relation éducative » avec les détenus, ni pour une gestion rigoureuse de la détention.

§ II : La gestion rigoureuse de la détention par les surveillants de prison

C'est assurément par une gestion rigoureuse de la détention que les surveillants participent le mieux à la réinsertion sociale des détenus. Cette gestion exige des qualités relationnelles certaines pour être capable de « *dire oui quand il faut dire oui et non quand il faut dire non* ». Une telle attitude professionnelle est indispensable à la fonction de maintien de l'ordre des surveillants de prison [93]. En effet,

---

93.　V. J.C. FROMENT, La République des surveillants de prison, *op. cit.*, p. 113 et s.

la discipline en prison est non seulement indispensable à l'équilibre de l'établissement [94], elle est aussi structurante et rassurante pour les détenus. Si un détenu se sent protégé en prison, il aura l'esprit libre pour élaborer un projet de sortie. La discipline pénitentiaire a ainsi vocation à contribuer à la resocialisation du condamné à la privation de liberté, dans la mesure où elle représente « un élément d'apprentissage, d'intégration de l'interdit et du permis » [95]. La loi du 22 juin 1987, relative au service public pénitentiaire [96], en édictant que l'ordre et la discipline sont des conditions indispensables à l'organisation de la détention, oriente conjointement les fonctions de garde et de surveillance et les fonctions de resocialisation [97]. Dans cette optique, le personnel de surveillance doit faire preuve de beaucoup de vigilance en détention (A) pour non seulement protéger les détenus contre eux-mêmes et contre les autres, soutenir leurs activités de « réinsertion », mais également les rappeler à l'ordre lorsque les règles établies (règlement intérieur, consignes, recommandations et ordres divers) sont violées. Un tel apport à la réinsertion sociale des détenus est en soi inestimable. Il mérite d'être formalisé afin non seulement d'en persuader les surveillants eux-mêmes au même titre que l'opinion publique, mais aussi et surtout de favoriser la valorisation sociale de la profession de surveillant de prison (B).

A - Surveillance et vigilance en détention

Fondée sur l'idée que le surveillant doit « avoir l'oeil et l'oreille » partout, être « en alerte tout le temps » [98], la vigilance en prison

---

94. V. en ce sens, M. VARAUT, *La prison pour quoi faire ?*, Ed. La Table ronde, 1972, p. 85 ; V. ég. M. FIZE, *La répression disciplinaire dans les prisons françaises métropolitaines au XIXè siècle*, Centre national d'études et de recherches pénitentiaires, Ministère de la Justice, Coll. Archives pénitentiaires, 1982, 57 p.

95. V. J.P CÉRÉ, *op. cit.*, p. 16.

96. *J.O.* du 23 juin 1987, p. 6775.

97. V. E. PECHILLON, *op. cit.*, p. 331 ; J. PRADEL, Le nouveau régime disciplinaire des détenus depuis le décret du 2 avril 1996. Une révolution en droit pénitentiaire, *Rec. Dalloz*, 1996, chron., p. 319.

98. V. G. CASADAMONT, Thèse, *op. cit.*, p. 138.

apparaît comme une exigence indispensable [99]. Elle vise essentiellement la sécurité de l'établissement et « la détention de la détention ». Il est dès lors pertinent d'examiner l'usage que le surveillant fait d'une telle exigence professionnelle pour procéder à la fois au rappel des règles auprès des détenus et au soutien des activités socioculturelles en prison.

1. Le rappel des règles en détention

Comme il a été souligné précédemment, le rappel des règles auprès des détenus est une pratique quotidienne des surveillants de prison qui illustre leur participation à la réinsertion sociale des détenus. Par conséquent, l'incompatibilité communément admise entre les deux missions des surveillants de prison (garde et réinsertion) n'est que le fruit du malentendu pénitentiaire. Il en est de même de l'argument de « manque de temps pour se consacrer individuellement aux détenus ». Ces deux arguments procèdent toujours de la réduction de la notion de réinsertion sociale à seule dimension sociale, puisque se « consacrer individuellement aux détenus » correspond en réalité à l'activité du personnel socio-éducatif. C'est dans ce sens que s'inscrit le propos suivant : *« Les surveillants peuvent apporter quelque chose si on leur en donne les moyens. Il faudrait plus de surveillants pour que les uns fassent la sécurité et les autres la réinsertion »* (Entretien collectif, service du personnel, MA). Néanmoins, le dernier argument a une part de vrai. Les surveillants font justement allusion à la surpopulation pénale et à leur infériorité numérique lorsqu'ils l'évoquent. Effectivement, quand le surveillant se trouve confronté à cette surpopulation pénale, son efficience au regard du rappel des règles baisse sensiblement [100] pour deux raisons : soit parce que ses capacités d'observation sont amoindries en raison de cette surpopulation, soit parce que conscient

---

99. V. en ce sens, A. CHAUVENET & col., 1992, *op. cit.*, pp. 31-33.

100. V. en ce sens, M.A. PEANO, *Surpopulation carcérale et politique criminelle (1945-1990)*, Thèse, Bordeaux I, 1990, p. 101 et s. ; J.P CÉRÉ, *op. cit.*, p. 76 et s.

de cette infériorité numérique il renonce à adresser des remontrances aux détenus pour éviter tout conflit. En tout état de cause, le surveillant de prison reste un « professionnel du contact humain difficile » [101]. A ce titre, il est à même d'apporter aux détenus les notions de base nécessaires à leur réinsertion sociale : les règles élémentaires de la vie en société. Par sa position d'interface entre la prison et l'extérieur, le surveillant de prison est également appeler à veiller à l'installation des activités socioculturelles en détention.

2. *Le soutien des activités socioculturelles en détention*

Le soutien des activités *dites* de « réinsertion sociale » des détenus par les surveillants est constamment évoqué en milieu pénitentiaire comme étant leur apport à la réinsertion sociale . Cela sans doute parce que les surveillants sont tenus d'inciter les détenus à participer aux différentes activités, mais aussi parce qu'ils créent les conditions d'installation de celles-ci. Ils assurent la sécurité de l'établissement pénitentiaire pour que les diverses interventions des éducateurs, psychologues, instituteurs et des divers animateurs aient lieu. Par une gestion rigoureuse de la détention, les surveillants veillent au respect des règles de discipline sur les lieux de travail. Cette exigence est d'autant plus importante que le travail pénitentiaire contribue sérieusement à la réinsertion sociale des condamnés à la privation de liberté. Il leur permet d'acquérir une formation professionnelle qui les aidera à gagner honnêtement leur vie par la suite [102]. Le surveillant de prison est ainsi partie prenante à ce processus. Il l'est à double titre : tout d'abord passivement, par la garde des détenus et la sécurité qu'il assure sur les lieux de « réinsertion » (atelier, pool de formation, terrain de sport), ensuite activement par l'incitation qu'il peut exercer auprès du détenu pour l'encourager à suivre une formation professionnelle ou à travailler. Il peut ainsi essayer de rendre à la personne incarcérée une image

---

101. V. G. BONNEMAISON, La modernisation du service public pénitentiaire, *op. cit.*, 106 p.

102. V. C. PAUCHET, *op. cit.*, p. 20 ; G. VIALLA, Jeunes et insertion professionnelle, *Rév. pénit.*, n°3, juil.-sept. 1985, p. 229 ; H. DE VARINE, Notes sur l'insertion, du discours à la pratique, *Bulletin du C.L.C.J., l'insertion en questions*, Bordeaux, n°15, 1988, pp. 8-10 ; V. ég. Art. D101, al.2, CPP.

positive d'elle-même. Le problème qui se pose dans la pratique est celui de la valorisation de la mission de garde, de lui reconnaître une utilité sociale [103]. Cette reconnaissance sociale permettrait de parvenir à la reconnaissance sociale tant réclamée par le personnel de surveillance. Les surveillants de prison pourraient davantage responsabiliser les détenus qui leur sont confiés si la réglementation pénitentiaire était ajustée à la réalité carcérale qui exige de leur part des marges de manoeuvres relationnelles avec les détenus. Le surveillant de prison deviendrait dans une telle hypothèse davantage le « référent » que le surveillant. Et la profession de surveillant de prison n'en serait que plus valorisée. Cela n'est pas une utopie. Le système carcéral soumis plus que tout autre à une pression sociale a beaucoup de chances de transformation [104].

B - *La valorisation de la profession de surveillant de prison*

Dans le modèle industriel exposé dans le chapitre introductif, le surveillant est apparu comme un « technicien » qui, par la permanence de sa présence, favorise le processus de production de « l'homme intègre » à partir du matériau « homme délinquant », en détectant à temps toutes les imperfections ou tous les obstacles à surmonter pour arriver à un produit parfait. Cette analogie n'est pas excessive. L'analyse de leur travail quotidien permet de constater que les surveillants sont effectivement des « professionnels de réinsertion ». D'aucuns trouveront que c'est bien sympathique pour ce personnel souvent méprisé et ignoré. Pourtant la réalité est toute autre. Les surveillants travaillent sur le versant pénal de la réinsertion sociale des condamnés à la privation de liberté. Ils leur apportent des éléments nécessaires à leur amendement durant la phase pénitentiaire. Or, l'amendement des condamnés est une

---

103. V. en ce sens, N. KROMMENACKER, Surveillant pénitentiaire, un consultant pour une possible métamorphose, *Rev. pénit.*, juin 1992, p. 171.

104. V. M. COLIN et J. M. ELCHARDUS, Faut-il construire des prisons nouvelles ou de nouvelles prisons ?, *Rev. int. crim. pol. techn.*, vol. XLII n°1, 1989, p. 44.

condition *sine-qua-non* à une réinsertion sociale réussie. L'affirmation selon laquelle, les surveillants assurent la garde et l'entretien des détenus, la sécurité de l'établissement et des divers intervenants en prison, le respect du règlement intérieur, l'ordre et la discipline en prison, ne soulève aucune polémique. Et pourtant elle signifie la même chose : les surveillants sont des professionnels de la réinsertion. Une telle affirmation est d'autant plus vrai que la discipline en prison a changé de but et de méthode. Elle apparaît désormais comme un moyen de formation, de redressement et de réadaptation du condamné [105].

Les surveillants ne devraient pas avoir de complexe quant à leur apport à la réinsertion sociale des condamnés à la privation de liberté. Ils y participent beaucoup plus qu'ils ne le croient et beaucoup plus que ne le pense l'opinion publique. Mais le malentendu pénitentiaire brouille la visibilité de leur apport. Le problème se situe alors au niveau imaginaire. C'est à ce niveau qu'il conviendrait de travailler pour parvenir à modifier la représentation négative de la profession de surveillant de prison. Diverses voies peuvent être explorées en ce sens :

1°) **Intensifier l'information et la formation des surveillants de prison** autour de cet apport à la réinsertion sociale des détenus. Le but de cette démarche sera, bien sûr, de leur faire comprendre que c'est au titre de leur mission de garde, de sécurité et d'entretien des détenus qu'ils participent à la réinsertion sociale des détenus. Il s'agira en clair de leur montrer sans cesse qu'ils apportent à la réinsertion une composante particulière : l'amendement des détenus. Le considérant n°6 de la décision du 20 janvier 1994 du Conseil constitutionnel serait, dans cette perspective, pertinent. La tâche n'est pas très ardue car, comme le souligne J. Pinatel, chacun y trouve son compte. Il y a d'abord « les détenus qui ont intérêt au maintien du statu-quo. Ils souhaitent le maintien de la discipline traditionnelle, basée sur un règlement rigide, car elle prévient et canalise les conflits entre détenus, tout en limitant la liberté d'action du personnel...

---

105. V. B. BOULOC, *Pénologie, Exécution des sanctions adultes et mineurs,* 2è éd., Dalloz, 1998, p. 163 ; V. ég. E. PECHILLON, Sécurité et droit du service public pénitentiaire, *op. cit.,* p. 330 ; M. HERZOG-EVANS, La réforme du régime disciplinaire dans les établissements pénitentiaires, *Rev. pénit.,* 1997, p. 9.

Le personnel est lui aussi extrêmement attaché à la discipline traditionnelle, car c'est le seul critère sur lequel sa réussite peut être jugée. Il voit une grave menace dans les qualifications nouvelles que, dans la perspective du traitement, on devrait lui exiger. Mais le personnel traitant a lui aussi intérêt au maintien de *statu-quo*. Les psychiatres et psychologues apparaissent soucieux de conserver leur position protégée (cantonnée dans le diagnostic et la classification). Ils font, de la sorte, involontairement obstacles à des innovations qu'ils sont les premiers à préconiser » [106]. Lorsque les surveillants auront des repères précis en relation avec la mission de réinsertion sociale des détenus [107], lorsqu'ils prendront conscience de l'importance de la permanence de leur présence auprès des détenus, lorsqu'enfin la hiérarchie appréciera à cette juste valeur leur apport, alors changera l'univers pénitentiaire. Surtout celui des surveillants de prison. Ils auront enfin la reconnaissance de leur hiérarchie et des autres personnels. Ils seront simplement reconnus comme « professionnels de la réinsertion ». Beaucoup de surveillants en sont persuadés. Ils sentent en effet que malgré les différentes pesanteurs [108], l'Administration pénitentiaire bouge et qu'eux-mêmes changent aussi : *« Il y a eu beaucoup d'évolution, mais le travail n'est pas fini. En 10 ans on a déblayé, maintenant il faut affiner »* (CSP2, CD 13 000).

2°) Travailler à la modification de la perception du travail des surveillants. Ce travail sur l'opinion publique est plus difficile,

---

106. V. J. PINATEL, La prison peut-elle être transformée en institution de traitement ?, *Annales internationales de criminologie*, 1969, vol. 8, n°1, pp. 65-66.

107. Le plan pluriannuel de l'Administration pénitentiaire (Loi n°95-9 du 6 janvier 1995 complétée par certaines dispositions de la loi n°95-125 du 8 février 1995) prévoit une "remise" à jour des contenus des métiers pénitentiaires. Ce chantier devrait déboucher sur l'élaboration de "référentiels métiers" permettant à l'ensemble des fonctionnaires de mieux se situer par rapport aux missions de leur service public, et par conséquent, d'y être efficaces. V. A. BLANC, « L'Avenir de la réinsertion », *In La réinsertion des délinquants : Mythe ou réalité ?*, PUAM, 1996, p. 266.

108. V. R. CARIO, Pour une approche globale et intégrée du phénomène criminel, 2è éd., *op. cit.*, p. 173 et s.

puisqu'il y a souvent persistance de la première information. Mais lorsqu'on aura modifié en premier lieu l'image de la profession auprès des surveillants eux-mêmes, la moitié du travail aura été faite. Des surveillants bien dans leur peau renverront immanquablement une image positive d'eux-mêmes. Ils parleront plus aisément de leur travail en identifiant clairement leur rôle. Il conviendra ensuite de sensibiliser objectivement et régulièrement le public aux réalités professionnelles des surveillants de prison [109] (amendement des détenus, entretien des détenus, soutien moral des détenus, discipline et sécurité en détention).

3°) **L'ensemble de ce travail devrait être appuyé par une évolution doctrinale** de la notion de réinsertion sociale. Cette évolution pourra paraître à certains comme une régression à la période doctrinale de C. Lucas, notamment à la théorie de l'emprisonnement [110]. Qu'à cela ne tienne, il n' y a aucune honte à réhabiliter une ancienne théorie. Surtout si elle est ajustée à la réalité nouvelle. Il convient de noter à cet égard que ce processus a déjà été amorcé par le Conseil constitutionnel [111]. Il n'y a aucun doute à ce que la doctrine puisse profiter de la brèche ouverte, pour pousser la porte de la réflexion sur la réinsertion sociale des détenus, notamment dans son aspect théorique [112].

Ces trois voies peuvent sans doute contribuer à la reconnaissance sociale de la profession de surveillants de prison, puisque appréciée à sa juste valeur, comme le réclament sans cesse les intéressés : « *Je souhaite que par l'intermédiaire de tous ceux qui, comme vous, prennent la peine de venir voir de leurs propres yeux qui nous*

---

109. Sur l'information de l'opinion publique, V. A. SAUVY, *L'opinion publique*, Quadrige, P.U.F., 1997, p. 23 et s. ; Comp. R. CARIO, *op. cit.*, p. 120.

110. V. C. LUCAS, *De la réforme des prisons, ou de la théorie de l'emprisonnement, de ses principes, de ses moyens et de ses conditions pratiques*, T.1, T.2 et T.3 (3 vol.), Paris, éd. E. Legrand & C. Descauriet, 1836-1838 (390 p.,463 p., 631 p.).

111. V. Déc. n° 93-334 du C.C. du 20 jan. 1994, *JO* du 26 janv. 1994, p. 1380.

112. Il convient de saluer, en ce sens, l'initiative prise par l'Université de droit, d'économie et des sciences d'Aix-Marseille, en organisant à l'occasion de 50e anniversaire de la réforme Amor, une université d'été (du 18-21 septembre 1995) sur le thème : "La réinsertion des délinquants : Mythes ou réalité ?"

sommes, nous arriverons à nous faire reconnaître à notre juste valeur » (Première surveillante, CD Rennes).

La conclusion de ce chapitre consacré à la phase pénitentiaire de la réinsertion sociale des condamnés à la privation de liberté s'impose d'elle-même. Simplement. Elle fait apparaître la nécessité pour un établissement pénitentiaire de fonctionner sur la base du respect des règles instituées par le règlement intérieur en développant, comme l'indique A. Blanc, « une véritable pédagogie institutionnelle d'accès aux droits et de respect des obligations » [113]. Il est en effet inutile de s'investir dans de coûteux programmes socio-éducatifs si ceux-ci n'intègrent pas les notions de respect des obligations, de développement de la citoyenneté et d'accès aux droits. La discipline en prison doit alors permettre la régulation de la vie en détention par le respect des règles établies, en évitant au maximum de recourir à l'arbitraire. Une telle exigence est d'autant plus indispensable, que la délinquance est toujours l'expression d'un rapport de force en violation de la loi. Mais le respect des normes établies ne saurait occulter la dimension affective et sociale des détenus. Il apparaît dès lors nécessaire d'articuler la phase pénitentiaire avec la phase affective et sociale dans la perspective de la réinsertion sociale des condamnés à la privation de liberté.

---

113. V. A. BLANC, *op. cit.*, p. 255.

5

La phase affective et sociale de la réinsertion sociale des détenus

Comme précédemment indiqué, la phase affective et sociale est la troisième étape du processus de réinsertion sociale des condamnés à la privation de liberté. Elle intéresse plus particulièrement le personnel socio-éducatif, à savoir les conseillers d'insertion et de probation, les assistances sociales, les instituteurs et les différents animateurs extérieurs des activités socioculturelles en prison. Le travail de tous ces professionnels s'exerce en vue de favoriser l'enracinement du libéré dans la société. Il s'agit d'apporter aux détenus durant cette phase, des éléments culturels et professionnels pertinents, mais aussi des éléments matériels (hébergement, contrat de travail ou promesse d'embauche, pécule) et affectifs (liens familiaux et sociaux) indispensables à cet ancrage social (Section 1).

Se déroulant durant l'incarcération et au-delà (milieu ouvert et suivi post-pénal), la phase affective et sociale de la réinsertion des condamnés à la privation de liberté exige des articulations adéquates, dans le cadre d'une équipe pluridisciplinaire, avec les deux précédentes phases : la phase criminologique et la phase pénitentiaire. C'est la raison pour laquelle il paraît indispensable de mesurer les caractéristiques des missions du personnel socio-éducatif et leurs articulations avec celles des surveillants de prison, sujets principaux de cette recherche (Section 2).

Section I : L'ancrage social des détenus

La réinsertion sociale en prison s'appuie sur la présomption de variabilité du détenu. Elle part du postulat que les événements survenant dans la vie d'un adulte peuvent fort bien le conduire à abandonner le crime. Comme la responsabilité pénale découle du libre arbitre, il s'en suit que les condamnés privés de liberté, lorsque l'occasion leur est donnée d'apprendre des modèles de comportement positif dans le cadre institutionnel, sont capables de modifier leur comportement futur. C'est la raison pour laquelle M. Cusson soutient qu' « un mariage heureux et un emploi intéressant peuvent exercer une influence décisive et conduire un délinquant à prendre un virage qui changera sa vie : il tissera un nouveau réseau de relation, il s'enracinera dans le monde du travail et il sera peu à peu enserré dans un tissu d'obligations mutuelles incompatibles avec un style de vie criminel » [1]. Cependant, quelques réserves s'imposent. Il s'agit notamment de celles relatives à l'absence de maîtrise des causes du comportement déviant, résultant de l'interaction entre les processus endogènes et les conditions exogènes. Dans ces conditions, la réinsertion sociale des condamnés à la privation de liberté apparaît comme un pari. C'est pourquoi la présomption de réinsertion est maintenue comme sens de l'action pénitentiaire. D'où l'investissement de l'Administration pénitentiaire dans les activités socioculturelles, le maintien des liens familiaux, le travail pénal et la formation professionnelle des détenus, qui constituent l'essentiel du travail social dans les établissements pénitentiaires (§ 1). Comme la réinsertion sociale suppose la réintégration de l'individu dans le groupe social à l'issue de la peine, c'est-à-dire, à l'extérieur de la prison, la mission de réinsertion sociale en prison ne peut se concevoir que dans une interaction avec le milieu ouvert, dans le cadre d'un suivi post-pénal (§ 2).

---

1. V. M. CUSSON, Fondements empiriques de la réinsertion, *op. cit.*, p. 115.

§ I : Du travail social en prison

Il est difficile d'aborder la question du « travail social »[2] en prison sans se souvenir de l'avertissement suivant de J. Faget : « on ne peut pas sérieusement parler d'un travail social en milieu fermé. On y dénombre quelques rares travailleurs sociaux marginalisés par l'administration, pas toujours bien acceptés par le personnel de surveillance, manquant de tout moyen décent pour entreprendre, submergés par la tâche et qui, après quelques années de dévouement mal récompensé, rêvent généralement de regagner le milieu ouvert »[3]. Les inconvénients de la privation de liberté dans la perspective d'une réinsertion sociale des détenus sont notoires. Ils sont consécutifs aux différentes fonctions que la prison est appelée à jouer dans toute société moderne[4], mais surtout à la dimension sécuritaire inhérente à tout régime de détention. C'est ainsi que les projets de réinsertion passent bien souvent au second plan derrière les impératifs de maintien de l'ordre. De surcroît, l'insuffisance de moyens matériels et en personnels[5] cantonne les travailleurs sociaux dans des rôles de standardiste et « d'agent d'ambiance ». Pourtant, les principes de réinsertion sociale et d'individualisation des peines, qui justifient officiellement leur action, sont indispensables au bon fonctionnement de l'univers carcéral. Il convient alors d'accorder une place importante à la dimension affective et sociale du condamné à la privation de liberté, conçue dans la perspective de sa réinsertion sociale, en rapport avec l'extérieur. Cette dimension affective et

---

2. Pour plus de détails sur la naissance et la signification du travail social, V. J. ION & J.P. TRICART, *Les travailleurs sociaux*, Ed. La Découverte, 1998, p. 11 et s. ; J. VERDES-LEROUX, *Le travail social*, les Editions de Minuit, Le sens Commun, Paris, 2è éd., 1981, 273 p.

3. V. J. FAGET, *Justice et travail, Le rhizome pénal*, Ed. Erès, 1992, p. 160.

4. V. M. CUSSON, *Pourquoi punir ?*, Dalloz, 1987, 203 p. ; J. PINATEL, Philosophie carcérale, technologie politique et criminologie clinique, *Rev. sc. crim.*, 1975, p. 757 ; P. PONCELA, *Droit de la peine*, P.U.F., 1995, p. 79.

5. V. pour illustration, les propos suivants : « *On est une équipe de 1,7 personnes, pas de secrétariat, pas de chef de service, pas de machine à écrire. Il faut être nombreux pour faire du bon boulot. On est débordé par des tâches de standardisme (téléphone) et les courriers. Il y a plusieurs tâches de secrétariat et de chef de service (démarchage à l'extérieur, représentation, etc.)* » (Entretien collectif, Service socio-éducatif, MA)

sociale comporte différents aspects : l'entretien des liens affectifs et sociaux, l'incitation à la responsabilité, le développement de la « compétence sociale » [6], le maintien du désir de sortir du condamné à la privation de liberté et l'aide à l'élaboration des projets réalistes. Les travailleurs sociaux doivent s'efforcer de proposer aux détenus des programmes adaptés à leurs besoins et à leur personnalité, au coeur de l'institution pénitentiaire [7] génératrice d'effets souvent désocialisants sur la population pénale. Dès lors, leurs missions auprès de la population pénale consistent à lutter contre ces effets désocialisants de l'emprisonnement (A) et à préparer leur réinsertion sociale (B).

A - La lutte contre la désocialisation des détenus

Le service socio-éducatif, institué au sein de chaque établissement pénitentiaire, a pour mission de participer à la prévention des effets désocialisants de l'emprisonnement sur les détenus, de favoriser le maintien de leurs liens sociaux et familiaux et de les aider à préparer leur réadaptation sociale [8]. Il comprend des assistants sociaux et des agents d'insertion et de probation (anciens éducateurs de l'A.P.) auxquels s'applique indifféremment le terme de travailleur social [9]. Les travailleurs sociaux des établissements pénitentiaires sont aidés bénévolement dans leur tâche par les visiteurs de prison. Leur rôle consiste à prendre en charge les détenus signalés par le service socio-éducatif, afin de les soutenir durant leur incarcération et contribuer à la préparation de leur réinsertion [10]. L'entrée en prison provoque souvent un traumatisme dont les effets - plus ou moins durables - sont renforcés par l'isolement affectif et social propre à cet univers carcéral dont le nouvel entrant ne maîtrise ni le sens, ni la pratique. Comme le soulignent A. Chauvenet, G. Benguigui et F. Orlic, « la structure de la prison est asociale, anomique et amorale. Il s'agit alors, pour

---

6.   V. M. CUSSON, Fondements empiriques..., *op. cit.*, p. 122.

7.   V. Art. D.463 CPP.

8.   V. Art. D.461 CPP.

9.   V. J. ION & J.P. TRICAT, *op. cit.*, p. 3.

10.   Art. D.472 CPP.

construire la paix d'introduire le minimum des règles qui fondent une société, c'est-à-dire un principe de coopération et d'échange compatible néanmoins avec les exigences de sécurité, des règles de sociabilité, la négociation et une morale de la coexistence » [11].

1. L'isolement affectif et social des détenus

L'isolement affectif et social des détenus est une conséquence évidente de l'emprisonnement. L'importance que les travailleurs sociaux accordent à la lutte contre cet isolement affectif est d'autant plus grande que celui-ci est présenté comme l'un des facteurs de déshumanisation du détenu [12] : « *Tant que l'A.P. aura des carences dans le respect de l'homme et sa dignité, notre rôle sera d'abord de restaurer cela* » (Entretien collectif, Service socio-éducatif, MA). Exemple parmi une multitude d'autres, ces propos, en apparence misérabilistes, soulèvent la question de l'humanisation des conditions de détention comme préalable à toute mission de rééducation en prison. L'analyse organisationnelle de la prison faite par G. Lemire [13] permet de distinguer deux façons d'incarcérer et d'être incarcéré : coercitive et normative. L'humanisation des conditions de détention est au centre des préoccupations de l'établissement normatif. Elle consiste à mettre en place des conditions de détention acceptables et à libéraliser le régime de vie. Cela constitue un préalable à un programme de rééducation mais ne peut y être identifié. L'établissement de type coercitif est basé sur la force, la peur et l'arbitraire. Il se caractérise par des conditions de détention dures, menant souvent à l'aliénation et à la révolte [14]. En dépit des avancées significatives opérées en France dans le sens de l'humanisation des conditions de détention [15] (suppression du

---

11. V. A. CHAUVENET, G. BENGUIGUI et F. ORLIC, *Le monde des surveillants de prison*, Paris, PUF, 1994, p. 81.

12. V. J. LESAGE de la HAYE, *La guillotine du sexe. Misère sexuelle en prison*, Laffont 1978, Coll. Violence et société, 239 p.

13. V. G. LEMIRE, Anatomie de la prison, *op. cit.*, pp. 106-110.

14. V. J. VAN THUYNE, « Pour une autre prison », *Rev. de psychologie de la Motivation*, 1995, n°20, p. 93.

15. V. J. FAVARD, Des prisons, *op. cit.*, pp. 82-84 ; V. ég. A. BLANC, *op. cit.*, pp. 257-261.

costume pénal, droit d'aménager sa cellule dans les établissements pour peines, droit d'accès à la télévision dans les cellules, généralisation du droit de correspondance, instauration des parloirs sans dispositif de séparation, amélioration de l'accueil des familles), la critique des travailleurs sociaux évoquée ci-dessus, se justifie encore, car « un grand nombre d'établissements essaient de jouer sur les deux tableaux mais (...) les caractéristiques des deux modèles sont tellement opposées qu'on doit faire des choix ; et la plupart des choix, rappelons-le, se font du côté de l'organisation coercitive » [16]. Les propos tenus par les travailleurs sociaux s'inscrivent finalement dans la logique de l'organisation normative, cherchant à rapprocher davantage la prison de la normalité des sociétés démocratiques, en termes de droits et de responsabilités.

En tout état de cause, la réalité quotidienne des détenus, caractérisée par de nombreuses privations [17], notamment affectives et sociales, réduit les travailleurs sociaux au rôle de relais d'informations intérieur. Il s'agit concrètement de répondre aux différentes demandes des détenus, exprimant souvent un besoin d'écoute. Les travailleurs sociaux jouent un rôle de tampon entre le détenu et l'extérieur. Ils sont des intermédiaires obligés [18]. Par le discours et grâce à leur connaissance des institutions, les travailleurs sociaux aident les détenus à mieux se situer en détention et à mieux vivre leur peine. Il s'agit en réalité d'éviter la désocialisation afin que les détenus ne soient pas trop déstructurés (psychologiquement et socialement) à la sortie. C'est la raison pour laquelle le maintien des contacts avec les familles reste indispensable pendant l'incarcération. Contrairement à ce que l'on pourrait penser en effet, la prison n'est pas un espace autarcique et totalement séparé du reste du monde. De multiples formes de communication sont établies entre les détenus et le monde extérieur par le biais notamment du courrier et des visites.

---

16. V. G. LEMIRE, *Ibid.*, p. 160.

17. V. M. LETENEUR, Droits et devoirs du détenu dans la pratique journalière de la vie carcérale (1945-1981), *Rev. pénit.*, n°1, 1982, p. 7 et s. ; Père CLAVIER, La vie quotidienne du détenu dans une maison d'arrêt, *Rev. pénit.*, n°4, 1982, p. 359 et s. ; P. BOTTON, Prison, *op. cit.*, p. 147 et s. ; J. DAGUERRE, La prison au quotidien, *Rev. Projet*, n°222, Dossier "Dépeupler les prisons", Eté 1990, pp. 17-22 ; J.P. DELMAS SAINT-HILAIRE, La prison, pourquoi faire ?, *op. cit.*, p. 38.

18. V. J. ION & J.P. TRICART, *op. cit.*, p. 59.

Les visites des familles ou des personnes autorisées [19] sont le plus souvent attendues avec impatience et constituent le principal espoir qui rythme la vie en détention, comme le témoigne P. Botton : « Ce n'est qu'en distribuant le petit déjeuner que le surveillant vous prévient d'une visite ou d'un transfert chez le juge d'instruction. Ce qui implique que d'autres fois, alors que vous espériez justement un parloir, vous vous trouvez fort déçu. Vingt minutes de conversation avec un proche c'est très court mais tellement précieux et d'un si grand réconfort ! » [20]. De même, la distribution du courrier en détention constitue un des temps forts de la journée et joue un rôle considérable sur le moral [21]. Le courrier est en réalité le principal moyen pour les détenus comme pour ses proches d'exprimer leur intimité perdue - même si par ailleurs les lettres sont préalablement lues par les surveillants-vaguemestres - et d'entretenir leurs liens sociaux. En conséquence, la privation de parloir au même titre que la suppression du courrier sont une des sanctions les plus craintes et les plus dissuasives dont dispose l'Administration pénitentiaire. L'importance de ces deux moyens de communication est d'autant plus grande, qu'une enquête menée par D. Welzer-Lang, L. Mathieu et M. Faure a mis l'accent sur la faiblesse du lien social dans les prisons. Pour la grande majorité des ex-détenu-e-s rencontré(e)s lors de celle-ci, leur séjour derrière les barreaux reste marqué par la solitude et l'absence de véritables liens d'amitié [22]. Même si l'entrée

---

19. Les condamnés ont droit à deux visites par semaine, et les prévenus à trois ; les mardis, jeudis et samedis. En ce qui concerne les personnes étrangères en France et n'ayant pas de famille, le SSE leur attribue des visiteurs ; V. I. GUYOT, *L'étranger incarcéré*, Thèse de doctorat en droit, Université de Pau et des pays de l'Adour, 1999, p. 388 et s. ; M. HERZOG-EVANS, Les particularités du droit pénitentiaire, *In Les cahiers de la sécurité intérieure*, n°31, Dossier "Prison en société", Premier trimestre 1998, pp. 19-34 ; J.P CÉRÉ, Réflexions sur l'isolement disciplinaire en milieu carcéral au regard des droits de l'homme, *op. cit.*, p. 113 et s. ; G. DELTEIL, *Prisons : marmite infernale*, Ed. Syros Alternatives, 1990, 249 p. ; M. HERZOG-EVANS, Droit commun pour les détenus, *Rev. sc. crim.*, 1995, pp. 621-638 ; J. BORRICAND, Migration et conflits de culture, *R.I.C.P.T.*, Vol.51, n°3, Juillet-Septembre 1998, pp. 259-267.

20. V. P. BOTTON, Prison, *op. cit.*, p. 91 ; V. ég. P. TARTAKOWSKY, La prison, *op. cit.*, p. 53.

21. V. D. WELZER-LANG & col., *op. cit.*, p. 103.

22. *Ibid.*, p. 81 et s. ; V. ég. J. GOETHALS, Les effets psychosociaux des longues peines d'emprisonnement, *In D.S.*, Vol. 4, n°1, 1980, p. 81 et s.

dans la prison des bribes de l'extérieur permet aux détenus de rompre l'isolement, de suivre l'actualité, d'échanger avec leurs visiteurs au parloir, elle amplifie paradoxalement l'enferment en le révélant encore un peu plus [23]. Cette situation peut s'expliquer par le fait que l'expérience du manque, de la perte est d'autant plus vive que ce qui paraît inaccessible est pourtant là devant soi [24]. C'est pourquoi la fin d'une visite est le plus souvent vécue avec angoisse et cause un sentiment douloureux d'absence que seule la perspective de la prochaine visite parvient à atténuer [25]. Dès lors, l'importance du rôle que peuvent jouer les travailleurs sociaux dans la recherche et le maintien de ces liens se conçoit aisément. Surtout que la prison est génératrice d'une certaine sociabilité pouvant à terme constituer un obstacle à la réinsertion du libéré [26].

2. La sociabilité carcérale

L'un des paradoxes de la prison est de vouloir réinsérer l'individu en le maintenant isolé de son milieu familial et social. Or, la communauté pénitentiaire est une société contre-nature qui développe une sous-culture et met le détenu en mauvaise condition pour se resocialiser. Ce point de vue est également partagé par différents syndicats des personnels, notamment la C.G.T. qui affirmait que « la prison est une solution inadaptée pour l'immense majorité des détenus qui l'encombrent ; la prison facilite (presque toujours) la récidive des petits délinquants, donc retarde leur insertion ; la prison, par la présence même de ces petits délinquants, autorise le développement en son sein de caïdats et la constitution de bandes de professionnels du crime » [27]. L'hypothèse de la

---

23. V. P. MARY, Prison et droits de l'homme : resocialisation des détenus ou resocialisation de la justice pénale ?, *R.D.P.C.*, n°7, 1990, p. 733 et s. ; M.T. MAZEROL, Les effets psychologiques de la détention, *Ann. Vaucresson*, n°18, 1981, pp. 193-210.

24. V. D. LHUILIER, N. AYMARD, L'univers pénitentiaire, *op. cit.*, p. 32.

25. V. D. WELZER-LANG & col., *op. cit.*, p. 98.

26. V. C. CARDET, Le contrôle judiciaire socio-éducatif, *op. cit.*, p. 243.

27. *Le Rond point*, n°6, janvier-mars 1989, p. 11.

permanence de l'emprise carcérale [28] émise par D. Lhuilier et N. Aymard [29] rend bien compte de cette réalité. Elle suppose qu' « en même temps que le nouveau détenu entre dans l'enceinte de la prison, il entre dans un univers social préexistant, avec ses codes et ses habitudes » [30] issus de la pratique de l'ensemble des détenus qui l'ont précédé et de leur interaction avec les différents acteurs de l'Administration pénitentiaire. L'univers carcéral va progressivement le façonner plus ou moins en profondeur [31], en fonction de sa personnalité et de ses interactions avec les autres membres de ce milieu. Mais par delà ce conditionnement pénitentiaire, le détenu reste acteur [32] dans le choix de sa conduite. Une telle faculté conduit à penser qu'une action éducative est encore concevable, en milieu pénitentiaire, dans la lutte contre la « socialisation secondaire » [33]. La position d'acteur chez les détenus s'observe dans la façon dont ils s'approprient les différentes activités offertes en prison dans le cadre de la réinsertion, ou simplement de l'humanisation des conditions de détention. Le choix d'une activité sportive donnée - football, musculation, tennis de table, boxe, volley, handball - ou d'une activité culturelle donnée - ateliers artistiques, vidéo, bibliothèque - n'est pas neutre. Il obéit à une certaine stratégie d'adaptation à l'institution intégrant la dimension subjective. Une telle stratégie peut aboutir à détourner ces différentes activités de leur but officiel [34] - de réinsertion sociale -. C'est à ce niveau que le professionnalisme des travailleurs sociaux est requis pour faire en sorte que les différentes activités sportives et socioculturelles participent, non seulement à

---

28. L'emprise est d'abord une prise au sens d'appropriation par la dépossession de l'autre, empiétement de son domaine privé, réduction de sa liberté.

29. V. D. LHUILIER , N. AYMARD, *op. cit.*, p. 31.

30. V. A.M. DRANSART, « Un monde clos ! », *Gedas*, 2e trim. 1992, n°12, p. 1.

31. V. D. WELZER-LANG, L. MATHIEU & M. FAURE, *op. cit.*, p. 76.

32. V. R. CARIO, Le délinquant, acteur social. Concept opérationnel en criminologie ?, *Rev. sc. crim.*, pp. 826-832 ; F. TULKENS (Dir.), *Acteur social et délinquance. Une grille de lecture du système de justice pénale*, Hommage à C. Debuyst, Ed. Mardaga, Bruxelles, 1990, 475 p. ; A. TOURAINE, *Le retour de l'acteur. Essai de sociologie*, Ed. Fayard, 1984, 350 p.

33. V. D. WELZER-LANG & col., *op. cit.*, p. 77.

34. *Ibid.*, p. 85.

l'adaptation du détenu à l'intérieur de la prison, mais également à la préparation de sa sortie. En ce sens, le schéma élaboré au Centre Pénitentiaire de Rennes dans le cadre du projet d'établissement pour 1996, paraît digne d'intérêt : Accueil - Adaptation - Insertion - Réinsertion. La phase d'accueil est caractérisée par la recherche des repères : « coupé de son univers habituel dans lequel les situations sont maîtrisées et l'environnement perçu comme allant de soi, l'individu doit pouvoir s'adapter. Il est contraint pour cela à improviser, à se façonner des repères provisoires à partir de ce qui est la base de son identité, i.e. le système de ses dispositions durablement intériorisées » [35]. A la phase d'adaptation, la détenue construit sa vie à l'intérieur selon ce que lui propose l'administration [36]. A la phase d'insertion, le personnel pioche sur ce qui existe déjà dans l'établissement (psychothérapie, formation, travail pénitentiaire, santé) pour aider la détenue à préparer un projet de sortie. La réinsertion c'est trouver sa place dans le groupe social. C'est finalement à l'extérieur des murs qu'elle a lieu.

B - La préparation à la sortie

L'hypothèse d'une permanence de l'emprise carcérale s'accommode mal avec la préparation à la sortie, qui exige que le détenu se mobilise dans le cadre d'un projet de sortie. Malgré la nécessité d'une individualisation de la peine, la pratique pénitentiaire a plutôt tendance à considérer la population pénale comme une « masse homogène » qu'elle doit gérer suivant un principe égalitaire, pour se prémunir des risques de discrimination. Cette attitude n'est pas favorable à la gestion personnalisée du projet de sortie des détenus. Elle est la preuve de l'équation que doivent sans cesse résoudre les travailleurs sociaux face au projet de sortie d'un détenu : « l'antinomie entre ce qui fonde le statut du détenu et celui d'une personne engagée dans des choix préparant son retour à la

---

35. *Ibid.*

36. Le suicide, comme l'affirme D. WELZER-LANG & col., peut être dans certains cas considéré comme l'aboutissement d'un échec de ces tentatives d'adaptation. *Ibid.*, p. 82. Pour une analyse du suicide en prison, V. N. BOURGOIN, *Le suicide en prison*, Paris, L'harmattan, 1994, 271 p.

liberté » [37]. Or, les travailleurs sociaux doivent prendre les mesures nécessaires pour faciliter la réinsertion des détenus. Cela exige la connaissance du détenu - de sa personnalité notamment -, de son milieu social et de son projet de sortie.

1. Le projet de sortie du détenu

Le projet de sortie du détenu est au coeur de la phase affective et sociale de sa réinsertion sociale. Il s'agit, pour le personnel socio-éducatif, de s'appuyer sur les prestations d'insertion offertes par l'établissement - sans bien sûr tomber dans l'accumulation improductive - afin d'aider les détenus à envisager ce qu'ils pourraient faire une fois la peine purgée. Cette démarche en apparence simple, exige de la part des travailleurs sociaux une certaine technicité pour pouvoir travailler en profondeur avec les détenus, car tout projet de sortie suppose de la part du détenu, une connaissance de la réalité extérieure et une projection de soi dans le temps. Or, le temps en milieu carcéral apparaît comme suspendu dans l'attente de la libération [38]. Les travailleurs sociaux ne peuvent se passer d'une bonne connaissance du détenu (ses forces et ses faiblesses) et d'un « savoir-faire administrativo-relationnel » [39] pour parvenir à ce travail en profondeur. Ce qui est loin d'être le cas en maison d'arrêt où les travailleurs sociaux se heurtent à des difficultés qui tiennent, d'une part, aux flux importants de la population pénale et, d'autre part, à des durées d'emprisonnement très brèves [40], ainsi que le montre le témoignage suivant : « *Quand la personne est condamnée, on arrive à travailler sur des questions classiques : hébergement, activités, travail à l'extérieur. On est beaucoup sollicité comme relais d'informations intérieur. En maison d'arrêt on travaille plus sur du court terme, sur le superficiel, on voit beaucoup de gens. Au quartier femmes on va plus en profondeur et*

---

37. V. D. LHUILIER & col., *op. cit.*, p. 35.

38. V. C. PAUCHET, "Le temps en milieu carcéral", *Rev. pénit.*, avril-juin 1984, n°2, p. 152 et s.

39. V. J. ION, J.P. TRICART, Les travailleurs sociaux, *op. cit.*, p. 59.

40. V. J. FAGLIN, "Le juge de l'application des peines et la réinsertion : des traitements en milieux ouvert et fermé", *In* La réinsertion des délinquants..., *op. cit.*, p. 193.

leurs demandes sont plus complexes. Elles nous utilisent pour ce que nous sommes. Les femmes verbalisent plus que les hommes et leur révolte est orale » (Entretien collectif, SSE, MA).

La connaissance du détenu permet la mise en œuvre du principe de la discrimination positive cher à A. Blanc [41], c'est-à-dire, la substitution du principe de la réponse à la demande par celui de la réponse au besoin. En effet, la réinsertion sociale des délinquants offre de multiples perspectives en raison de la pluralité des causes de la délinquance. Par conséquent, face à un projet de sortie d'un détenu, les travailleurs sociaux doivent adapter les différentes prestations à la perspective de sa réinsertion. Ainsi, la réinsertion du détenu peut revêtir une dimension économique [42]. Il s'agit alors d'utiliser comme points d'appui, l'enseignement, la formation professionnelle ou le travail pénitentiaire. Elle peut également exiger une prise en charge médicale. Les point d'appui suivants doivent alors être utilisés : cure de désintoxication - alcool, drogue -, suivi psychiatrique (délinquance sexuelle) [43]. Le détenu peut manquer de « compétence sociale » [44]. Alors, sa réinsertion passe par un suivi psychothérapique, afin de lui permettre de retrouver un équilibre personnel, affectif et/ou familial, pouvant lui permettre d'entrer en relation avec autrui et de nouer avec lui des relations mutuellement satisfaisantes. La complexité du problème n'est pas à ignorer. Un même détenu peut cumuler plusieurs handicaps et intéresser tout une série de perspectives, qu'elles soient éducatives, économiques, médicales, psychologiques ou sociologiques. De même, il arrive que le problème de réinsertion ne se pose pas du tout (cas des délinquants d'affaires). Dans tous ces cas, le dénominateur commun reste le rapport à la loi transgressée. Une remise en cause de ce rapport est donc nécessaire. Le positionnement du détenu vis à vis de

---

41.   V. A. BLANC, L'avenir de la réinsertion, *In* La réinsertion des délinquants : Mythe ou réalité ?, *op. cit.*, p. 256.

42.   V. G. MATHIEU, Régimes de détention et projet de réinsertion, *In* La réinsertion des délinquants..., *op.cit.*, p. 162 ; D. CLERC, La dynamique économique de l'exclusion et de l'insertion, *R.D.S.S.*, n°4, 1989, pp. 623-632.

43.   Sur ce point précis, V. N. VIDON, L'abus sexuel au féminin, *In Les abuseurs sexuels : quel(s) traitements(s) ?*, R. CARIO & J.C. HERAUT (Dir.), L'Hamattan, 1998, pp. 101-110 ; K. & T. ALBERNHE, Comment traiter les délinquants sexuels ?, *idem.*, pp. 55-90.

44.   V. M. CUSSON, *op. cit.*, p. 122.

la réparation aux victimes [45] mérite en ce sens d'être approfondi par les travailleurs sociaux dans le cadre du projet de sortie. Cela correspond à la prise en charge du détenu et de son délit.

Au niveau de la phase affective et sociale, le projet de sortie s'adresse au détenu en tant que usager-contraint de la prison [46]. Il concerne l'obligation pour l'A.P. d'aménager les prestations et les prises en charge de nature à favoriser la réinsertion future du détenu. En réalité, le projet de sortie du détenu recouvre également une dimension judiciaire. Ainsi en tant que justiciable, le détenu a l'obligation de s'engager dans un processus de réinsertion. D'ailleurs « les mesures d'individualisation de peine sont précisément la contrepartie, qui permet à l'autorité judiciaire de sanctionner positivement ses efforts par des aménagements de peine qui assouplissent le régime d'exécution » [47]. Sur ce point, le rôle des travailleurs sociaux est indéniable. Ils apportent précisément les éléments matériels et affectifs susceptibles de convaincre le juge de l'application de peines.

2. L'impact des travailleurs sociaux

« *Nous avons une voix qui est écoutée en commission d'application de peine* » (Entretien collectif, SSE, CD). C'est ainsi que les travailleurs sociaux se situent par rapport à la libération des détenus et plus exactement, par rapport aux mesures d'individualisation de la peine. Leur activité en détention, dans le cadre du projet de sortie des détenus, ne se limite pas aux questions classiques d'hébergement, de travail à l'extérieur, de maintien des liens sociaux et à l'organisation des activités socioculturelles. Ils font face à des demandes souvent complexes des détenus - chez les femmes notamment [48] - et peuvent travailler en profondeur à partir des verbalisations de ces derniers, surtout en centre de détention. Les

---

45. V. R. CARIO (Dir.), *La médiation pénale. Entre répression et réparation*, L'Harmattan, 1997, 239 p.

46. V. en ce sens, J. FAVARD, Le détenu, citoyen, *Rev. pénit.*,n°3, 1989, p. 255 et s.

47. V. A. BLANC, *op. cit.*, p. 263.

48. V. C. ROSTAING, La relation carcérale, *op. cit.*, p. 264 et s. ; R. CARIO, *Femmes et criminelles*, Ed. Erès, 1992, p. 50 et s. et not. p. 125 et s.

questions classiques du travail social en prison ont néanmoins une importance capitale dans l'individualisation judiciaire de la peine. Cela est d'autant plus vrai que les juges de l'application de peines n'accordent les différentes mesures de semi-liberté, de placement à l'extérieur et de libération conditionnelle qu'à des conditions précises : justifier d'une activité professionnelle, d'un stage, d'une formation ou d'une participation essentielle à la vie de famille. C'est la raison pour laquelle l'essentiel de l'activité des travailleurs sociaux concerne le démarchage à l'extérieur des moyens nécessaires aux besoins d'insertion de leurs publics : un contrat de travail, un stage ou une prise en charge sanitaire. Ces divers éléments contribuent à l'ancrage social du libéré. Ainsi, ils parviennent à influer positivement sur la décision du JAP, car ces éléments sont considérés par lui comme gages de réinsertion sociale.

Les différentes mesures d'individualisation en vue desquelles s'investissent les travailleurs sociaux sont d'autant plus importantes qu'elles favorisent l'autonomie des détenus et leur sens des responsabilités nécessaires à la préparation de leur retour à la vie sociale. La responsabilisation du détenu est une dimension que les travailleurs sociaux intègrent de plus en plus à leur approche de la préparation du détenu à sa réinsertion sociale : « *la réinsertion, c'est une démarche personnelle, l'individu doit se mobiliser... Nous leur donnons des informations relatives à la recherche de l'emploi, mais c'est à eux de se débrouiller dans ce labyrinthe. Responsabilisation du détenu : on travaille à partir de la demande du détenu. Cela n'est pas bien compris dans l'A.P. qui développe l'assistanat. On essaye de les rendre un peu acteur de cela* » (Entretien collectif, SSE, CD). Les travailleurs sociaux reconnaissent également que la réinsertion sociale des condamnés à la privation de liberté dépend aussi de ce qu'ils vont trouver à l'extérieur à l'issue de leur peine. Dès lors, la nécessité, toujours soulignée, d'un suivi des libérés à l'extérieur s'impose sérieusement. C'est ainsi que la phase affective et sociale de la réinsertion devrait toujours se poursuivre au-delà des murs de la prison, dans la perspective d'une démarche unifiée entre milieu fermé et milieu ouvert et notamment, dans le cadre d'un suivi post-pénal des libérés.

§ II : *Le suivi post-pénal des libérés*

Le suivi post-pénal - plus connu sous le vocable de l'assistance post-pénale [49] - des condamnés ayant purgé leur peine est un enjeu majeur de leur réinsertion sociale. L'expérience démontre sans cesse que les libérés définitifs ne sont pas tous réinsérés socialement. Beaucoup d'entre eux restent des inadaptés sociaux exposés aux risques de la récidive. Les études menées par A. Kensey et P. Tournier [50] ont été l'occasion d'aborder, pour la première fois [51], le problème du devenir judiciaire d'anciens détenus dans sa globalité. Elles ont révélé une situation préoccupante ainsi présentée : « globalement, on obtient un "taux de nouvelles affaires sanctionnées par une condamnation" - toutes natures confondues - de 77%. S'il existe une condamnation antérieure à l'écrou de février 1983, le taux est de 91% (contre 63% sinon) ; il atteint 97% lorsqu'existe une condamnation antérieure à la prison ferme (contre 73% sinon). La majorité de nouvelles infractions ont été commises moins de 6 mois après la libération ». D'où l'importance d'un suivi post-pénal de ces libérés en vue de faciliter leur retour à la vie libre et leur ancrage social. L'ensemble de *Règles minima pour le traitement des détenus*

---

49. Le terme de suivi post-pénal est préférable à celui d'assistance post-pénale, car le premier intègre mieux les notions d'implication personnelle du libéré - acteur et non passif - et de processus dynamique de la réinsertion sociale.

50. V. A. KENSEY, P. TOURNIER, *Libération sans retour ?*, SCERI, 1994, pp. 83-84.

51. Les études concernant la libération définitive et l'assistance post-pénale sont en effet rares. A une exception près, la plupart de celles qu'on peut trouver sont quelque peu anciennes : J. PINATEL, "L'assistance post-pénale", *Rev. sc. crim.*, 1947, p. 117 ; P. CANNAT, "L'assistance post-pénale", *Rev. sc. crim.*, 1952, p. 627 . Du même auteur, "Les développements de l'assistance post-pénale", *Rev. sc. crim.*, 1956, p. 339 ; MATHIEU, "Dix ans de comités post-pénaux", *Rev. sc. crim.*, 1957, p. 172-178 ; PERDRIAU, "L'organisation des comités post-pénaux et le rôle de l'administration à l'égard de ces comités", *Rev. sc. crim.*, 1957, p. 161 ; J. RAFFETIN, "L'assistance aux libérés définitifs", *Rev. pénit.*, 1971, p. 43 ; TOUSSAINT, "Le rôle des oeuvres et institutions privées dans l'action des comités d'assistance aux libérés", *Rev. sc. crim.*, 1957, p. 178 ; A. LORIEUX, "Conséquences de la condamnation pénale sur le casier judiciaire et sur la capacité", *Rev. pénit.*, 1978, p. 65 ; FIZE & CHEMITHE, "Etude sur le récidivisme des condamnés libérés après 15 ans de détention et aperçu sur l'accroissement des peines", *Rev. pénit.*, 1980, p. 487 ; M.E. CARTIER, "Les propositions de la commission d'étude pour la prévention de la récidive", *op. cit.*, p. 99.

élaboré en 1951 par la Commission internationale pénale et pénitentiaire a posé le principe de ce suivi en ces termes : « Une aide post-pénitentiaire humaine, efficace et bien organisée est essentielle au succès d'un système pénitentiaire. Il faut reconnaître que la responsabilité de la société ne cesse pas à la libération d'un détenu, mais continue jusqu'à ce que celui-ci ait repris une place honorable dans la communauté ». Or, la mise en place d'un tel suivi, ou plus exactement sa systématisation, se heurte souvent à des préoccupations théoriques relatives aux aspects juridiques de cette question (A) et à des préoccupations pratiques relatives à l'organisation matérielle de ce suivi (B).

A - *Les aspects théoriques du suivi post-pénal des libérés*

La systématisation du suivi post-pénal des libérés se heurte au principe théorique suivant : « le condamné qui a exécuté complètement sa peine est définitivement libéré. Juridiquement puisqu'il a payé intégralement sa dette vis-à-vis de la société, celle-ci ne peut plus rien lui réclamer ; elle ne devrait même plus avoir le droit de s'occuper de lui, de l'assister et de diriger ses activités » [52]. Or, la réalité, totalement éloignée de ce principe théorique, appelle un certain interventionnisme de la part de la société. Les questions théoriques à dépasser dès lors sont celles relatives au caractère obligatoire ou facultatif du suivi post-pénal des libérés et celles relatives au caractère public ou privé des organismes appelés à intervenir.

1. *Le caractère du suivi post-pénal des libérés*

Le suivi post-pénal des libérés doit-il avoir un caractère obligatoire ou facultatif ? Compte tenu du principe théorique souligné *supra*, la loi dispose que vis-à-vis du libéré définitif, l'assistance ne peut qu'être facultative ; elle doit être sollicitée et acceptée par lui : « Tout sortant de prison peut, à sa demande, bénéficier de l'aide du comité de probation de sa résidence... » (art. D. 544 CPP). Ainsi, « au moment de la libération des détenus,

---

52. V. B. BOULOC, *op. cit.*, p. 277.

l'administration pénitentiaire les informe de l'aide qu'ils peuvent recevoir, notamment auprès du comité de probation et d'assistance aux libérés du lieu de leur résidence » (art. D. 478 CPP). Comme on peut le remarquer, l'influence de ce principe théorique est patente dans les dispositions légales. Faute de pouvoir imposer cette assistance - comme c'est le cas du libéré conditionnel - à un libéré qui a recouvré sa pleine liberté, la loi prend le parti de la lui proposer. Dans ces conditions, il revient aux travailleurs sociaux la charge d'organiser, avant la libération d'un détenu, un entretien avec ce dernier pour examiner les mesures susceptibles d'améliorer les conditions de sa sortie (art. D. 466, CPP). C'est donc au cours de cette audience qu'ils lui proposent de se placer sous la protection d'un comité d'assistance aux libérés chargé de lui procurer une aide (substance, hébergement, habillement) et de lui faire obtenir un emploi.

La commission présidée par M.E. Cartier a suggéré l'instauration d'un suivi post-pénal obligatoire par le biais d'une nouvelle peine complémentaire [53]. Celle-ci obligatoire au jour de la condamnation, deviendrait facultative au jour de son exécution, sa nécessité et ses modalités étant alors définies en fonction de la personnalité appréciée au jour de la libération du condamné. La Chambre des appels correctionnels ou la Chambre d'accusation serait compétente pour relever un condamné de l'exécution de la peine complémentaire de suivi post-pénal - lorsque le condamné ne présente pas de risques de récidive - ou au contraire pour amener cette peine à exécution. La suggestion de la commission Cartier a été partiellement suivie par le législateur, dans le cadre de la loi du 17 juin 1998 relative à la prévention et à la répression des infractions sexuelles ainsi qu'à la protection des mineurs [54], en instituant une nouvelle peine complémentaire de « suivi socio-judiciaire » [55]. Le nouvel article 131-36-1 C.P. stipule en ce sens : « Dans les cas prévus par la loi, la

---

53. V. M.E. CARTIER, Rapport de la Commission d'étude pour la prévention de la récidive des criminels, *Rev. sc. crim.*, 1995, pp. 159-165.

54. V. R. CARIO & J. C. HERAUT (Dir.), Les abuseurs sexuels, *op. cit.*, pp. 111-118.

55. V. B. BOULOC, Pénologie, *op. cit.*, p. 403 ; V. ég. J. CASTAIGNEDE, La prise en charge des abuseurs sexuels par le droit pénal, *In* Les abuseurs sexuels : quel(s) traitement(s) ?, *op. cit.*, p. 29 et s.

juridiction de jugement peut ordonner un suivi socio-judiciaire. Le suivi socio-judiciaire emporte, pour le condamné, l'obligation de se soumettre, sous le contrôle du juge de l'application des peines et pendant une durée déterminée par la juridiction de jugement, à des mesures de contrôle et d'aide destinées à prévenir la récidive ». Cette sanction nouvelle pouvant accompagner une peine d'emprisonnement ferme, comporte un aspect novateur : l'injonction de soins. En effet, l'injonction de soins se présente dans la nouvelle loi comme une modalité du suivi socio-judiciaire. Celle-ci peut être prononcée par le juge de jugement s'il est établi, à la suite d'une expertise médicale [56], que la personne poursuivie est susceptible de faire l'objet d'un traitement. Le juge de l'application des peines pourra également, en cours de suivi socio-judiciaire, prononcer une injonction de soins lorsque celle-ci n'aura pas été initialement décidée par la juridiction de jugement [57].

Comme pour la commission Cartier, proposant pour assurer le respect des mesures de suivi, de sanctionner d'une peine d'emprisonnement et d'amende la violation par le détenu libéré des obligations mises à sa charge, la loi du 17 juin 1998 sanctionne la non-exécution du suivi socio-judiciaire. La décision de condamnation à la peine de suivi socio-judiciaire fixe également la durée maximum de l'emprisonnement encouru par le condamné en cas d'inobservation des obligations qui lui sont imposées [58]. Cet emprisonnement ne peut excéder deux ans en cas de condamnation pour délit et cinq ans en cas de condamnation pour crime (art. 131-36-1, al.3). Lorsque la peine de suivi socio-judiciaire accompagne une peine privative de liberté sans sursis, cette durée ne commencera à courir qu'à compter du jour où la privation de liberté aura pris fin. Malgré cette nouvelle peine très spécifique de suivi socio-judiciaire, le problème du suivi post-pénal des libérés reste entier. Le suivi post-pénal s'adresse essentiellement aux libérés conditionnels. Or, ces derniers ont déjà fourni des gages de réinsertion sociale. Il apparaît par conséquent très urgent d'étendre à la grande majorité des libérés le suivi post-

---

56.　V. P. DARBEDA, "L'expertise de prélibération de l'art.722, cpp et le processus d'évaluation et de soins des auteurs d'infractions à caractère sexuel", *Rev. sc. crim.*, 1996, p. 919 et s.

57.　V. J. CASTAIGNEDE, *op. cit.*, p. 33.

58.　Comp. B. BOULOC, *op. cit.*, p. 403.

pénal, sachant que celle-ci ne présente pas toujours des gages de réinsertion. Il convient en ce sens d'améliorer le système de suivi post-pénal existant, en ciblant de façon plus pertinente les besoins des libérés (suivi médical, psychologique, policier, aide matérielle ou socio-affective) et en mettant plus de délégués CPAL à la disposition des libérés. Dans ces conditions, le nombre de candidats - volontaires - au suivi post-pénal augmenterait sensiblement, ainsi que la chance d'accroître les possibilités d'ancrage social des libérés.

2. La nature juridique des organismes de suivi post-pénal des libérés

Le suivi post-pénal des libérés doit-il être l'œuvre d'organismes publics ou privés ? Le Congrès des Nations Unies qui s'était tenu à Genève en 1955 avait pris une position plutôt claire : « Le devoir de la société ne cesse pas à la libération d'un détenu. Il faudrait donc disposer d'organismes gouvernementaux ou privés capables d'apporter au détenu libéré une aide post-pénitentiaire efficace, tendant à diminuer les préjugés à son égard et lui permettant de se reclasser dans la communauté ». En France, jusqu'en 1945, l'assistance aux libérés était exclusivement assurée par les œuvres privées, des sociétés de patronage [59]. Il a longtemps été considéré que seules les institutions privées étaient à même d'apporter aux libérés le dévouement, la charité et la discrétion dont ils ont besoin dans la perspective de leur réinsertion. Le rôle des pouvoirs publics se bornait à les subventionner [60]. La réforme Amor a changé cette situation en affirmant à l'un de ses principes que l'assistance doit être donnée aux prisonniers pendant et après la peine en vue de faciliter leur reclassement [61]. Par un décret du 1er avril 1952, les pouvoirs publics ont estimé que l'Etat devrait directement intervenir dans l'organisation du patronage des libérés. Ce décret a institué en même temps qu'un service social des prisons, un comité départemental d'assistance aux libérés, ayant pour mission de veiller sur la conduite

59. V. C. GERMAIN, *Eléments de science pénitentiaire*, Ed. Cujas, 1959, p. 117 et s.

60. V. Loi du 14 août 1885, art.7 et 8

61. V. C. GERMAIN, *op. cit.*, p. 119.

des libérés conditionnels et de rechercher un placement aux libérés définitifs [62]. Ce comité, constitué de bénévoles agréés par le garde des Sceaux, était présidé par le président de l'un des Tribunaux de grande instance du département. Actuellement, comme l'indique l'art. D. 544 CPP, « tout sortant de prison peut, à sa demande, bénéficier de l'aide du comité de probation de sa résidence. Cette aide s'exerce en liaison et avec la participation, le cas échéant, de tous organismes publics ou privés [63]. L'attribution de secours ne peut être accordée que pendant les six premiers mois suivant la date de la libération » [64]. Dès lors, il est intéressant d'examiner comment, dans la pratique actuelle, cette assistance est organisée par ces comités et les œuvres privées.

B - L'organisation matérielle de l'aide

De façon générale la politique de réinsertion des détenus au niveau de l'administration pénitentiaire est conçue en partenariat avec diverses institutions - territoriales ou associatives - extérieures. C'est le principe qui guide le fonctionnement des CPAL. En matière de suivi des libérés conditionnels ou définitifs comme en matière de probation, les difficultés d'insertion, devenues de plus en plus lourdes, obligent l'Administration pénitentiaire à mobiliser d'autres partenaires, notamment dans les domaines de l'hébergement et de l'insertion professionnelle. Ce partenariat avec des organismes et œuvres privés est à ce jour bien établi. Il mérite certainement d'être davantage renforcé dans le domaine de la prise en charge des personnes libérées, afin de leur apporter l'aide nécessaire à leur réadaptation familiale et professionnelle.

1. Les organismes privés de suivi post-pénal

L'assistance post-pénale des libérés par les organismes ou œuvres privés consiste le plus souvent à les accueillir dans des centres

---

62.   V. B. BOULOC, *op. cit.*, p. 279.

63.   Sur le débat public-privé en milieu socio-éducatif pénitentiaire ; V. J. FAGET, *Justice et travail social*, *op. cit.*, p. 149 et s.

64.   Comp. Art. D. 576 CPP.

d'hébergement. L'article 185 du code de l'action sociale, modifié par une ordonnance du 25 novembre 1960 dispose à ce sujet que « les personnes libérées de prison, celles qui sont en danger de prostitution peuvent être hébergées sur leur demande en vue de leur réadaptation sociale dans les établissements publics ou privés, agréés à cet effet ». C'est donc le président du bureau de l'aide sociale qui prononce l'admission dans ces centres, aux frais en tout ou partie de l'Aide Sociale [65]. Ces centres d'hébergement, qui reçoivent soit uniquement les libérés conditionnels, soit les libérés conditionnels et les libérés définitifs à la fois, ne se limitent pas à la seule assistance. Durant leur séjour [66], les libérés qui y sont admis sont soumis à des examens médicaux et psychotechniques. Ainsi, sauf incapacité, ils sont astreints à travailler à l'intérieur ou à l'extérieur du centre et à participer aux frais de fonctionnement, soit par leur travail, soit par le versement d'une pension [67]. Ce séjour doit en principe être utilisé pour réadapter le libéré et lui chercher un emploi. C'est ainsi que ces œuvres entendent participer à la réinsertion sociale des libérés [68].

2. Les comités de probation et d'assistance aux libérés (CPAL)

Depuis le décret du 7 mars 1973 [69], le suivi post-pénal des libérés définitifs est assuré par les comités de probation et d'assistance aux libérés, lorsque ceux-ci demandent à se placer sous leur protection. Ces comités mettent en œuvre, avec la participation, le cas échéant, d'autres organismes publics ou privés, des mesures d'aide propres à

---

65.   V. B. BOULOC, *op. cit.*, p. 281.

66.   Le séjour des libérés dans les centres d'hébergement n'est que provisoire ; il ne peut en principe excéder six mois.

67.   V. M. VAILLANT (Dir.), *L'hébergement éducatif,* Ed. CNTE/PJJ, 1993, 195 p.

68.   Il faut à cet égard noter le rôle important que joue l'Armée du salut par l'intermédiaire de ses centres d'hébergement et de réinsertion sociale, la Cimade, le Secours catholique.

69.   Le code de procédure pénale de 1958, après avoir maintenu les comités d'assistance aux libérés (art.D.538), les a soumis aux mêmes règles de composition, de fonctionnement et de compétence territoriale que les comités de probation. Depuis le décret du 7 mars 1973, ils ont pris la dénomination de comités de probation et d'assistance aux libérés ; V. B. BOULOC, *op. cit.*, p. 280.

favoriser la réinsertion sociale des personnes prises en charge [70]. Leur action s'inscrit bien dans la phase affective et sociale de la réinsertion, car les mesures d'aide qu'ils mettent en œuvre s'exercent notamment sous forme d'une aide à caractère social et, s'il y a lieu, d'une aide matérielle. Ces comités comprennent un ou plusieurs agents de probation (art.D. 578 CPP), des délégués bénévoles (art.D. 579), des membres actifs de la Croix rouge, de l'Armée du salut, des conférences St-Vincent-de-Paul [71]. Ils agissent sous l'autorité et le contrôle du juge de l'application des peines et sous la direction d'un chef de service de probation. Pour aider ou suivre un libéré définitif, le comité de probation et d'assistance aux libérés désigne un délégué qui sera chargé de lui procurer une aide - matérielle - et de lui faire obtenir un emploi. Le problème qui se pose dès lors est celui de la subsidiarité d'un tel suivi, car les CPAL sont plus préoccupés par leur recherche de légitimité institutionnelle et professionnelle [72], qui les pousse plus à investir le domaine pré-sentenciel -de nature à les intégrer pleinement à la vie de la juridiction- qu'à chaperonner en bout de course, des libérés [73]. Lorsque s'ajoute à cela le manque de moyens humains et parfois même techniques - le milieu ouvert se plaint toujours d'être le parent pauvre de la pénitentiaire -, on comprend mieux le désintérêt que peut revêtir le suivi post-pénal pour des professionnels souvent « maintenus dans une situation de non-essentialité » [74]. Ces comités sont ainsi réduits, en ce qui concerne le suivi post-pénal des libérés définitifs, à quelques « bricolages » et « dépannages quotidiens », sans réelle incidence sur l'ancrage social du libéré. Cette situation est déplorable à plus d'un titre. Le manque d'attention accordé aux libérés définitifs est un frein supplémentaire à leur réinsertion sociale et décourage les autres libérés à se mettre sous la protection - jugée alors inutile - de ces comités. Des améliorations significatives du

---

70.   Art. D. 575, CPP.

71.   V. B. BOULOC, *op. cit.*, p. 280.

72.   V. J. FAGET, *op. cit.*, p.155 et s. ; C. CARDET, Le contrôle judiciaire socio-éducatif, *op. cit.*, p. 221 et s.

73.   En 1989, les CPAL avaient en charge des sortants de prison, pour la moitié de ses interventions. En 1996, cette proportion est de 20%. Ces effectifs sont actuellement de 9044 personnes (Rapp. 1996, p. 30) contre 22 300 en 1989.

74.   V. J. FAGET, *ibd.*

cadre actuel de prise en charge des libérés s'imposent pour résoudre ce problème. Il faudrait doter les CPAL en moyens financiers et humains suffisants pour faire face à la demande des libérés ou, plutôt, pour ajuster les réponses aux besoins des libérés. Ainsi, ces comités attireront un nombre important de libérés, sans avoir à bafouer leur liberté de vouloir ou non être soutenus dans leurs efforts de réinsertion.

Une réforme du milieu ouvert a été entreprise dans le cadre du plan pluriannuel de l'Administration pénitentiaire [75]. Elle procède au rapprochement des services socio-éducatifs du milieu fermé et du milieu ouvert. Des nouveaux services pénitentiaires d'insertion et de probation (SPIP), associant CPAL et services socio-éducatifs du milieu fermé, sont ainsi créés. Dès l'automne 1998, les 46 premiers SPIP ont pris vie [76]. Ils seront généralisés en 1999 [77]. Cette réforme, qui prévoit le recrutement de 768 travailleurs sociaux d'ici l'an 2000, va-t-elle permettre une meilleure prise en charge post-pénale des libérés définitifs ? Rien n'est moins sûr. Les travailleurs sociaux, en quête de légitimité sociale [78], seront toujours plus portés vers les alternatives à l'emprisonnement que vers l'aval de la prison - à l'exception peut-être de la libération conditionnelle - peu gratifiant. D'autant plus que l'enjeu du milieu ouvert dans le plan pluriannuel de l'Administration pénitentiaire met davantage l'accent sur la construction des places de semi-liberté (1200), en partenariat avec l'extérieur, que sur le suivi post-pénal des libérés définitifs. Les articulations entre les missions des travailleurs sociaux et celles des surveillants de prison ne sont pas explicitées. Alors que de leur interaction, dépend la réussite de la mission de réinsertion sociale des condamnés à la privation de liberté.

---

75. V. A. BLANC, *op. cit.*, p. 267.

76. V. *Etapes. Lettre d'information de l'Administration pénitentiaire*, n°64, 1998.

77. V. *Etapes. Lettre d'information de l'Administration pénitentiaire*, n°63, 1997.

78. V. J.C. SACOTTE, "Le décret du 6 août 1985, une nouvelle réforme pénitentiaire", *Rev. sc. crim.*, 1985, p. 859 ; C. RATER-GARCETTE, *La professionnalisation du travail social. Action sociale, syndicalisme, formation. 1880-1920*, L'Harmattan, Coll. Technologie de l'action sociale, 1996, 209 p.

*Section II : Les articulations entre les missions
des travailleurs sociaux et celles des surveillants*

La relation surveillant-éducateur se fonde sur le postulat suivant : le détenu est un être humain à part entière qui existe en différents endroits de l'établissement. Les travailleurs sociaux et les surveillants ont ainsi chacun une connaissance particulière des détenus. Les premiers ne les voient que pendant les entretiens. Ainsi, les détenus peuvent toujours leur cacher leur véritable personnalité, alors que les surveillants les voient vivre au quotidien. Ce postulat pose notamment la question de l'existence de divers statuts du détenu évoqués par A. Blanc, dont chacun renvoie à des logiques, à des moyens et à des méthodes différentes [79] : le détenu-citoyen renvoie à la question d'accès aux droits par rapport à des prestations de droit commun et sans rapport direct avec sa situation de justiciable : santé, formation, culture et emploi. Ces droits s'exercent au titre de la réinsertion sociale. Ils peuvent cependant être modulés en fonction des impératifs de sécurité et du régime de détention de l'établissement concerné ; le détenu-justiciable renvoie à la question de la prise en charge de l'individu exécutant une peine privative ou restrictive de liberté, qui concerne et implique à la fois l'autorité judiciaire et l'Administration pénitentiaire ; le détenu-usager-contraint de la prison renvoie la réinsertion et l'individualisation administrative de la peine, assurées par les service de l'A.P. qui doivent à la fois prévenir les évasions ; garantir la sécurité des personnes qu'ils ont en charge ; définir le fonctionnement de l'établissement et aménager les prestations et les prises en charge de nature à favoriser la réinsertion future du détenu ; individualiser les prises en charge conformément à l'art.1 de la loi du 22 juin 1987.

Ces divers statuts du détenu rendent nécessaire la mise en commun par tous les professionnels pénitentiaires, les surveillants de prison et les travailleurs sociaux notamment, des différents éléments de la vie des détenus et de leurs différentes observations, afin d'harmoniser leurs réponses et d'accroître la connaissance du détenu. Le but d'une telle démarche est d'améliorer la sécurité des établissements pénitentiaires, ainsi que l'efficacité des actions visant

---

79. V. A. BLANC, *op. cit.*, p. 262.

à la réinsertion sociale des condamnés à la privation de liberté. Le partenariat surveillant-éducateur apparaît, à cette fin, indispensable (§ 1). Le projet d'exécution de peine (PEP) arrive en ce sens à point nommé. Il permet la structuration de la connaissance du détenu et l'amélioration de l'efficacité de l'intervention des différentes parties prenantes à l'exécution des peines (§ 2).

§ I : La relation surveillants-travailleurs sociaux : un partenariat indispensable

L'Administration pénitentiaire est composée de 25 474 agents, dont 19 987 appartienent au personnel de surveillance [80]. Le partenariat surveillant-éducateur est miné par un conflit de compétence préjudiciable à la prise en charge adéquate des détenus. Celui-ci n'est pas personnel, mais professionnel. Il s'agit notamment d'un conflit de perception et de conception de leurs missions respectives (A). Or, ces deux professionnels ne travaillent pas sur les mêmes objets. Ils n'ont ni la même culture de travail, ni la même mission. Les surveillants de prison agissent sur le versant pénal de la réinsertion, alors que les travailleurs sociaux s'occupent du versant social de celle-ci. Pourtant la mission de réinsertion sociale est à la base du conflit surveillants-travailleurs sociaux. Elle apparaît aux uns et aux autres comme relevant exclusivement d'une catégorie particulière des personnels pénitentiaires, représentée par les *socio-éducatifs*. Par conséquent, ce conflit procède du malentendu pénitentiaire consistant en la réduction de la réinsertion sociale à sa seule dimension affective et sociale (B).

A) Le conflit de compétence au centre de la relation surveillants-travailleurs sociaux

En règle générale, les surveillants n'ont pas souvent affaire aux travailleurs sociaux. Ces derniers travaillent plutôt avec les gradés. Le conflit ressenti par les surveillants n'est souvent que l'expression d'une frustration professionnelle, alors qu'il prend souvent chez les

---

80. V. *Les chiffres-clefs de la Justice*, Ministère de la Justice, Oct. 1999, p. 7.

travailleurs sociaux la forme d'une relative condescendance proche du complexe de supériorité.

1. Le conflit de compétence du point de vue des surveillants de prison

La cohabitation entre les surveillants de prison et les travailleurs sociaux est plus ou moins apaisée aujourd'hui. Plus d'un demi siècle de relative collaboration a eu raison de l'antagonisme initial. Ces deux professionnels du monde carcéral perçoivent bien la nécessité d'un partenariat, car leurs missions apparaissent étroitement liées. Cette prise de conscience amplifie paradoxalement auprès des surveillants l'insuffisance de leur collaboration avec les travailleurs sociaux. C'est la raison pour laquelle, s'agissant de leurs relations avec ces derniers, les surveillants affirment souvent *« qu'on ne les voit pas »*, ou *« qu'on ne peut pas compter sur eux parce qu'ils ne sont pas toujours là quand il faut »*. Cette situation montre bien que les surveillants ont besoin des travailleurs sociaux, mais comme ils ne sont pas toujours disponibles, ils les critiquent pour se valoriser. Le conflit surveillant-éducateur s'appuie sur le fait que l'éducateur ne voit le détenu que pendant les entretiens, alors que les surveillants les voient vivre au quotidien. Comme l'indique A. Blanc, sous-directeur de la réinsertion à l'Administration pénitentiaire, « depuis le décloisonnement, en particulier dans les établissements pour peine, on constate que les travailleurs sociaux consacrent l'essentiel de leur temps et de leur nouveau savoir-faire à monter des dispositifs d'insertion dans de multiples domaines. De ce fait, ils ont peu à peu perdu le contact avec les condamnés - qui eux-mêmes renforcent cette évolution en demandant toujours plus de prestations - dont les peines, on le sait, sont de plus en plus longues. Et c'est ainsi qu'insensiblement le condamné justiciable est perdu de vue... » [81]. Les surveillants ont ainsi le sentiment de détenir des informations insuffisamment exploitées par les éducateurs. Ces derniers ne restant qu'un temps limité dans les établissements et ne rencontrant les détenus que pour des services ponctuels et précis, ils n'ont le plus

---

81. V. A. BLANC, "L'avenir de la réinsertion", *In* La réinsertion des délinquants : Mythe ou réalité ?, *op. cit.*, p. 264.

souvent qu'une vision partielle de la condition carcérale. De surcroît, les surveillants sont convaincus que les détenus réussissent à cacher leur véritable personnalité aux éducateurs. Ce qui à leurs yeux dévalorise ces derniers, ainsi que leurs activités.

Les surveillants dans cette relation devraient en réalité servir de relais d'information aux travailleurs sociaux et jouer ainsi un rôle d'alerte. Les surveillants constituent en effet le pivot central de la détention. Par leur proximité quotidienne avec les détenus, ils peuvent plus facilement apprécier l'impact d'une formation ou de toute activité de réinsertion sur les détenus. Ils peuvent en ce sens contacter les différents intervenants sociaux pour signaler un éventuel épanouissement d'un détenu ou même une régression. Le problème qui se pose souvent dans cette interaction [82] c'est l'absence de retour de la part des travailleurs sociaux. Ces derniers sont liés par le secret professionnel qui n'épuise pas, pour autant, tout le matériau de leur travail [83]. D'où l'intérêt de valoriser les observations que les surveillants font sur la population pénale, notamment celles relatives à la volonté de tel ou tel détenu à se réinsérer. Encore faut-il pour cela que les surveillants soient formés à l'observation et à la transcription de leurs observations, car leurs difficultés à verbaliser leurs observations sont notoires. Ainsi pourrait-on montrer aux surveillants que participer à la réinsertion sociale des détenus ne se résume pas à l'organisation des activités culturelles.

Le partenariat surveillants-travailleurs sociaux s'enrichirait de cette prise en compte des observations des surveillants sur la population pénale. Ce qui permettrait un accord sur le travail à mener sur tel ou tel détenu. A condition, bien sûr, que les surveillants soient en retour informés de ce travail, pour y être partie prenante. Ils contribueront de cette façon au mieux être des détenus en détention et à la préparation de leur sortie. Les surveillants sont, en effet, les premiers à savoir que tel détenu cherche telle information. Ils servent de relais au personnel technique. Comme ils ne peuvent pas manifestement apporter des réponses adéquates à toutes ces questions, leur rôle est d'alerter les différents services concernés par

---

82. V. E. GOFFMAN, Les rites d'interaction, *op. cit.*, 230 p.

83. V. J.P. ROSENCZVEIG & P. VERDIER, *Le secret professionnel en travail social*, Ed. Jeunesse et droit, Dunod, Coll. Cent questions sur..., Paris, 1996, 139 p.

ces différentes questions soulevées par les détenus. Or ces professionnels n'ont pas été suffisamment été formés à ce rôle. Ils sont formés à l'action-réaction, à répéter des gestes et à occuper des postes (dans le sens technique pur), mais moins à la relation à l'autre. Ce qui, aux dires des travailleurs sociaux, fragilise le partenariat avec eux.

2. Le conflit de compétence du point de vue des travailleurs sociaux

Du point de vue des travailleurs sociaux, la difficulté pour les surveillants d'apprécier l'urgence d'une situation complique leur partenariat. Ils sont ainsi obligés de toujours évaluer les demandes émanant des surveillants, au sujet de tel ou tel autre détenu. Il y a ainsi des demandes des surveillants qui ne trouvent pas d'écho de leur part. Cette situation génère évidemment la frustration des surveillants. Ils perçoivent cette absence de réponse comme un mépris à leur égard. L'argumentation des travailleurs sociaux est bien connue : « *les surveillants sont tellement en contact avec les détenus qu'ils ne font pas la distance avec les problèmes des détenus et viennent nous faire pression. Ils nous demandent de voir un tel parce qu'il leur casse les pieds, ou un tel parce que c'est un bon détenu* » (Entretien collectif, Service socioculturel, MA). Il apparaît donc, que pour les surveillants de prison, un détenu enfermé dans sa cellule et qui ne dirait rien, ne pose aucun problème, alors qu'il pourrait s'agir d'une situation grave exigeant d'en informer le service socio-éducatif [84]. L'insuffisance de leur formation au regard des exigences d'une bonne observation tendrait à renforcer les travailleurs sociaux dans leur conviction selon laquelle « *l'approche des surveillants par rapport à la personnalité des détenus est superficielle. Leur connaissance des détenus est quasi nulle, puisqu'il n'y a pas de vie au niveau de l'étage* ». Ce qui alimente parfaitement leur sentiment de supériorité vis à vis des surveillants : « *Nous sommes les seuls à travailler sur la réalité, on a une action de sanction dans les projets des détenus. Nous travaillons sur des*

---

84. V. P. VERDIER, J.P. RONSECZVEIG, *Les responsabilités en travail social*, Ed. Jeunesse et droit/Dunod, Coll. cent questions sur..., 1998, 335 p.

bases écrites, nous avons des dossiers. Nous sommes dans la dynamique de sortie » (Entretien collectif, Service socio-éducatif, CD). Cette supériorité est également statutaire. Les travailleurs sociaux sont de la catégorie B, alors que les surveillants appartiennent à la catégorie C. A cela s'ajoute le fait que la formation des éducateurs dure plus longtemps [85] (2 ans). Ils voient ainsi passer au moins trois promotions de surveillants durant leur temps de formation à l'ENAP. C'est certainement l'une des raisons pour laquelle les travailleurs sociaux préfèrent travailler avec les gradés, qui seraient en quelque sorte leurs « dignes » interlocuteurs.

Les surveillants de prison vivent mal le fait que les détenus écrivent directement aux travailleurs sociaux pour les rencontrer. Ils ont le sentiment d'être court-circuités. Ils perdent ainsi leur rôle de relais d'informations ou de pivot de la détention : *« la réinsertion nous éloigne des détenus ».* Les travailleurs sociaux y voient pourtant un parfait moyen de réinsertion. Ils argumentent tous en ce sens : *« le fait que les détenus soient obligés d'écrire pour nous rencontrer, les oblige à apprendre à écrire, à aller aux cours. Nous ne sommes pas là pour assister les détenus. On leur apprend à se débrouiller par eux-mêmes »* (CIP, CD 13 000) ; ou *« Nous avons demandé aux détenus de faire des demandes écrites et d'attendre la réponse par convocation, pour favoriser la réinsertion. Le détenu est obligé de respecter le rendez-vous »* (Assistante sociale, CD 13 000). En réalité, c'est essentiellement pour des raisons pratiques qu'un tel système a été instauré dans certains établissements. A l'origine, les éducateurs allaient voir les détenus, à leur demande, dans les bâtiments. Seulement, ils étaient débordés par les autres détenus qui profitaient de leur présence pour poser leurs problèmes. L'insuffisance en personnel socio-éducatif [86] ne pouvait permettre de répondre à toutes ces demandes à la fois. Il a donc fallu gérer l'urgence. La demande écrite étant motivée, elle permet de

---

85. V. J. ION & J.P. TRICART, Les travailleurs sociaux, *op. cit.*, p. 44 et s.

86. Il faut savoir que le ratio de prise en charge des détenus est de 50 par travailleur social (conseillers d'insertion et de probation ou assistants sociaux), que certains établissements ne sont pas pourvus en travailleur social, que 57 établissements n'ont qu'un demi-poste, que 31 ont entre un demi-poste et un poste, 12 entre quatre et six, 7 entre six et huit, 2 entre huit et dix et enfin 5 établissements ont plus de 10 travailleurs sociaux. V. J. FAGET, *Justice pénale et travail social, le rhizome pénal*, Erès, 1992, p. 160.

dégager un ordre de priorité. Mais le système est néanmoins discutable pour tous ces détenus qui ne peuvent pas - ou presque pas - écrire.

Le conflit surveillant-éducateur, souvent évoqué en prison, n'est en somme qu'un conflit de perception des missions. Il peut être schématisé de la façon suivante : pour les surveillants, les éducateurs sont des « *gauchistes* » [87]. Ils aident des voyous, ils sont donc eux-mêmes voyous. Quant aux éducateurs, ils considèrent que les surveillants n'intègrent pas ce qui est au-delà de la prison. Ils sont obligés d'être vigilants sur le moment. Ils n'ont pas les moyens institutionnels de la réinsertion sociale à savoir : la connaissance des dossiers, la formation à l'observation, le temps de discuter et de mettre en place des activités culturelles et de formation. Cette différence de perception n'enlève rien, heureusement, à la nécessité ressentie par les uns comme les autres d'un partenariat fructueux, comme l'attestent les propos suivants : « *S'ils* (surveillants) *étaient formés à l'observation, ils pourraient nous donner des informations qui pourraient être importantes* » (Entretien collectif, Service socio-éducatif, CD) ; ou « *Entre les surveillants et les éducateurs, il y a dénigrement systématique. Pourtant on devrait être uni face à la population pénale* » ou encore « *Les surveillants nous téléphonent pour nous informer de la situation d'un détenu qui aurait un problème. Au quotidien ça se passe ainsi, mais de façon générale c'est difficile de le systématiser* » (Entretien collectif, Service socio-éducatif, MA). L'évolution constatée du niveau d'instruction des surveillants est un atout supplémentaire qui devrait permettre un tel partenariat dans la perspective de la mission de réinsertion sociale des détenus. Encore faut-il pour cela que chacun ait une formation précise au partenariat et une perception claire de la notion même de réinsertion sociale.

B - *Le conflit surveillants-travailleurs sociaux :*
   un produit du malentendu pénitentiaire

« *Les surveillants vivent mal le fait que ce soit nous qui préparons la réinsertion sociale* » (Educatrice, MAF). Ces propos

---

87.   V. en ce sens, J. ION & J.P. TRICART, *op. cit.*, p. 99 et s.

sont une illustration du conflit surveillants-travailleurs sociaux. Ils montrent bien à quel point celui-ci relève du malentendu pénitentiaire. Or, les surveillants n'ont aucune raison de se sentir exclus de la préparation à la réinsertion, puisque celle-ci n'est pas le monopole du personnel socio-éducatif. Ainsi posé, ce conflit n'est qu'un faux débat, une pratique exutoire permettant d'exorciser un quotidien souvent difficile à supporter.

1. Le faux débat sur le conflit surveillants-travailleurs sociaux

Les travailleurs sociaux interviennent dans les établissements pénitentiaires depuis la réforme Amor. Leurs missions sont clairement définies par la loi et les règlements. Elles n'empiètent pas sur celles des surveillants de prison. De ce point de vue le débat ne peut se justifier. Ce qui suscite par contre des interrogations, c'est l'approche de la mission de réinsertion sociale des détenus. Or, cette mission est partagée et non exclusive. C'est donc au niveau de la perception de l'apport de chacun de ces deux groupes professionnels que le problème se pose. Là encore, deux visions se dégagent. Pour les travailleurs sociaux, il s'agit d'une mission qui leur est exclusive, puisque disent-ils, ce sont eux qui font le lien avec l'extérieur, le suivi de la détention afin d'éviter les effets désocialisants de l'emprisonnement, qui ont une voie prépondérante (par rapport aux surveillants) à la commission d'application de peines et qui interviennent dans l'individualisation de la peine. Pour les surveillants, il s'agit d'une mission qui leur échappe totalement, car ils ne s'inscrivent pas dans la dynamique de sortie comme les travailleurs sociaux. Ils l'expriment au travers du fameux argument *« nous n'en avons pas les moyens »*.

Présenté de cette façon, il n'y a pas lieu, également, de parler de conflit. Il est simplement inexistant. Ce qui est observable n'est autre qu'une mauvaise conception de la mission de réinsertion sociale des détenus. Il s'agit d'une conception réductionniste à la seule dimension affective et sociale. Les propos suivants en sont une illustration :

« En dehors des monitrices de sport, les autres je ne vois pas. Pour la réinsertion, elles n'ont pas à s'occuper de la constitution du dossier. Elles n'ont pas à savoir pourquoi la détenue est condamnée, ni d'en parler avec elles. Le SSE a un rôle, les

surveillants ont le leur. Nous, on est là pour les aider à savoir où sont les enfants, de faire faire des soins, de préparer leur sortie, bref la réinsertion sociale » (Educatrice, MAF). Finalement, c'est le malentendu pénitentiaire qui nourrit le sentiment de supériorité des travailleurs sociaux à l'égard des surveillants. C'est également lui qui entretient le sentiment d'infériorité des surveillants. Ces deux professionnels ne perçoivent pas bien l'importance de leur complémentarité au regard de la mission de réinsertion. Le versant pénal sur lequel agissent les surveillants est ignoré ou simplement minoré. A l'exception de quelques travailleurs sociaux qui reconnaissent aux surveillants une relative participation à la réinsertion sociale des détenus, par le biais du rappel à la norme qu'ils font quotidiennement, nombre de travailleurs sociaux ont une perception erronée de l'apport des surveillants de prison.

2. La dimension exutoire du conflit surveillants-travailleurs sociaux

Le conflit surveillant-éducateur était initialement basé sur le sentiment, chez les surveillants de prison, d'une usurpation par les éducateurs de la mission la plus noble de leur métier que constitue la réinsertion sociale des détenus. Ainsi, pour mieux le comprendre, il convient de se référer à la réforme Amor de 1945, dont l'article 1er en constitue le pilier principal : « la peine privative de liberté a pour but essentiel l'amendement et le reclassement social du condamné ». Pour atteindre ce but, un certain nombre d'institutions et d'organes nouveaux vont être créés entre 1945 et 1958 [88]. C'est le cas du CNO (centre national d'observation), des éducateurs, des comités d'assistance aux libérés (CPAL), création du sursis avec mise à l'épreuve et du juge de l'application des peines. La relation surveillant-éducateur s'est établie sur fond de lutte entre la tendance humanitaire et la tendance sécuritaire qui, depuis la réforme Amor,

---

88.   V. C. FAUGERON et J.M. LE BOULAIRE, La création du service social des prisons et l'évolution de la réforme pénitentiaire en France de 1945 à 1958, *In DS* 1988/12, pp. 317-359.

s'opposent et se chevauchent sans cesse, chacun à son tour faisant surface sans pour autant annihiler l'autre [89].

Nonobstant les aspects relevant du malentendu pénitentiaire, le fameux conflit surveillant-éducateur n'est en réalité qu'une lutte de pouvoir. Il est l'expression même de l'affrontement entre la tendance humanitaire représentée par les éducateurs et la tendance sécuritaire, en perte de vitesse actuellement, représentée par les surveillants [90]. Pour compenser cette relative perte de pouvoir et d'estime de soi, les surveillants adoptent une attitude critique à l'égard des éducateurs. Le conflit avec les éducateurs leur permet ainsi de se valoriser auprès de la population pénale. Il faut espérer que la réflexion qui s'engage actuellement dans dix établissements pour peine volontaires [91], sur la réorganisation de leurs services afin de mieux assurer leurs missions en renforçant les compétences et les responsabilités des agents, pourra permettre de dépasser ce fameux conflit [92]. Il s'agit en effet d'une réflexion qualitative permettant aux agents de mieux connaître et prendre en charge la population pénale et par là, à l'établissement pénitentiaire tout entier de mieux assurer sa mission de prévention de la récidive. Cette réflexion s'inscrit dans le cadre du projet d'exécution de peine dont la préoccupation est d'impliquer le condamné dans la gestion de sa peine, mais également d'assurer des articulations entre les divers intervenants (personnel de surveillance, socio-éducatif, médical et paramédical, administratif et magistrats chargés de l'application des peines) par une institutionnalisation pluridisciplinaire du détenu [93].

---

89. V. P. COUVRAT, De la réforme Amor à nos jours, *In* La réinsertion des délinquants : Mythe ou réalité ?, *op. cit.*, pp. 36-41.

90. V. en ce sens, J.C. FROMENT, La République des surveillants de prison, *op. cit.*, p. 286 et s.

91. Il s'agit de : CD Mauzac (DR Bordeaux), CD Joux-la-ville (DR Dijon), CD Loos (Lille), CP Moulins (QMC) (DR Lyon), CD Tarascon (Marseille), CD Melun (Paris), CP Nantes (QCD) (Rennes), CD Toul (Strasbourg), CD Muret (Toulouse) et CP Fort de France (DOM-TOM).

92. V. *Rapport du comité national d'évaluation du Projet d'exécution de peine*, Remis à Monsieur le Directeur de l'Administration Pénitentiaire le 21 novembre 1997, 100 p. plus annexes.

93. V. M.E. CARTIER, *op. cit.*, pp. 102-103.

§ II : Le projet d'exécution de peine (PEP)

Le projet d'exécution de peine est la formalisation des étapes qui jalonnent le parcours pénitentiaire du condamné. Il définit les attentes de l'institution à son égard et les perspectives qui peuvent lui être proposées. Il vise trois objectifs précis : donner plus de sens à la peine privative de liberté en impliquant le détenu dans la gestion de sa peine pendant toute la durée de son exécution ; améliorer l'individualisation administrative et judiciaire de la peine, en proposant notamment au juge un cadre objectif sur lequel fonder sa décision ; introduire un mode de prise en charge et d'observation qui assure une meilleure connaissance du détenu pour accroître la sécurité des établissements et améliorer l'efficacité des actions visant à la réinsertion. Le PEP ne relève pas de la compétence exclusive d'un service spécialisé. Il procède de la volonté d'améliorer la connaissance des condamnés et l'individualisation des peines, à partir d'un projet commun à tous les services de l'établissement intervenant auprès de la population pénale. Ce faisant, le PEP donne un sens au partenariat (A) entre les différents acteurs de la vie carcérale et, particulièrement, entre les personnels de surveillance et socio-éducatif. Il est en ce sens porteur de multiples potentialités pouvant éclore au cours de la phase expérimentale, dans l'intérêt d'une meilleure prise en charge des détenus (B).

A - Le partenariat prometteur entre surveillants de prison et travailleurs sociaux dans le cadre du PEP.

La Commission d'étude pour la prévention de la récidive, présidée par M.E. Cartier, avait préconisé deux axes principaux pour la lutte contre la récidive : une meilleure connaissance du condamné et une meilleure prise en charge des détenus [94]. Ces préoccupations ont été reprises dans la mise en place du projet d'exécution de peine au sein des établissements pour peine [95]. Il exige la production d'un savoir commun sur le détenu et la coordination des moyens d'action.

---

94. V. M.E CARTIER, *op. cit.*, pp. 99-121.

95. V. Rapport du comité national d'évaluation du projet d'exécution de peine, *op. cit.*, p. 11.

1. La production d'un savoir commun sur le détenu

La connaissance du détenu exige la mise en commun des informations dont disposent les différents acteurs de la vie carcérale, car le détenu existe en plusieurs endroits de l'établissement : le service socio-éducatif, la détention, le greffe et l'infirmerie. Par conséquent, l'important, dans l'établissement pénitentiaire, n'est pas ce que chacun pense du détenu, mais la capacité à produire une connaissance collective, par essence contradictoire. Dans cette optique, s'agissant des personnels de surveillance et socio-éducatif, ils doivent, dans un premier temps, échanger chacun de leur côté sur les détenus. Cela suppose un travail de synthèse de la part des gradés pour le personnel de surveillance et du responsable du service socio-éducatif pour les travailleurs sociaux. Lorsque cette connaissance aura été produite, il faudrait, dans un second temps, la confronter avec celle produite avec l'autre groupe. Ce travail passe par l'organisation de réunions de synthèse communes, afin de systématiser les informations. Une telle démarche doit conduire à terme à la mise en place d'un outil d'observation des détenus qui soit adéquat. A cette fin, les dispositions particulières suivantes ont été envisagées dans les établissements, afin de rendre effective l'observation permanente des détenus par le personnel de surveillance. Le chef de détention et ses adjoints sont responsables de la bonne exécution de cette mission dans les établissements. Un gradé motivé est chargé de veiller au bon fonctionnement de l'organisation du travail (préparation des synthèses et organisation des réunions pluridisciplinaires). Des premiers surveillants doivent en être responsables par secteur : à ce titre, ils désignent les surveillants plus particulièrement chargés de l'observation de chaque détenu et ils rédigent la synthèse des fiches d'observation périodiquement renseignées par ces agents. Le service des agents doit être organisé de manière à stabiliser chacun d'eux pendant plusieurs mois auprès de la population pénale. Les personnels de surveillance devront être associés aux instances pluridisciplinaires de synthèse et de décision - Commission d'application des peines notamment -. En outre, toute disposition de nature à rendre tangible l'utilisation faite des observations réalisées par les agents dans les décisions prises devra être systématiquement favorisée : en particulier, il est important que les observations des surveillants soient prises en compte dans le cadre de l'examen des réductions des peines. Un plan de formation spécifique doit permettre à terme à tous les agents (surveillants, encadrement et personnels socio-éducatifs) de bénéficier · d'une formation adaptée (observation, animation d'équipe, partenariat, individualisation des peines).

La production d'un savoir commun sur les détenus passe par la mise en place d'une commission pluridisciplinaire. Celle-ci doit permettre à terme d'élaborer le projet d'exécution de peine et de suivre son exécution. Cette commission n'est pas un service spécifique. Présidée par un membre du personnel de direction, elle est composée de représentants de tous les services pénitentiaires ou extérieurs qui interviennent auprès des détenus. Destinée à mettre en commun les connaissances respectives de chacun sur les différents aspects de la personnalité du détenu, cette commission constitue un lieu d'échange d'informations, d'analyse, de synthèse dans le respect du secret professionnel auquel notamment le service médical et le service socio-éducatif sont tenus. Cette commission doit réunir au minimum, le service socio-éducatif, le service de la détention - gradés et surveillants -, le service chargé de l'enseignement, du travail, de la formation professionnelle, des activités physiques et sportives et le service médical, afin de coordonner leurs différents moyens relatifs à la prise en charge des détenus.

2. La coordination des moyens d'action

Si le PEP n'est pas un contrat au sens juridique du terme [96], il reste néanmoins un projet commun engageant ceux qui ont contribué à le formaliser - administration pénitentiaire, voire juge de l'application des peines -, à mettre en oeuvre les moyens à leur disposition pour sa réalisation. Il tient compte de ce que peut proposer l'établissement d'accueil ainsi que les autres établissements du parc pénitentiaire où le détenu est susceptible d'être affecté par la suite (souplesse du régime de détention, règlement intérieur, prestations d'insertion). Etant un projet commun, le PEP doit, dans

---

96. Le PEP n'est pas un contrat juridique en ce sens que ni l'administration pénitentiaire, ni le juge ne sauraient négocier avec une personne détenue l'exercice de leurs attributions respectives à son égard.

toute la mesure du possible, être élaboré avec le condamné et approuvé par lui. Il se fonde sur l'analyse des besoins du détenu évalués à partir de ses capacités, de son profil pénal et pénitentiaire, de sa situation familiale, sociale et économique et de ses projets individuels. Sur ces bases, il fixe des perspectives en termes d'individualisation administrative : passer par exemple en unité de vie ouverte, obtenir un travail mieux rémunéré, être affecté dans un établissement au régime de vie plus libéral, être proposé à la commutation judiciaire de la peine comme par exemple : être proposé par le JAP au bénéfice d'une réduction de la période de sûreté, obtenir une permission de sortir, obtenir une libération conditionnelle.

Le PEP engage le détenu en lui assignant des obligations précises : avoir un comportement correct en détention, être assidu à tel ou tel travail, formation professionnelle, enseignement, activité socioculturelle, ou accepter un suivi thérapeutique, soutenir financièrement sa famille. En particulier, si la décision pénale a été accompagnée de dispositions civiles, le projet devra obligatoirement définir l'engagement du détenu à l'égard de la victime. Le PEP apparaît alors comme un processus dynamique, améliorant l'efficacité de l'intervention des différentes parties prenantes à l'exécution des peines et permettant aux condamnés qui le souhaitent de se projeter dans l'avenir de façon plus constructive. Ainsi prend-t-il corps, après que la condamnation soit devenue définitive, à partir des étapes bien précises :

1°) La phase d'accueil permet d'informer collectivement puis individuellement les détenus sur le fonctionnement de l'établissement et les possibilités qu'il offre ; elle permet également d'établir un bilan de la situation du détenu et d'observer son comportement [97].

2°) A l'issue de la phase d'accueil, une commission pluridisciplinaire, émanation de l'ensemble des services intervenant auprès des détenus, élabore un premier bilan de la situation du condamné. Celui-ci devra permettre d'affecter le détenu dans un

---

97. V. Circulaire du 25 février 1987 relative à l'organisation des services socio-éducatifs en établissement pénitentiaire et du 22 octobre 1990, relative au régime de détention dans les établissements du programme 13 000 affectés à l'exécution des courtes peines.

quartier de la détention et à terme de définir le cadre du projet d'exécution de peine.

3°) Par la suite, est constitué un livret du détenu composé des pièces suivantes : Une synthèse du dossier pénal, le cas échéant, la synthèse du dossier CNO ; Un document formalisant le PEP *;* Des fiches par domaines d'activité enrichies par les différents intervenants concernés (synthèse socio-éducative, enseignement, travail, formation professionnelle, activités physiques et sportives) ; Des fiches d'observation, distinctes du cahier d'observation, renseignées par le personnel de surveillance *;* Des fiches de synthèse rédigées par le gradé (premier surveillant de secteur) à partir des fiches d'observation. Ces synthèses sont réalisées régulièrement et à chaque fois qu'une décision administrative ou judiciaire doit être prise (sanctions disciplinaires, changement d'unité de vie ou de bâtiment entraînant un régime de vie différent, classement au travail ou accès à la formation professionnelle et passage en CAP).

En pratique, la synthèse du dossier pénal est réalisée par le service du greffe, à charge pour le personnel d'encadrement responsable de secteur d'en assurer par la suite la mise à jour - date de libération, de fin de période de sûreté - en liaison avec le greffe. Un gradé est chargé du bon fonctionnement de l'organisation du travail lié au PEP. Il est garant de la mise à jour du livret en liaison avec les services compétents - suppression des pièces obsolètes notamment -. Il assure le secrétariat du dispositif. A cet effet, il organise les réunions pluridisciplinaires, s'assure pour les préparer auprès des gradés en charge de chaque secteur de la mise à jour des fiches d'observation et de leur synthèse. Il veille également à la rédaction des fiches de liaison par chacun des services concernés (socio-éducatif et formation). Un membre du personnel de direction est garant de la synthèse globale de la situation du détenu réalisée à l'occasion de chaque bilan, - au moins une fois par an -. Ces synthèses sont destinées à demeurer dans le livret du détenu pendant toute la durée de l'exécution de la peine. Quand le détenu est transféré, son livret est transmis à l'établissement où il est affecté.

Le PEP fait cruellement apparaître l'absence du criminologue comme coordonateur des apports des différents groupes. Or, l'une des raisons des dysfonctionnements des dispositifs de réinsertion [98] concerne essentiellement le manque de coordination dans les équipes pluridisciplinaires, d'un interface qui rappelle le rôle de chacun. Les gradés chargés de diriger les équipes pluridisciplinaires n'ont pas la formation nécessaire. Le détenu payera toujours la note de ces dysfonctionnements, puisqu'il reste mal connu. Alors que le PEP est conçu dans le souci d'améliorer la prise en charge de l'individu et la mobilisation du détenu par rapport à sa réinsertion.

B - L'amélioration de la prise en charge des condamnés

Le PEP procède de la volonté d'améliorer la connaissance des condamnés et l'individualisation des peines, à partir d'un projet commun à tous les services de l'établissement intervenant auprès de la population pénale. Dans ce sens, il requiert une association étroite du juge de l'application des peines aux réflexions contribuant à son élaboration et à sa mise en œuvre. Conformément à l'article D.116 du code de procédure pénale le juge de l'application des peines « doit assurer l'individualisation de l'exécution de la sentence judiciaire en orientant et en contrôlant les conditions de son application ». Il peut ainsi organiser l'examen du projet, dans le cadre de la commission d'application des peines, lorsque celui-ci est susceptible de comporter des modalités relatives à l'individualisation judiciaire de la peine.

1. L'intervention du CNO

Le Centre national d'observation (CNO) occupe une place importante dans le dispositif du PEP. Il joue en effet le rôle de conseil pour l'exécution du projet d'exécution de peine. Ainsi, les demandes de changements d'affectation liées à la mise en œuvre du projet, la préparation d'une libération conditionnelle ou d'une commutation donnent lieu à un nouvel examen du CNO. La réforme de 1958 [99] a en effet assigné au CNO la mission d'élaborer des

---

98. V. Rapport du Comité national d'évaluation de Projet d'exécution de peine, *op. cit.*, p. 83 et s.
99. V. Circulaire du 28 octobre 1985 relative à l'orientation des condamnés.

projets d'exécution de peine à l'égard des condamnés dont le reliquat de peine est supérieur ou égal à 10 ans au moment où leur condamnation est devenue définitive. Il peut, si nécessaire, connaître également du cas d'autres condamnés présentant des difficultés particulières. Cette mission générale découle de la substitution du concept d'observation au concept d'orientation. Elle se décompose en deux phases : une phase de diagnostic et une phase de pronostic. Dans la phase de diagnostic, le CNO peut être conçu comme un véritable centre de bilan : les observations réalisées par différents services de l'équipe pluridisciplinaire (personnel de surveillance, socio-éducatif, psychologue, psychiatre, psychotechnicien, médecin généraliste) s'apparentent dès lors à une banque de données. Cette manne est utilisable par l'administration centrale - affectation - et par les établissements d'accueil, puisque le dossier CNO est envoyé avant l'arrivée du détenu. Elle est surtout le prélude au passage à la seconde phase : le pronostic. A l'issue du premier passage du détenu, l'équipe pluridisciplinaire du CNO formule également un pronostic susceptible de constituer le cadre du projet d'exécution de peine. L'établissement d'accueil puisera dans ce bilan prospectif la matière nécessaire à l'élaboration du projet d'exécution de peine du détenu.

Tout au long du projet d'exécution de peine, compte tenu de son expérience et de sa culture pluridisciplinaire, le CNO sera amené, au-delà de sa mission initiale décrite ci-dessus, à tenir un rôle expertal s'apparentant aux seconds passages qu'il réalise déjà aujourd'hui. Ainsi, tout événement important en cours d'exécution d'un projet devra faire l'objet d'un nouvel examen CNO pour tous les condamnés initialement observés dans cette structure. Ce nouvel examen pourra également être demandé par le chef d'établissement concerné toutes les fois qu'il le jugera utile. A cette fin, une intensification des relations entre le CNO et les établissements est nécessaire. Dans ce sens, le dossier technique de mise en place dans les établissements pour peine de projets d'exécution de peine a prévu le déplacement d'une équipe du CNO une fois par an pour des réunions de travail avec les équipes en place dans les établissements mettant en place des projets d'exécution de peine. L'idéal serait que le CNO se concentre sur l'affectation des condamnés à la privation de liberté et laisse le rôle expertal aux Centres régionaux d'orientation (CRO). Le PEP ne saurait engendrer une réelle dynamique positive sans une implication étroite du condamné. Il convient alors, dans toute la mesure du possible, d'associer le condamné à son élaboration et d'obtenir son approbation, car l'on ne saurait réinsérer un individu malgré lui [100].

2. L'implication du détenu dans le PEP

L'implication du détenu au déroulement de son projet d'exécution de peine est le facteur de sa réussite. Il n'est certes pas facile de mobiliser un détenu à l'intérieur des murs, tant le pessimisme ambiant et l'influence du groupe minent tous les efforts. Le PEP regorge néanmoins d'aspects prometteurs. En premier lieu, il s'adresse prioritairement aux condamnés arrivant à l'établissement. En second lieu, à ceux, parmi les autres détenus, dont la personnalité permet de pronostiquer qu'ils sont immédiatement accessibles à la notion de projet. Cette démarche sélective [101] permet d'accroître les chances de réussite de la phase expérimentale du projet, car certains détenus ne sont ni accessibles à la notion de projet ni désireux d'adopter une attitude conciliante et participative à l'égard de l'administration ou de l'autorité judiciaire. Le PEP offre aux condamnés un cadre cohérent et des perspectives tangibles s'ils satisfont aux attentes de l'administration. Il tend ainsi à donner du sens à l'exécution de la peine. L'implication du détenu est à accroître car, comme le montre M. Cusson à propos des ex-détenus réhabilités, « la décision d'abandonner le crime est prise au terme d'un bilan forçant l'acteur à conclure que son style de vie présente plus d'inconvénients que d'avantages. Celui-ci prend alors conscience que les gains qu'apporte le crime sont dérisoires quand ils sont mis en balance avec les déboires qu'il lui attire. Ce bilan est rendu psychologiquement possible grâce à un processus de maturation au terme duquel l'ex-détenu se sent plus responsable, plus stable et plus raisonnable. Il est dès lors à même de peser le pour et le contre des options qui s'offrent à lui » [102]. Le projet d'exécution de peine

---

100. V. A. BLANC, *op. cit.*, p. 254.

101. Le PEP concerne à terme tous les condamnés incarcérés en établissements pour peines.

102. V. M. CUSSON, " Fondements empiriques de la réinsertion", *op. cit.*, p. 119.

gagnerait à proposer aux détenus un programme réaliste et motivant, favorisant leur évolution personnelle, sans pour autant que les mesures d'individualisation de peine n'en constituent le change absolu [103].

---

[103]. V. en ce sens les propositions du Comité national d'évaluation du projet d'exécution de peine, *In* Rapport du Comité national d'évaluation du projet d'exécution de peine, *op. cit.*, p. 86 et s.

CONCLUSION

Il convient de souligner à ce stade, la nécessité pour la prison de générer auprès des détenus des attitudes favorables à une véritable prise de conscience et à l'engagement dans un autre rapport avec la loi et les autres membres de la société. La gestion d'une bonne politique de sécurité permet non seulement de préserver les différents espaces de réflexion, d'efforts, de créativité, de parole et d'application du droit à l'intérieur de la prison, mais également de placer le détenu devant ses responsabilités. Les mesures d'individualisation de la peine ont vocation à sanctionner les efforts entrepris par ce dernier, comme le précise l'article D. 253 CPP : « La réduction de peine prévue à l'article 721 est accordée en tenant compte des preuves de bonne conduite données par le détenu. Cette appréciation, dont doit dépendre la détermination, non seulement de l'opportunité de la réduction de peine, mais aussi de sa durée, porte à la fois sur le comportement général, sur l'assiduité et l'application au travail, et le cas échéant, aux études ou à la formation professionnelle, ainsi que sur le sens des responsabilités manifesté par le détenu quant au respect des règles organisant la vie collective dans la prison ». D'aucuns ont vu dans le PEP l'amorce d'un nouveau type de prison et le glissement progressif vers la prison à vocation essentiellement rééducative, où les surveillants deviennent des éducateurs [1]. Un tel pronostic est certainement exagéré. Néanmoins, les deux principales particularités du PEP dénotent d'une évolution réelle des moyens mis en œuvre par l'Administration pénitentiaire pour favoriser la réinsertion des personnes qui lui sont confiées par

---

1. V. G. MATHIEU, Régimes de détention et projets de réinsertion, *In* La réinsertion des délinquants..., *op. cit.,* p. 165 et s.

l'autorité judiciaire : la première réside dans le fait que le PEP est établi en accord avec le détenu qui doit approuver ce projet et la deuxième particularité du PEP consiste en la mise en commun par tout le personnel pénitentiaire, travailleurs sociaux et surveillants de prison, des observations relatives au détenu.

L'apport des surveillants de prison à la réinsertion sociale des détenus est néanmoins une réalité. Celui-ci s'inscrit dans le cadre d'un partenariat avec les autres personnels pénitentiaires, notamment les travailleurs sociaux. Il est par conséquent nécessaire de mieux articuler leurs missions respectives dans la perspective d'une prise en charge adéquate de la population pénale. En toute évidence, comme le souligne A. Blanc, l'on ne saurait aborder la question de la réinsertion sociale en prison sans prendre en compte la spécificité même de son objet : « garder des délinquants et préserver l'ordre public dans le cadre du mandat judiciaire »[2]. La recherche sur l'apport des surveillants de prison à la réinsertion sociale des condamnés à la privation de liberté a eu l'avantage d'aborder cette question au travers d'une approche dynamique. Il en résulte que non seulement la réinsertion sociale des détenus est une donnée réelle, mais elle est aussi et surtout un processus réaliste. L'analyse de ce processus a permis de dégager différentes phases et différentes modalités d'action. Ainsi ont pu être situés le niveau et la qualité de la participation des différents acteurs à l'aboutissement de ce processus de réinsertion. L'attention a été particulièrement portée sur les surveillants de prison et sur les travailleurs sociaux. A ce sujet, leur participation à la réinsertion sociale des condamnés à la privation de liberté a été située au niveau de la phase pénitentiaire pour les premiers, au niveau de la phase affective et sociale, pour les seconds. L'amendement des détenus apparaît ainsi comme un préalable indispensable à leur réinsertion sociale, à l'issue de leur peine. Un tel apport spécifique des surveillants de prison s'est imposé de manière persistante, au point de devenir cardinal, tout au long de la réflexion dévelopée dans la recherche. L'amendement, qui relève du versant pénal de la réinsertion, est essentiellement l'œuvre des surveillants de prison. Il est le but principal de la phase pénitentiaire.

---

2.   V. A. BLANC, *op. cit.*, p. 261 ; V. ég. J. PINATEL, La prison peut-elle être transformée en institution de traitement ?, *op. cit.*, p. 39.

L'occultation d'un tel apport des surveillants de prison relève du malentendu pénitentiaire qui conduit à réduire la notion, voire même la mission de réinsertion à sa seule dimension affective et sociale. Cette situation génère un malaise dans la profession de surveillant de prison [3]. Celui-ci s'exprime sous la forme d'une crise d'identité, car les surveillants de prison ne se positionnent plus clairement entre leurs missions de garde et de réinsertion qu'ils jugent incompatibles. Le sentiment très répandu selon lequel les surveillants ne participent pas à la réinsertion des détenus est une méprise. Leur apport est d'autant plus essentiel que la mission de réinsertion sociale des détenus dans l'institution pénitentiaire s'inscrit dans le cadre du mandat judiciaire.

Identifier et valoriser l'apport des surveillants de prison à la réinsertion sociale des détenus pourrait être une solution à la « crise pénitentiaire » souvent évoquée. Une telle perspective est certes gratifiante pour le chercheur qui voit ses conclusions reprises dans le cadre d'une application pratique. Mais l'enjeu dépasse la simple satisfaction personnelle, car une profession tout entière s'en trouverait gratifiée et enfin reconnue socialement. Les voies d'une telle démarche ont été suggérées dans la recherche. Elles s'articulent autour de trois points principaux : 1°) Saisir l'occasion offerte par la redéfinition par le Conseil constitutionnel des fonctions de la peine privative de liberté, pour réhabiliter sur le plan doctrinal, mais aussi pratique (formation initiale et formation continue des surveillants), la notion d'amendement des détenus ; 2°) Vulgariser auprès des surveillants leur apport à la réinsertion sociale des détenus, par le moyen de séminaires de formation ou d'autres moyens de communication à mettre en place. Il pourrait être envisagé d'associer les surveillants de prison à la Commission d'application de peine sur la base de cet apport ; 3°) Associer les syndicats pénitentiaires à cette nouvelle perception de la profession de surveillant de prison.

A l'issue de la recherche entreprise, l'importance de la phase affective et sociale dans la réinsertion du libéré est également à souligner. Elle poursuit comme objectif l'ancrage social du condamné à la sortie de prison. La relation personnalisée avec le

---

3. V. D. LHUILIER, N. AYMARD, L'univers pénitentiaire, *op. cit.*, p. 235 et s.

détenu est au coeur de son évolution. Il s'agit en effet de gagner sa confiance et son estime, pour l'amener par étapes successives au repentir et à un désir véritable de modifier sa trajectoire sociale. Le maintien ou la restauration de ses liens affectifs et sociaux avec l'environnement extérieur s'avère indispensable, compte tenu de l'état de « déprivation » [4] qui caractérise souvent les détenus. Ce travail devrait ensuite être consolidé à l'extérieur grâce à un suivi « socio-judiciaire » [5] ou « socio-éducatif » dans le cadre de la libération conditionnelle, de l'interdiction de séjour ou du suivi post-pénal du libéré définitif. Ce suivi post-pénal devrait être systématiquement intégré au projet de sortie du détenu. La réorganisation actuelle des services pénitentiaires d'insertion et de probation à compétence départementale, chargés d'assurer leurs missions tant en milieu ouvert qu'en milieu fermé, devrait prendre la mesure de cette nécessité et la mettre au coeur de leur action : l'observation et la rééducation des détenus en vue de leur reclassement social (art.21, déc. 21 nov. 1966).

L'approche dynamique de la réinsertion sociale des condamnés à la privation de liberté a fait apparaître l'absence du criminologue, en tant que professionnel du phénomène criminel [6], dans le dispositif de prise en charge des détenus. L'absence de ce professionnel, interface entre le détenu et les acteurs de sa prise en charge, est à l'origine des nombreux dysfonctionnements constatés dans la préparation à la sortie des détenus. Cette situation n'est pas malheureusement propre à l'Administration pénitentiaire. Elle résulte du déficit de

---

4.   V.   D.W. WINNICOTT, *Déprivation et délinquance*, Biblio. Scientifique, Payot, 1994, 314 p. ; B. GREGOIRE, J.P. LEBLANC, J. PIQUET, Le placement familial pour adolescents, *In* M. VAILLANT (Dir.), *L'hébergement éducatif*, C.N.T.E./PJJ, Vaucresson, 1993, p. 151 et s. ; P. TAP & H. MALEWSKA-PEYRE, *Marginalités et troubles de la socialisation*, P.U.F., Paris, 1993, 334 p ; M. FRECHETTE & M. LE BLANC, *Délinquances et délinquants*, Ed. Gaëtan morin, 1987, p. 141 et s.

5.   V. J. CASTAIGNEDE, La prise en charge des abuseurs sexuels par le droit pénal, *In* R. CARIO, J.C. HERAUT (Dir.), Les abuseurs sexuels : quel(s) traitement(s) ?, *op. cit.*, not. p. 29 et s.

6.   V.   M. CUSSON, L'analyse criminologique et la prévention situationnelle, *R.I.C.P.T.*, avril-juin 1992, pp. 137-148 ; J.P. LABORDE, Les besoins en criminologie de l'Administration pénitentiaire, *In* R. CARIO, A.M. FAVARD & R. OTTENHOF (Dir.), Profession criminologue, *op. cit.*, p. 123 et s.

reconnaissance officielle du statut de criminologue en France [7]. Or, la nécessité d'institutionnaliser la profession de criminologue est impérieuse, malgré la présence - souvent insuffisante - d'autres spécialistes attachés à l'étude du phénomène criminel, des psychologues, des psychiatres, des psychanalystes, des sociologues, des démographes et des statisticiens. Comme le souligne J. Borricand, « le regard qu'ils y portent est, par la nature des choses, très spécifique. Les vues globales font souvent défaut » [8]. Le Projet d'exécution de peine apparaît annociateur d'une telle évolution, conforme à la situation observable dans d'autres pays. Son épanouissement passe par la création de véritables équipes pluridisciplinaires d'observation et de prise en charge des condamnés à la privation de liberté. Une nette distribution des tâches au sein de telles équipes locales et régionales, conduites par des personnes qualifiées en criminologie, devrait renforcer la connaissance et la prise en charge des condamnés dans la perspective de la réinsertion sociale [9].

---

7.   V. R. CARIO, A.M. FAVARD & R. OTTENHOF (Dir.), Profession criminologue, *op. cit.*

8.   V. J. BORRICAND, Formation des experts et consultants, *In* R. CARIO, A.M. FAVARD & R. OTTENHOF (Dir.), Profession criminologue, *op. cit.*, p. 145.

9.   V. en ce sens, R. CARIO, Pour une approche globale et intégrée du phénomène criminel, *op. cit.*, p. 136.

BIBLIOGRAPHIE GÉNÉRALE

La bibliographie générale ne contient que les ouvrages principaux de référence. De multiples articles cités ont été publiés dans diverses revues scientifiques ou journaux spécialisés.

TRAITÉS ET MANUELS

J. BORRICAND & A.M. SIMON, *Droit pénal. Procédure pénale*, Ed. Sirey, 1998, 384 p.

P. BOUZAT, J. PINATEL, *Traité de droit pénal et de criminologie*, Dalloz, tomes 1 et 2, 1970, 1822 p. (mis à jour en 1975, 315 p.), tome 3, 1975, 752 p.

P. CONTE & P. MAISTRE DU CHAMBON, *Procédure pénale*, Ed. Masson/Armand Colin, Coll. U série Droit, Paris, 1995, 339 p.

G. CORNU, *Vocabulaire juridique*, Association H. Capitant, P.U.F., 1992, 862 p.

E. FERRI, *La sociologie criminelle* (1893), Ed. Alcan, 1905, 640 p.

G. LEVASSEUR, A. CHAVANNE, J. MONTREUIL, *Droit pénal général et procèdure pénale*, Ed. Sirey, 12ème éd., 1996, 399 p.

C. LUCAS, *De la réforme des prisons, ou de la théorie de l'emprisonnement, de ses principes, de ses moyens et de ses conditions pratiques*, T.1, T.2 et T.2 (3 vol.), Paris, éd. E. Legrand & C. Descauriet, 1836-1838 (390 p.,463 p., 631 p.)

R. MERLE & A. VITU, *Traité de Droit Criminel*, Tome I, Problèmes Généraux de la Science Criminelle. Droit pénal Général, Ed. Cujas, Paris, 1997, 1072 p.

J. PINATEL, *Traité de Criminologie*, Ed. Dalloz, Tome 3, 1975, 752 p.

J. PINATEL, *Traité élémentaire de Science pénitentiaire et de défense sociale*, Ed. Sirey, 1950, 567 p.

J. PRADEL, *Procédure pénale*, Ed. Cujas, Paris, 9ème édition, 1997, 896 p.

P. ROBERT, *Traité de droit des mineurs. Place et rôle dans l'évolution du droit français contemporain*, Ed. Cujas, 1969, 640 p.

J. ROBERT & J. DUFFAR, *Droits de l'homme et libertés fondamentales*, Domat Droit Public, 1996, 855 p.

J. ROBERT & H. OBERDORFF, *Libertés fondamentales et droits de l'homme. Textes français et internationaux*, Ed. Montchrestien, 3ème éd., 1997, 517 p.

G. STEFANI, G. LEVASSEUR, B. BOULOC, *Procédure pénale*, Ed. Précis Dalloz, 1993, 854 p., mis à jour 1998

D. SZABO & M. LEBLANC (Dir.), *Traité de criminologie empirique*, PU Montréal, 2è éd., 1994, 464 p.

M. VILLEY, *Leçons d'histoire de la philosophie du droit*, Ed. Dalloz, 1962, 318 p.

OUVRAGES GENERAUX

M. ANCEL, *La défense sociale nouvelle*, Cujas, 1954, 124 p.

M. ANCEL, *La défense sociale nouvelle (Un mouvement de Politique criminelle humaniste)*, Ed. Cujas, 3ème éd., Paris, 1981, 381 p.

M. ANCEL, *La Défense sociale*, PUF, Que sais-je ?, 2è éd., 1989, n°2201, 127 p.

M. ANCEL & H. DONNEDIEU DE VABRES, *Le problème de l'enfance délinquante*, Ed. Sirey, 1947, 207 p.

D. ANZIEU, L. BARBEY, J. BERNARD-NEY, S. DAYNAS, *Le travail du dessin en psychothérapie de l'enfant*, Ed. Dunod, 1996, 245 p.

F. BAILLEAU, *Les mesures d'enquêtes sociales*, Pub. Min. Justice, C.N.F.E.-P.J.J., 1998-2, 182 p.

C. BALIER, *Psychanalyse des comportements violents*, P.U.F., Coll. Le fil rouge, 2è éd. 1993, 288 p.

L. BARBE, C. COQUELLE, V. PERSUY, *Prévention de la délinquance. Politique et pratiques*, ESF éditeur, 1998, 126 p.

J. BARUS-MICHEL, *Le sujet social. Etude de psychologie sociale clinique*, Dunod, 1987, 210 p.

C. BECCARIA, *Des délits et des peines*, Ed. Flammarion, Rééd. 1991, 187 p.

J.L. BERNAUD, *Les méthodes d'évaluation de la personnalité*, Ed. Dunod, Les topos, 1998, 126 p.

P. BOUCHER, *Le ghetto judiciaire*, Grasset, Coll. Pouvoir et Justice, Paris, 1978, 285 p.

R. BOURE & P. MIGNARD, *La crise de l'institution judiciaire*, Ed. christian Bougeois, Paris, 1977, 253 p.

R. CARIO, *Pour une approche globale et intégrée du phénomène criminel. Introduction aux Sciences criminelles*, L'Harmattan, 2è éd. 1997, 256 p.

R. CARIO, *Jeunes délinquants, à la recherche de la socialisation perdue*, L'Harmattan, 2é éditon, revue et augmentée, 1999, 416 p.

R. CARIO, *Femmes et criminelles*, Ed. Erès, 1992, 330 p.

R. CARIO, *Les femmes résistent au crime*, L'Harmattan, Coll. Transdisciplines, 1997, 192 p.

R. CARIO, (Dir.), *La peine de mort au seuil du troisième millenaire*, Ed. Erès, 1993, 196 p.

R. CARIO (Dir.), *La médiation pénale. Entre répression et réparation*, L'Harmattan, Coll. Logiques juridiques - Sciences criminelles, Paris, 1997, 239 p.

R. CARIO et A.M. FAVARD (Dir.), *La personnalité criminelle*, Ed. Erès, 1991, 208 p.

R. CARIO et A.M. FAVARD (Dir.), *La personnalité criminelle*, Ed. Erès, 1991, 208 p.

R. CARIO & J.C. HERAUT (Dir.), *Les abuseurs sexuels : quel(s) traitement(s) ?*, Coll. Sciences criminelles, Ed. L'Harmattan, 1998, 128 p.

R. CARIO, A.M. FAVARD, R. OTTENHOF (Dir.), *Profession criminologue : spécialisation ou professionnalisation ?*, Ed. Erès, 1994, 227 p.

R. CHAPPUIS, *La psychologie des relations humaines*, P.U.F., Q.S.J., 1986, 126 p.

P. CROSBY, *La qualité c'est gratuit. L'art et la manière d'obtenir la qualité*, Ed. Economica, 1986, 313 p.

M. CUSSON, *Pourquoi punir ?*, Dalloz, 1987, 203 p.

M. CUSSON, *La resocialisation du jeune délinquant*, Ed. des Presses de l'Universiré de Montréal, 1974, 160 p.

M. CUSSON, *Le contrôle social du crime*, PUF, 1983, 342 p.

M. CUSSON, *Croissance et décroissance du crime*, PUF, Coll. Sociologies, 1990, 170 p.

M. CUSSON, *Délinquants pourquoi ?*, Ed. A. Colin, 1981, 275 p.

C. DE BECHILLON, *Aider à vivre. Propos sur le travail social*, Ed. Erès, Coll. Trajets, Toulouse, 1998, 207 p.

J. DEJEAN, *Analyse des pratiques d'éducation et de formation*, Ed. L'Harmattan, 1991, 191 p.

C. DUBAR, *La socialisation. Construction des identités sociales et professionnelles*, Ed. Armand Colin, Paris, 1996, 276 p.

C. DUFLOT-FAVORI, *Le psychologue expert en justice*, P.U.F., Coll. Le psychologue, 1988, 190 p.

E. DURKHEIM, *De la division du travail social* (1893), P.U.F., Coll. Quadrige, 3è éd., 1994, 416 p.

S. ENGUELEGUELE, *Les politiques pénales (1958-1995)*, Coll. Logiques politiques, Ed. L'Harmattan, 1998, 383 p.

J. FAGET, *La médiation. Essai de politique pénale*, Ed. Erès, Coll. Trajets, 1997, 208 p.

L. FAVOREU et L. PHILIP, *Les grandes décisions du conseil constitutionnel*, 9è éd., Dalloz, 1997, 976 p.

G. N. FISCHER, *Les domaines de la psychologie sociale*, Paris, Bordas, 1990, 278 p.

G. N. FISCHER, *Les concepts fondamentaux de la psychologie sociale*, Dunod, 1987, 208 p.

M. FRECHETTE & M. LE BLANC, *Délinquances et délinquants*, Ed. gaëtan Morin, Montréal, 1987, 384 p.

S. FREUD, *Totem et tabou* (1913), Ed. Payot, 1965, Petite Bliothèque, 243 p.

R. GASSIN , *Criminologie*, Précis Dalloz, 3e éd., 1994, 649 p.

J. GERARD, *Ils n'auront pas ma peau*, Denoël, Paris, 1975, 320 p.

E. GOFFMAN, *Les rites d'interaction*, Coll. Le Sens commun, Les éditions de minuit, 1974, 230 p.

E. GOFFMAN, *Asiles*, Les éditions de minuit, 1975, 447 p.

F. GRAMATICA, *Principes de Défense Sociale*, Ed. Cujas, Paris, 1963, 312 p.

M. GRAWITZ, *Lexique des sciences sociales*, Ed. Dalloz, 6ème éd., 1994, 402 p.

H. HAENEL, J. ARTHUIS, *Justice sinistrée : démocratie en danger*, Ed. Economica, 1991, 132 p.

L. HUSMAN & J. BERNAT de CELIS, *Peines perdues. Le système pénal en question*, Ed. Le Centurion, 1982, 182 p.

W. JEANDIDIER, *Droit pénal général*, Montchrestien, 2è éd., 1992, 593 p.

D. JODELET (Dir.), *Les Représentations Sociales*, PUF, 1997, 447 p.

G. KELLENS, *Précis de pénologie et de droit des sanctions pénales*, Coll. Scientifique de la Faculté de droit de Liège, 1991, 311 p.

M. KILLIAS, *Criminologie*, Ed. Staempfli et Cie, Berne, 1991, 537 p.

H. LABORIT, *Société informationnelle*, Ed. du Cerf, 1973, 94 p.

H. LABORIT, *La nouvelle grille*, 1974, Ed. Gallimard, coll. Idées, 343 p.

H. LABORIT, *La colombe assassinée*, Grasset, 1983, 211 p.

H. LABORIT, *Biologie et structure*, Folio Essais, Gallimard, 1968, 190 p.

A. LALANDE, *Vocabulaire technique et critique de la philosophie*, P.U.F., Paris, 1972, 1323 p.

P. LANDREVILLE, *Le critère de la récidive dans l'évoluation des mesures pénales*, Deviance et contrôle social, Service d'études pénales et criminologiques, n°36, 1982, 151 p.

J. LEAUTE, (Dir.), *L'innocence*, Travaux de l'institut de criminologie de Paris, Ed. Néret, Paris, 1977, 123 p.

M. LE BLANC, J. DIONNE, J. PROULX, J. C. GREGOIRE & P. TRUDEAU-LE BLANC, *Intervenir autrement. Un modèle différentiel pour les adolescents en difficulté*, P.U.M., Coll. Intervenir, 1992, 318 p.

O. LE COUR GRANDMAISON, *Les constitutions françaises*, Ed. la Découverte, Paris, 1996, 125 p.

H. LEHALLE, *Psychologie des adolescents*, PUF, 4è éd. 1996, 272 p.

L. MAILLET, *Psychologie des organisations*, Ottawa, Ed. Agence d'Arc Inc, 1988, 578 p.

D. MEDA, *Le trvail. Une valeur en voie de disparition*, Alto Aubier, Paris, 1997, 362 p.

H. MICHARD, *La délinquance des jeunes en France, Notes et études documentaires*, La documentation française, 1978, 142 p.

E. MINARIK, *Les 50 mots-clés de la psychosociologie*, Ed. Privat, 1971, 220 p.

R. NERAC-CROISIER (Dir.) *Le mineur et le droit pénal*, l'Harmattan, 1997; 271 p.

R. OTTENHOF et R. CARIO (Dir.), *Délinquance et toxicomanie*, Ed. Erès, Coll. Questions actuelles decriminologie, 1991, 109 p.

R. OTTENHOF et A.M. FAVARD, *Nouvelles approches de criminologie clinique*, Ed. Erès, 1991, 269 p.

G. PICCA, *La criminologie*, P.U.F., Coll. Que sais-je ?, Paris, 1983, 127 p.

J. PINATEL, *La société criminogène*, Ed. Calman-Lévy, Coll. Examens, 1971, 297 p.

J. PINATEL, *Le phénomène criminel*, MA éditions, Coll. Le monde de..., Paris, 1987, 254 p.

P. PONCELA, *Droit de la peine*, PUF, Coll. Thémis, 1995, 445 p.

J. PRADEL, *Droit pénal général*, Ed. Cujas, 11ème éd., 1996, 937 p.

M.L. RASSAT, *Droit pénal*, PUF, Coll. Droit fondamental, 1987, 683 p.

M.L. RASSAT, *Procédure pénale*, P.U.F., Coll. Droit fondamental, 1995, 861 p.

M.L. RASSAT, *Pour une politique anti-criminelle du bon sens*, Coll. Les idées de la liberté, Ed. La Table Ronde, 1983, 204 p.

J.F. RENUCCI, *Le droit pénal des mineurs*, PUF, Que sais-je ?, 1991/2616, 127 p.

J.F.RENUCCI, *Droit pénal des mineurs*, éd. Masson, 1994, 237 p.

J.F. RENUCCI, *Enfance délinquante et enfance en danger*, Ed. du CNRS, Paris, 1990, 304 p.

P. ROBERT (Dir.), *Les politiques de prévention de la délinquance à l'aune de la recherche*, Ed. L'Harmattan, Coll. Logiques juridiques, 1991, 284 p.

P. ROBERT &FAUGERON, *Les forces cachées de la justice : la crise de la justice pénale*, Ed. du Centurion, Coll. Justice Humaine, Paris, 1980, 204 p.

Y. ROUMAJON, *Enfants perdus, enfants punis. Histoire de la jeunesse délinquante : huit siècles de controverses*, Ed. R. Laffont, 1989, 352 p.

A. SAUVY, *L'opinion publique*, Quadrige, P.U.F., 1997, 126 p.

J.C. SOYER, *Droit pénal et procédure pénale*, L.G.D.J., 13 ème éd., 1997, 454 p.

G. STEFANI, G. LEVASSEUR, B. BOULOC, *Droit pénal général*, Dalloz, 16è éd., 1996, 648 p.

G. STEFANI, G. LEVASSEUR, R. JAMBU-MERLIN, *Criminologie et Science pénitentiaire*, Dalloz, 5e éd., 1982, 283 p.

P. TAP, H. MALEWSKA-PEYRE, *Marginalités et troubles de la socialisation*, P.U.F., Coll. Psychologie d'aujourd'hui, 1993, 334 p.

A. TOURAINE, *Le retour de l'acteur. Essai de sociologie*, Ed. Fayard, 1984, 350 p.

F. TULKENS (Dir.), *Acteur social et délinquance. Une grille de lecture du système de justice pénale*, Hommage à C. Debuyst, Ed. Mardaga, Bruxelles, 1990, 475 p.

Y. TYRODE, T. ALBERNHE, *Psychiatrie légale, sociale, hospitalière, expertale*, Ed. Ellipses, 1995, 1150 p.

M. VAILLANT (Dir.), *L'hébergement éducatif*, Ed. CNTE/PJJ, 1993, 195 p.

M. VAILLANT, *De la dette au don. La réparation pénale à l'égard des mineurs*, Ed. E.S.F, Coll. Le monde de la famille, 1994, 238 p.

R. J. VALLERAND (Dir.), *Les fondements de la psychologie sociale*, Ed. Gaëtan Morin, 1994, 888 p.

P. VERDIER, J.P. RONSECZVEIG, *Les responsabilités en travail social*, Ed. Jeunesse et droit/Dunod, Coll. cent questions sur..., 1998, 335 p.

L.M. VILLERBU (Dir.), *Violence, délinquance, psychopathologie*, Les Presses Univ. de Rennes, Pub. Annales Cliniques Psychologiques, 1992, 282 p.

L.M. VILLERBU, J.L. VIAUX, *Ethique et pratiques psychologiques dans l'expertise*, Ed. L'Hamattan, Coll. Psycho-logiques, 1998, 298 p.

W.D. WINNICOTT, *De la pédiatrie à la psychanalyse*, Ed. Payot, 1995, 192 p.

W.D. WINNICOTT, *Déprivation et délinquance*, Bibl. scientifique, Payot, 1994, 314 p.

OUVRAGES SPECIFIQUES

E. ALFANDARI, *L'insertion*, P.U.F., Paris, 1990, 192 p.

R. BADINTER, *La prison républicaine (1871-1914)*, Fayard, 1992, 430 p.

D. BIBAL-SERY, *Prison et droits de l'homme*, SCERI, 1995, 175 p.

B. BOLZE, J.C. BOUVIER, P. MAREST, E. PLOUVIER, *Le guide du prisonnier*, O.I.P./Ed. de l'Atelier, 1996, 352 p.

G. BONNEMAISON, *La modernisation du service pénitentiaire*, Rapport au Premier Ministre, Paris, La documentation française, 1989, 106 p.

F. BOULAN (Dir.), *Les prisons dites "privées". Une solution à la crise pénitentiaire ?*, Ed. Economica, 1987, 228 p.

B. BOULOC, *Pénologie. Exécution des sanctions adultes et mineurs*, 2è éd., Dalloz, 1998, 454 p.

N. BOURGOIN, *Le suicide en prison*, l'harmattan, 1994, 269 p.

P. BOTTON, *Prison*, Michel Laffon, 1997, 216 p.

S. BUFFARD, *Le froid pénitentiaire*, Ed. du Seuil, Paris, 1973, 221 p.

C. CARLIER, *L'administration pénitentiaire et son personnel dans la France de l'entre-guerres*, vol.1, Coll. "Archives pénitentiaires", n°9, 1989, 435 p.

COMITE VERITE TOUL, *La révolte de la centrale de Ney*, Ed. Gallimard, 1973, 367 p.

J.P. CÉRÉ, *Le contentieux disciplinaire dans les prisons françaises et le droit européen*, L'Harmattan, 1999, 400 p.

A. CHAUVENET, G. BENGUIGUI, F. ORLIC, *Le personnel de surveillance des prisons. Essai de sociologie du travail*, Convention du conseil de la recherche du ministère de la justice, Centre d'Etude des Mouvements sociaux, 1992, 299 p.

A. CHAUVENET, G. BENGUIGUI, F. ORLIC, *Le monde des surveillants de prison*, Paris, PUF, 1994, 227 p.

P. COMBESSIE, *Prisons des villes et des campagnes*, Ed. de l'atelier, Coll. Champs pénitentiaires, 1996, 239 p.

P. CUCHE, *Traité de science et de législation pénitentiaires*, L.G.D.J., 1905, 499 p.

M. DELMAS-MARTY, *Les chemins de la répression*, PUF, Coll. Droit d'aujourd'hui, 1980, 263 p.

G. DELTEIL, *Prisons, dossiers brulants*, Ed. Le carrousel FN, Paris, 1986, 383 p.

G. DELTEIL, *Prisons : marmite infernale*, Ed. Syros Alternatives, 1990, 249 p.

R.P. DEVOYOD, *Les détenus*, Ed. Matot-braine, Reims, 1959, 198 p.

J. FAGET, *Justice et travail social. Le rhizome pénal*, Ed. Erès, coll. Trajets, 1992, 208 p.

C. FAUGERON, A. CHAUVENET, P. COMBESSIE, *Approches de la prison*, PU Montréal/Ottawa, De Boeck Université, 1996, 368 p.

J. FAVARD, *Des prisons*, Gallimard, 1987, 169 p.

J. FAVARD, *Le labyrinthe pénitentiaire*, Ed. Le centurion, 1981, 250 p.

J. FAVARD, *Des prisons*, Ed. Flammarion, Coll. Dominos, 1994, 126 p.

P. FERRARI, *Enfants et prison : deux images difficiles à associer*, Eshel Ed., 1990, 204 p.

J.C. FROMENT, *La République des surveillants de prison (1958-1998)*, L.G.D.J., Coll. Droit et Société, 1998, 452 p.

M. FOUCAULT, *Surveiller et punir, Naissance de la prison*, Blibliothèque des histoires, 1975, 318 p.

C. GERMAIN, *Eléments de science pénitentiaire*, Cujas, 1959, 223 p.

G. GILBERT, *Des jeunes y entrent, des fauves en sortent*, Ed. Stock, 1982, 283 p.

D. GONIN, *La santé incarcérée*, Ed. de l'archipel, 1991, 259 p.

N. HERRENSCHMIDT, P. MOUNAUD, *Carnets de prisons. Le tour des prisons de France*, Albin Michel, 1997 (pages non numérotées).

M. HERZOG-EVANS, *La gestion du comportement du détenu. Essai de droit pénitentiaire*, Ed. L'Harmattan, Coll. Logiques juridiques, 1998, 632 p.

J. ION et J.P. TRICARD, *Les travailleurs sociaux*, Ed. La Découverte, Coll. Repères, 1998, 124 p.

A. JACQUARD, *Un monde sans prison*, Ed. du Seuil, Coll. Point virgule, 1993, 215 p.

J. LAFARGE (Dir.), *Les établissements pénitentiaires à gestion déléguée*, Ed. A. Pédonne, 1997, 78 p.

J. LEAUTE, *Les prisons*, Ed. PUF, Que sais-je ?, n°493, 1991, 127 p.

G. LEMIRE, *Anatomie de la prison*, PUM, Economica, 1990, 195 p.

J. LESAGE de la HAYE, *La guillotine du sexe. Misère sexuelle en prison*, Laffont 1978, Coll. Violence et société, 239 p.

D. LHUILIER & N. AYMARD, *L'univers pénitentiaire. Du côté des surveillants de prison*, Desclée de Brouwer, 1997, 287 p.

M.T. MAZEROL, *Evolution et devenir du criminel*, Ed. Le centurion, 1977, 317 p.

A.E. MOLINA, *L'enfermement*, Ed. Klincksieck, Paris, 1989, 369 p.

C. MONTANDON & B. CRETTAZ, *Paroles de gardiens, paroles de détenus, bruits et silences de l'enfermement*, Déviance et société, Masson, Médecine et hygiène,1981, 241 p.

M. NIAUSSAT, *Les prisons de la honte*, Ed. Desclée de Brouwer, 1998, 141 p.

P. O'BRIEN, *Correction ou châtiment. Histoire des prisons en France au XIXe siècle*, P.U.F., 1988, 342 p.

OBSERVATOIRE INTERNATIONAL DES PRISONS (O.I.P.), *Les conditions de détention des personnes incarcérées*, Rapport 1997, 291 p.

OUVRAGE COLLECTIF, *La réinsertion des délinquants : Mythe ou réalité ?*, 50e anniversaire de la réforme Amor, PUAM, 1996, 280 p.

OUVRAGE COLLECTIF, *Le récidivisme, Rapports et communications, XXIe congrès de l'association française de criminologie*, PUF, 1983, 263 p.

C. PAUCHET, *Les prisons de l'insécurité*, Ed. Ouvrières, Paris,1982, 201 p.

E. PECHILLON, *Sécurité et droit du service public pénitentiaire*, L.G.D.J., Bibliothèque de Droit public, Tome 204, 627 p.

P. PEDRON, *La prison et les droits de l'homme*, L.G.D.J, 1995, 131 p.

J.G. PETIT, *Ces peines obscures, la prison pénale en France 1780-1875*, Fayard, 1990, 748 p.

S. PLAWSKI, *Droit Pénitentiaire*, PUL, 1977, 277 p.

J. PRADEL (Dir.), *La condition juridique du détenu*, Ed. Cujas, 1994,316 p.

J. PRADEL (Dir.), *Prison : Sortir avant terme*, Ed. Cujas, 1996, 182 p.

C. RATER-GARCETTE, *La professionnalisation du travail social. Action sociale, syndicalisme, formation. 1880-1920*, L'Harmattan, Coll. Technologie de l'action sociale, 1996, 209 p.

J.P. ROSENCZVEIG & P. VERDIER, *Le secret professionnel en travail social*, Ed. Jeunesse et droit, Dunod, Coll. Cent questions sur..., Paris, 1996, 139 p.

C. ROSTAING, *La relation carcérale. Identités et rapports sociaux dans les prisons de femmes*, P.U.F., Col. Le Lien social, 1997, 331 p.

R. SCHMELCK et G. PICCA, *Pénologie et droit pénitentiaire*, Cujas, 1967, 369 p.

J.H. SYR, *Punir et réhabiliter*, Economica, 1990, 132 p.

P. TARTAKOWSKY, *La prison, enquête sur l'administration pénitentiaire*, Payot, 1995, 350 p.

J. VERDES-LEROUX, *Le travail social*, les Editions de Minuit, Le sens Commun, Paris, 2è éd., 1981, 273 p.

L. WACQUANT, *Les prisons de la misère*, Ed. Raisons d'agir, 1999, 189 p.

D. WELZER-LANG, L. MATHIEU, M. FAURE, *Sexualités et violences en prison*, OIP, Ed. Aléas, 1996, 280 p.

W.F. ZIWIE, *Droits des détenus et droits de la défense*, Petite collection Maspéro, 1979, 447 p.

THESES, MEMOIRES & RAPPORTS

E. BOURGEOIS, *La surveillance : une profession en mal d'identé face à la crise pénitentiaire* ; Rapport de Recherche, DEA, Bordeaux, 1994, 109 p.

C. CARDET, *Le contrôle judiciaire socio-éducatif*, Université de Pau, 1999, 2 Tomes, 737 p.

R. CARIO, *La criminalité des Femmes : approche différentielle*, Thèse d'Etat, Pau, 1985, 2 volumes, 398 p. et 221 p.

G. CASADAMONT, *La détention et ses surveillants : représentations du champ carcéral*, Thèse, E.H.E.S.S., 1984, 421 p.

J. CASTAIGNÈDE, *La reproduction sociale de l'inadaptation dans le système familial*, Thèse, Pau 1985, 280 p.

J.P. CÉRÉ, *Le contentieux disciplinaire dans les établissements pénitentiaires français à l'aune du droit européen*, Thèse de doctorat en droit, Pau, 1998, 640 p.

J. DECAMPS, *La présomption d'innocence : entre vérité et culpabilité. Confrontation des systèmes de procédure pénale français et anglais avec la Convention Européenne de Sauvegarde des Droits de l'Homme et des libertés fondamentales*, Thèse pour le doctorat en droit, Pau, 1998, 2 tomes, 577 p.

J. C. FROMENT, *Les mécanismes de régulation et de légitimation du corps des surveillants de prison. Aspects juridiques et socio-politiques*, Thèse, Université Pierre Mendès France, Grenoble, mai 1994

M. GIACOPELLI, *Statuts et formation des personnels de surveillance dans le cadre européen*, Thèse de doctorat en Droit, Aix-Marseille, 1993, 901 p.

I. GUYOT, *L'étranger incarcéré*, Thèse de doctorat en droit, Pau, 1999, 2 tomes, 729 p.

G. MATHIEU *Les droits des personnes incarcérées dans les pays de la communauté européenne*, Thèse doctorat droit, Aix-en-Provence, 1993, multigraphié, 499 p. plus annexes.

P. MBANZOULOU, *L'apport des surveillants de prison à la réinsertion sociale des condamnés à la privation de liberté en France*, Thèse de doctorat en droit, Pau, 1999, 491 p.

P. MBANZOULOU, *Incidence des placements et de l'âge sur le développement de la conduite délinquantielle : Aspects factuels et représentationnels des praticiens*, Rapp. Multig., DEA, Pau, 1992, 61 p.

J.P. NEVEU, *L'épuisement professionnel du personnel surveillant de maison d'arrêt*, Rapport pour le Ministère de la Justice, multigraph., févr. 1997, 32 p.

M.A. PEANO, *Surpopulation carcérale et politique criminelle (1945-1990)*, Thèse, Bordeaux I, 1990, 594 p.

C. ROSTAING, *Prisons de femmes, les échanges et les marges de manoeuvre dans une institution contraignante*, Thèse, Paris, 1994, 517 p.

OUVRAGES DE METHODOLOGIE

G. BACHELARD, *Le nouvel esprit scientifique*, P.U.F., Coll., Quadrige, 1987, 185 p.

G. BACHELARD, *La formation de l'esprit scientifique. Contribution à une psychanalyse de la connaissance objective*, Librairie Vrin, Bibliothèque des textes philosophiques, 1986, 256 p.

L. BARDIN, *L'analyse de contenu*, P.U.F., Coll. Le Psychologue, 1986, 233 p.

M. BEAUD, *L'art de la thèse. Comment préparer et rédiger une thèse de doctorat, un mémoire de D.E.A. ou de maîtrise ou tout autre travail universitaire*, Paris, Ed. La Découverte, 1991, 156 p.

R. BOUDON, *La logique du social. Introduction à l'analyse sociologique*, Paris, Hachette, Coll. Pluriel, 1979, 333 p.

R. BOUDON, *Les méthodes en sociologie*, P.U.F., Coll. "Que sais-je ?", n°1334, 8è éd. corrigée, 1991, 127 p.

J.M. BOUROCHE & G. SAPORTA, *L'analyse des données*, P.U.F., Coll. "Que sais-je ?", n°1854, 1994, 127 p.

M. BRINGER & R. REIX, *Traitement des données*, Les Editions Foucher, 1990, 231 p.

P. DE BRUYNE, J. HERMAN & M. DE SCHOUTHEETE, *Dynamique de la recherche en sciences sociales*, Paris, P.U.F., Coll. Le sociologue, 1974, 240 p.

E. DURKHEIM, *Les règles de la méthode sociologique*, Paris, P.U.F., Quadrige, 6ème éd., 1992, 149 p.

E. DURKHEIM, *Le suicide*, Quadrige, P.U.F., 1930, 10ème tirage, 1986, 463 p.

INDEX ALPHABETIQUE DES AUTEURS

TABLES DES MATIERES

650380 - Avril 2016
Achevé d'imprimer par